21 世纪清华 MBA 系列教材

电子商务教程

黄京华　编著

清 华 大 学 出 版 社

内 容 简 介

电子商务作为Internet的新的主要应用领域，正以难以估量的速度发展，影响和改变着社会经济生活的各个方面。政府、企业、个人都应从不同的方面了解电子商务的技术，以适应信息社会。本书的目的就是全面介绍电子商务的应用和相关技术。全书共分十章，分别介绍了电子商务的概念、发展历史及其对社会经济的影响，电子商务功能及其分类，电子商务的基础——Internet和WWW，电子商务的安全与控制方法，电子商务在线支付工具，电子商务的主要相关行业——网上零售业、网上银行、网上广告，电子商务应用的开发过程，最后，展望了电子商务在世界及我国发展的前景和对策。

本书的特点是借鉴国外电子商务课程的教材和业界最新技术及动态，全面地介绍了电子商务技术和应用，并附有案例和习题，既可用作高校工商管理硕士生(MBA)、相关专业的高年级本科生的电子商务课程教材，也可用作企、事业单位从事电子商务研究和应用的管理和技术人员的参考书。

图书在版编目(CIP)数据

电子商务教程/黄京华编著. —北京：清华大学出版社，2003(2016.1重印)
ISBN 978-7-302-03656-2

Ⅰ. 电…　Ⅱ. 黄…　Ⅲ. 电子商务－教材　Ⅳ. F713.36

中国版本图书馆CIP数据核字(2007)第085724号

作　　者：黄京华
责任印制：沈　露

出版发行：清华大学出版社
　　网　　址：http://www.tup.com.cn，http://www.wqbook.com
　　地　　址：北京清华大学学研大厦A座　　**邮　　编**：100084
　　社 总 机：010-62770175　　**邮　　购**：010-62786544
　　投稿与读者服务：010-62776969，c-service@tup.tsinghua.edu.cn
　　质 量 反 馈：010-62772015，zhiliang@tup.tsinghua.edu.cn
印 刷 者：清华大学印刷厂
装 订 者：三河市金元印装有限公司
经　　销：全国新华书店
开　　本：185mm×230mm　　**印　张**：16.5　　**字　　数**：357千字
印　　次：2016年1月第26次印刷
印　　数：132001～132800
定　　价：23.00元

产品编号：003656-01/F

MBA 系列教材编委会名单

前　言

随着中国改革开放的不断深入和经济的迅速发展，亟需大批拥有广博的知识基础、懂得市场经济的一般规律、熟悉其运行规则、掌握必要的管理技能、了解中国企业实情、具有决策能力、创新意识和开拓精神的管理人才，培养足够数量的这类人才，是我国管理教育界面临的紧迫任务。

工商管理硕士（*Master of Business Administration*，简称 MBA）教育是发达国家普遍采用的培养高层次管理人才的重要方式，是大学管理教育的主流，美国每年 MBA 学位授予人数约占全部硕士学位授予人数的四分之一。从 1991 年开始，我国国务院学位委员会授权清华大学等九所高等院校开展培养工商管理硕士（MBA）的试点工作，我国的 MBA 教育正式起步。1994 年起招收 MBA 研究生的试点院校扩大到 26 所，并成立了全国工商管理教育指导委员会。

我国工商管理硕士（MBA）教育的目标是培养德智体全面发展、适应我国工商企业和经济管理部门需要的高层次务实型综合管理人才。根据这一目标，清华大学经济管理学院在 MBA 培养试点工作中总结改革开放后十几年来培养高层次管理人才的经验，借鉴国外优秀管理院校的成功做法，学习国内兄弟院校的长处，对 MBA 的培养方案、课程体系、教学内容和教学方法进行了系统研究并不断加以改进和完善，同时陆续编写了一批用于 MBA 教学的教材、讲义和案例集。

随着 MBA 培养规模的逐步扩大和对 MBA 教育规律认识的不断深化，国内原有的以编译为主的教材已不能适应 MBA 教育发展的要求，需要编写一套体系完整配套、内容实用新颖、具有国际可比性，同时符合中国国情的 MBA 课程系列教材。基于这一认识，我们组织力量对教材的选题、体系的组织和内容的取舍进行了认真的研究，在清华大学出版社的支持下，向读者奉献了这套教材。

这套系列教材在体系上充分考虑了对 MBA 知识结构的要求，覆盖了 MBA 培养方案中内容相对稳定的主要课程，既保证了各门课程知识的系统性，又照顾到课程之间的联系与协调。在教材内容上突出了“宽、新、实”的特点，即：知识面要宽，兼收并蓄中外管理科学的优秀理论与方法；内容要新而实，反映各学科的最新进展，理论联系实际，符合中国国情，具有可操作性。

本系列教材包括15门MBA主要课程中使用的16本教材。教材的编写者都是从事该课程教学多年的经验丰富的教师。教材的内容与体系经过了多轮教学实践的检验。

这套教材主要适用于工商管理硕士课程教学,也可供管理科学与管理工程类专业研究生和高年级本科生使用,还可作为企业和各级经济管理部门实际管理工作者自学的参考书。

管理学科是一个迅速发展的学科,由于我们的水平所限,这套教材中难免有疏漏和不足之处,希望广大读者提出宝贵意见,使这套教材在再版时能更加完善。

清华大学经济管理学院工商管理硕士

MBA系列教材编写委员会

1995年1月

序　言

电子商务(electronic commerce)在1994年始用于北美,目前已遍及世界各地。一方面,电子商务作为一种新的经营方式影响着各行各业,在企业的经营模式、政府的管理模式、人们的生活方式等各方面进行着类似工业革命的一次信息革命;另一方面,电子商务作为一门新的学科,正在建设和发展之中。国外许多大学开设了电子商务课程,著名的卡内基梅隆大学今年将设立电子商务专业。要想跟上电子商务的潮流,政府、企业、个人都应从不同的方面了解电子商务的技术,这样才能在经济和学术方面缩短我国与世界发达国家之间的差距,才能适应信息社会。特别是,电子商务的知识和技术应纳入我国大学课程,以加速电子商务人才的培养。但是,目前在我国全面介绍电子商务的教材非常缺乏,本书试图满足这样的急需。

作者开始涉足电子商务的研究是在1994年。当时,作者正在加拿大进修,参加了University Of Waterloo的一个电子商务研究课题,着重研究网上谈判支持系统。回国后,作者获得了国家自然科学基金的资助,进一步开展了"基于贸易网的谈判支持系统"的研究。虽然这一课题主要是进行谈判模型的研究,但是,在应用范围上属于企业—企业的电子商务的一部分。为此,作者一直跟踪电子商务的发展,并收集了大量的国内外有关资料。随后,作者作为Fulbright学者前往美国访问一年。在此期间,有机会聆听美国大学的电子商务课程,并全面接触电子商务。1998年秋,作者回国后,即为清华大学MBA学生开设了电子商务课程。本书正是在这门课程讲义的基础上进一步修改完善的。

全书共分十章,第一章介绍电子商务的概念、发展历史及其对社会经济的影响;第二章介绍电子商务的框架、功能及其分类。第三章介绍电子商务的基础——Internet和WWW;第四章介绍电子商务的关键技术——安全与控制方法;第五章是电子商务应用必不可少的环节——网上支付工具;第六、七、八章分别介绍电子商务的主要相关行业——网上零售业、网上银行和网上广告。第九章在掌握前面内容基础上,讲述电子商务应用系统的开发过程。第十章对国内外电子商务发展的一些问题进行了探讨。本书的特点是借鉴国外电子商务课程的教材和业界最新技术及动态,系统、全面地介绍了电子商务的应用和相关技术,附有案例和习题。在附录中,列出了国外有关电子商务研究的站点,通过这些站点,读者可以学习、跟踪电子商务。本书既可用作高校工商管理研究生、相关专业的高年级本科生的电子商务课程教材,也可用作企、事业单位从事电子商务研究和应用的管理和技术人员的参考书。

在写作过程中,作者参阅了大量国内外资料。在此,谨向书中提到和参考文献列出的作者表示感谢。

作者还要感谢清华大学侯炳辉教授,他对本书进行了认真审阅,提出了许多宝贵的意见。本书在编写过程中得到了南兰、王海南、马辉等的帮助,特此致谢!

黄京华

1999 年 3 月

目　　录

第一章　电子商务的产生和发展 …… 1
1.1　电子商务的概念 …… 1
1.1.1　电子商务实例 …… 1
1.1.2　电子商务的定义 …… 2
1.2　电子商务的产生 …… 3
1.2.1　机票预订系统 …… 3
1.2.2　电子资金交换和家庭银行 …… 4
1.2.3　电子数据交换 …… 4
1.3　电子数据交换的历史和未来 …… 5
1.3.1　传统 EDI 的概念 …… 5
1.3.2　EDI 系统的组成 …… 6
1.3.3　EDI 标准的发展 …… 7
1.3.4　EDIFACT 的组成 …… 8
1.3.5　EDI 特点、使用范围及优势 …… 12
1.3.6　传统 EDI 存在的问题 …… 14
1.3.7　EDI 的新发展 …… 15
1.4　电子商务的重要性 …… 17
1.4.1　电子商务的优点 …… 17
1.4.2　电子商务的影响 …… 18
1.5　案例 …… 19
1.5.1　克莱斯勒公司 …… 19
1.5.2　爱立信公司 …… 19
思考题 …… 20

第二章　电子商务的应用框架、功能和分类 …… 21
2.1　电子商务框架 …… 21
2.1.1　网络层 …… 21
2.1.2　多媒体消息/信息发布、传输层 …… 22

2.1.3 一般业务服务层 …… 22
2.1.4 公共政策、法律和安全、技术标准 …… 22
2.1.5 电子商务应用的行业和部门 …… 23
2.2 电子商务的功能 …… 24
2.2.1 从价值链看电子商务的功能 …… 24
2.2.2 IBM 对电子商务功能的划分 …… 29
2.3 电子商务的分类 …… 30
2.3.1 从电子商务服务对象的范围划分 …… 30
2.3.2 从电子商务应用的层次划分 …… 32
2.4 案例 …… 32
思考题 …… 36

第三章 Internet、WWW 与电子商务 …… 37
3.1 Internet 的产生和发展 …… 37
3.1.1 Internet 的产生 …… 37
3.1.2 Internet 的发展 …… 38
3.2 Internet 技术 …… 41
3.2.1 Internet 的连入方式 …… 41
3.2.2 IP 地址和域名 …… 42
3.2.3 Internet 协议 …… 44
3.3 Internet 服务 …… 45
3.3.1 客户/服务器概念 …… 45
3.3.2 Internet 提供的服务 …… 46
3.4 Web 技术 …… 47
3.4.1 Web 定义 …… 47
3.4.2 Web 的发展历史 …… 47
3.4.3 Web 技术结构 …… 48
3.4.4 Web 浏览器 …… 48
3.4.5 HTML …… 50
3.4.6 Java …… 51
3.4.7 CGI …… 52
3.4.8 WWW 服务器应用编程接口(WWW API) …… 53
3.5 Web 与电子商务 …… 55
3.5.1 市场营销和广告方式 …… 55

3.5.2 客户服务及支持 …… 55
3.5.3 新市场及销售渠道的开辟 …… 56
3.5.4 新的网上产品/服务的开发 …… 56
3.5.5 组织内部信息交流的加快 …… 57
3.5.6 内部经营活动的协调 …… 57
3.5.7 复杂运作管理的简化 …… 57
3.5.8 基于 Web 的决策支持 …… 58
3.6 案例 —— Cisco 公司 …… 59
思考题 …… 61

第四章 电子商务的安全 …… 62
4.1 电子商务系统安全的概念 …… 62
4.2 电子商务的安全需求 …… 63
4.3 电子商务系统安全常用的方法 …… 64
4.3.1 防火墙技术 …… 64
4.3.2 密钥系统 …… 65
4.3.3 消息摘要 …… 66
4.3.4 公钥和私钥系统 …… 67
4.3.5 数字签名 …… 67
4.3.6 数字时间戳 …… 68
4.3.7 数字证书 …… 68
4.4 申请数字证书 …… 70
4.4.1 国内外认证中心 …… 70
4.4.2 数字证书的申请 …… 71
4.5 电子商务安全交易标准 …… 75
4.5.1 安全超文本传输协议 …… 75
4.5.2 安全套接层协议 …… 75
4.5.3 安全多目的 Internet 邮件扩展协议 …… 76
4.5.4 安全电子交易协议 …… 81
思考题 …… 82

第五章 电子商务支付工具 …… 183
5.1 电子支付的概念及发展 …… 183
5.1.1 电子支付的定义 …… 183

5.1.2 电子货币的发展 …… 183
5.2 信用卡支付方式 …… 84
5.2.1 无安全措施的信用卡支付 …… 84
5.2.2 通过第三方代理人的支付 …… 84
5.2.3 简单加密信用卡支付 …… 87
5.2.4 安全电子交易 SET 信用卡支付 …… 89
5.3 数字现金支付方式 …… 92
5.3.1 数字现金的属性 …… 92
5.3.2 数字现金的应用过程 …… 93
5.3.3 数字现金支付方式的特点 …… 94
5.3.4 软件供应商 …… 95
5.4 电子支票支付方式 …… 96
5.4.1 电子支票应用过程 …… 96
5.4.2 电子支票支付的特点 …… 97
5.5 其他金融工具 …… 97
5.5.1 智能卡 …… 97
5.5.2 负债卡 …… 99
5.5.3 电子化收益传递卡 …… 99
5.6 网上支付工具的管理 …… 99
思考题 …… 100

第六章 网上零售 …… 101
6.1 网上零售的概念 …… 101
6.2 网上零售发展的动因 …… 102
6.3 网上零售业的战略模型 …… 103
6.3.1 网上零售商品/服务的种类 …… 104
6.3.2 网上顾客类型 …… 106
6.3.3 网上销售模型 …… 108
6.3.4 网上商品定价 …… 112
6.3.5 网上销售企业的收益模式 …… 113
6.3.6 网上销售界面 …… 114
6.3.7 网上购物存在的问题 …… 115
6.4 案例 …… 116
思考题 …… 122

第七章　网上银行 …… 123
7.1　网上银行的概念 …… 123
7.2　网上银行发展的动因 …… 124
7.3　网上银行的功能 …… 127
7.3.1　商业银行业务功能 …… 127
7.3.2　网上银行的功能 …… 127
7.4　网上银行使用的技术方法 …… 129
7.5　网上银行模式 …… 131
7.6　网上银行发展战略 …… 131
7.6.1　网上银行与银行发展总体战略 …… 132
7.6.2　银行组织的调整 …… 132
7.6.3　网上银行供应链上的供应商、客户 …… 132
7.6.4　网上银行的客户定位 …… 133
7.6.5　网上银行产品、价格的定位 …… 133
7.6.6　吸引客户和保持客户 …… 134
7.6.7　网上银行的开发模式 …… 135
7.6.8　网上银行后端的支持 …… 136
7.6.9　网上银行的关键元素——安全、标准 …… 136
7.7　网上银行案例 …… 136
思考题 …… 152

第八章　网上广告 …… 153
8.1　网上广告的定义和形式 …… 153
8.1.1　网上广告的定义 …… 153
8.1.2　网上广告的形式 …… 154
8.2　网上广告的作用和特点 …… 156
8.2.1　网上广告的作用 …… 156
8.2.2　网上广告的特点 …… 157
8.3　广告主策划网上广告的模式 …… 159
8.3.1　网上广告的计划 …… 159
8.3.2　网上广告的执行 …… 167
8.3.3　网上广告效果评估 …… 168
8.4　网上广告提供商的广告管理模式 …… 168

8.4.1 优秀广告站点的特点 …… 169
8.4.2 网上广告收费模式 …… 169
8.4.3 实时广告管理 …… 171
8.4.4 启用第三方权威的评估机构 …… 175
8.5 案例分析 —— 搜狐公司 …… 175
思考题 …… 177

第九章 电子商务应用系统的开发 …… 178
9.1 电子商务应用系统开发概念 …… 178
9.1.1 电子商务应用系统开发研究的意义 …… 178
9.1.2 国内外研究和实践状况 …… 179
9.1.3 电子商务应用系统的生命周期 …… 180
9.2 电子商务应用系统可行性分析 …… 181
9.2.1 企业目标和战略分析 …… 181
9.2.2 内部环境分析 …… 181
9.2.3 外部环境分析 …… 181
9.2.4 成本-效益分析 …… 182
9.3 电子商务应用系统的规划 …… 182
9.3.1 企业电子商务应用系统目标的确定 …… 182
9.3.2 企业电子商务应用系统功能范围的确定 …… 182
9.3.3 电子商务应用系统实现策略的制定 …… 183
9.3.4 开发小组的成立 …… 185
9.3.5 电子商务应用系统开发计划的制定 …… 185
9.4 电子商务应用系统的分析 …… 185
9.4.1 营销管理分析 …… 186
9.4.2 后勤管理分析 …… 188
9.4.3 制造管理分析 …… 189
9.4.4 财务管理分析 …… 190
9.4.5 人力资源管理分析 …… 191
9.5 电子商务应用系统的设计 …… 191
9.5.1 内部网 Intranet 的体系结构 …… 191
9.5.2 Intranet 网络硬件的选择 …… 192
9.5.3 Intranet 网络软件的选择 …… 193
9.5.4 Web 站点的设计 …… 194

9.5.5 功能详细设计 …… 196
9.6 电子商务系统的实现 …… 197
9.6.1 申请域名 …… 197
9.6.2 建立服务器 …… 199
9.6.3 系统代码化和测试 …… 203
9.7 电子商务系统运行的管理 …… 203
9.7.1 网站宣传 …… 204
9.7.2 日常监测 …… 206
9.7.3 内容的更新、应答与复函 …… 206
9.8 GE、IBM、Microsoft、HP 电子商务解决方案 …… 207
9.8.1 GEIS 电子商务解决方案 …… 207
9.8.2 IBM 电子商务解决方案 …… 209
9.8.3 Microsoft 电子商务解决方案 …… 211
9.8.4 HP 解决方案 …… 212
9.9 案例分析 …… 213
思考题 …… 218

第十章 电子商务发展中的问题 …… 219
10.1 国际电子商务发展的前沿问题 …… 219
10.1.1 电子商务的法律问题 …… 219
10.1.2 电子商务的税收问题 …… 221
10.1.3 电子商务的安全问题 …… 222
10.2 中国电子商务发展的问题及政策建议 …… 223
10.2.1 电子商务所需的信息基础设施 …… 223
10.2.2 电子商务所需的商业准则和规范 …… 224
10.2.3 现实市场容量 …… 225
10.2.4 中国发展电子商务的政策建议 …… 225
10.3 案例 …… 227
思考题 …… 232

附录 1 导航台站点 …… 233

附录 2 电子商务站点 …… 235

附录 3 中英文对照术语 …… 241

参考文献及参考站点 …… 246

第一章　电子商务的产生和发展

20世纪末,信息技术突飞猛进,不断地创造着令人耳目一新的天地。就在人们对互联网络刚刚有所认识的时候,电子商务——这一全新的概念又以难以估量的速度在兴起,并进而改变着社会经济生活的各个方面。据美国《商业周刊》报导,已有40万家公司开始了网上销售。1998年美国和欧洲的网上零售额达51亿美元,是1997年的两倍多;1998年11月兼并了网景公司(Netscape)的美国在线公司(American Online)宣布,1998年圣诞节期间,通过该网站进行网上购物的销售额比上年同期激增350%;网上书店Amazon.com公司成立仅三年,1998年就被《商业周刊》评为全球信息产业百名最佳企业中的第37位,排名在Intel、HP等老牌大公司之前;大量的新闻媒体,如电视、报纸、杂志、广播、广告等都在大力宣传电子商务,努力培育电子商务的大众化市场;在电视广告中经常可以看到公司的Web地址,意味着希望观众到网上光顾该公司,获得关于公司的更多产品和服务信息。种种迹象表明,电子商务将会在今后几年有重大发展,并将重新构造和形成企业的竞争力。

当然,像任何一个新技术出现之初一样,电子商务也不可能在短时期内就能发挥巨大的潜力,解决信息、资金交换的全部问题。然而从长远看,电子商务的重要性是不可估量的。最终电子商务会改变企业的经营模式,甚至取代非电子化的与客户交互和产品/服务交付等活动。因此,政府、企业、科研等单位必须实际跟踪电子商务的技术和实际应用的进展,在投资、策略和管理等方面需要做长远的规划。

本章将对电子商务进行定义,追踪电子商务的发展历史,探讨电子商务所带来的影响。

1.1　电子商务的概念

1.1.1　电子商务实例

我们先来看以下简单的情景,理解什么是电子商务。

(1) 情景1——生日礼物

一位母亲通过Internet查看了十几个在线鲜花供应商后,选择了喜爱的一家,订了一束鲜花送给她的儿子,作为生日礼物,她还告诉供应商她儿子的生日。她的儿子此时正在地球的另一端讲学。生日的前一天,她的儿子收到了这位供应商送来的母亲给他的礼物。

(2) 情景2——摇摆舞曲

一位青少年听说他最喜欢的一位音乐家新近出版了一份专集。他从网上连到一家电子音乐商店，下载并收听了几秒钟这份专集，他非常喜欢，于是就从网上订了一盘 CD，第二天就收到了。

(3) 情景 3——订票

一对夫妇正在制订度假计划，他们从网上找到一家旅行社。通过一种交互式的系统，这对夫妇查看了他们要去的地方的航班时间，其中有多种选择方案。几分钟后，他们选择了一个行程并预订了机票。第二天他们就收到了机票。

(4) 情景 4——订餐

一天晚上，一个科研小组已经工作很晚了，他们准备从网上订食物。于是，他们从网上找到了一家当地的送餐公司，然后查看了几家餐厅的网上菜单，从中预订了几种食物。一个小时之内，他们就吃到了所订的食物。(注意，这里是来自多家餐厅的食物。)

(5) 情景 5——新闻消息

一位美国公司的管理人员正在中国出差，他想看《纽约时报》。于是他通过计算机连到了《纽约时报》的网址上，下载了他要看的那一天的报纸(包括连字游戏)。

(6) 情景 6——梦想成真

一位刚毕业的大学生找到了一份高薪的工作，他做梦都想买一辆跑车。于是，他上网发现了一个提供汽车销售信息的虚拟企业，它所提供的信息包括汽车的性能、型号、出厂年份、价格、汽车的照片、汽车销售商的地址。他花了一些时间查看这些信息后，最终选择了他最满意的一辆跑车——梦想变成了现实。

从上述的情景可以看出，它们都是通过 Internet 进行的交易活动，这种交易活动打破了时间、地理的限制，为交易的双方带来了好处，这就是人们生活中的电子商务。

1.1.2 电子商务的定义

(1) 从各种角度审视电子商务

到目前为止，对于电子商务(electronic commerce 或 electronic business)，不同的人强调不同的侧面：

• 从通讯角度看，电子商务是在 Internet 上传递信息、产品/服务或进行支付；

• 从服务的角度看，电子商务是一个工具，它能满足企业、消费者、管理者的愿望——在提高产品质量和加快产品/服务交付的速度的同时降低服务的成本；

• 从在线的角度看，电子商务提供了通过 Internet 的销售信息、产品、服务；

• 从企业经营的微观角度看，电子商务是通过 Internet 支持企业的交易活动，即产品或服务的买卖；

• 从企业经营的宏观角度看，电子商务是基于 Internet，支持企业经营的产、供、销、人事、财务等全部活动的自动化。

以上的观点都是正确的,只不过是从不同的角度审视电子商务。总而言之,电子商务强调创造新的商机,以较少的投入获得较高的回报,创造商业价值。

(2) IBM 公司对电子商务的定义

IBM 公司(http://www.ibm.com.cn/e-business)给电子商务赋予了他们自己的理解,并将电子商务的全套解决方案作为公司的主攻方向。他们在全世界范围内打出了"E-Business"的招牌。他们给电子商务下的定义是:电子商务是在 Internet 的广阔联系与传统信息技术系统的丰富资源相互结合的背景下,应运而生的一种在互联网上展开的相互关联的动态商务活动,电子商务有广义和狭义之分。狭义的电子商务称作电子交易,主要是指利用 Web 提供的通信手段在网上进行的交易。而广义的电子商务是包括电子交易在内的,利用 Web 进行的全面商业活动,如市场调查分析、财务核算、生产计划安排、客户联系、物资调配等,所有这些活动涉及企业的内外。

(3) 联合国国际贸易程序简化工作组对电子商务的定义

采用电子形式开展商务活动,它包括在供应商、客户、政府及其参与方之间通过任何电子工具,如 EDI、Web 技术、电子邮件等共享非结构化或结构化商务信息,并管理和完成在商务活动、管理活动和消费活动中的各种交易。

1.2 电子商务的产生

电子商务起源于企业,他们希望更好地利用计算机,特别是网络技术,改善企业的经营活动和企业内外的信息交流,特别是与客户的交流。电子商务的产生并非一日之功,它经历了由局部的、在专用网上的电子交易,到开放的、基于 Internet 的电子交易过程。早在 70 年代,电子交易就以不同的形式存在了,如美国航空公司(AA)机票预订系统(SABRE)、电子资金交换(EFT)系统、电子数据交换系统(EDI)及 80 年代的家庭银行系统。

1.2.1 机票预订系统

早在 70 年代,美国航空运输业处于激烈的竞争状态,美国航空公司及时地开发了计算机联网订票系统——SABRE。乘客可以在美国的各个航空公司的售票点、旅行社通过 AA 公司的计算机终端查询全国范围航班的时刻、票价、空位情况等信息,并进而通过终端订票。这一系统的投入使用,立即改变了航空运输业的经营模式:原来只能在就近的售票点买票,如果这个售票点的票售完了,则必须到另一个售票点去购买,造成乘客购票难,航空公司售票点的航班座位分配不均匀;而现在可以在全国各地预订机票,在其他的地方购买,不仅给乘客购票带来了方便,也解决了各售票点航班座位分配不均匀的问题,航空公司可以不用考虑座位调配的问题了。SABRE 系统立即使 AA 公司的市场份额大增,逐渐地各航空公司都通过 SABRE 系统出售自己的机票。现在,全世界的机票销售都采用了计算机网络系统。随着 Internet 的出现,今天我们就可以像前面的情景 3 那样,坐在家里通过 PC 机连到一家航空公司或者一家旅行社,查看世界各航空公司的航班,比较价格,选择满意的行程并订票,机票会被准时地邮寄或被专人送到指定地点。

1.2.2 电子资金交换和家庭银行

同一时期,银行间采用安全的专用网络进行电子资金交换(EFT),改变了金融市场。各银行间利用电子化的汇款信息进行电子支付,极大地提高了资金交换的效率。至今已有许多 EFT 的变种产品在广泛使用,如借记卡(debit card),它不仅可以给雇员发放工资,也可以在自动柜员机(ATM)、商店的收款机(POS)上使用。1995 年全世界每天在计算机网络上进行的电子资金交换超过了 4 万亿美元。美国财政部估计 1995 年联邦政府支出的 55% 是通过电子资金交换完成的。

也是在同一时期,家庭银行的概念诞生了。美国许多银行投入巨资研究和开发家庭银行。70 年代,家庭银行的经营模式是,客户通过家里或单位的按键电话(touch-tone telephone)拨到银行的家庭服务电话号码上,家庭银行的语音服务提示客户按电话上的各个键,客户可以查询账户余额、划账、付账,这种系统的缺点是缺乏视觉性。80 年代至 90 年代,由于 PC 机的普及,家庭银行的经营模式是,客户在家里通过 PC 机、调制解调器及银行提供的专门软件,拨号连入银行的家庭银行服务主机,查看账户余额、划账、付账。纽约的几家大银行是这种家庭银行的倡导者,包括 CitiBank,Chase Manhattan,Chemical。最大的家庭银行专用软件是 1984 年 Intuit 公司推出的 Quicken 软件。这种模式的缺点是客户需付给银行较高的服务费。随着 Internet 的出现,第一家在线银行(或称 Internet 银行)——安全第一网络银行(Security First Network Bank,http://www.sfnb.com)于 1995 年 10 月 18 日出现在万维网上。客户可从世界各地通过万维网在该银行开设账户,付款,查询账户余额等。中国银行于 1996 年开始开发 Internet 银行(http://www.bank-of-china.com),1997 年底建成。尽管它还不能提供全方位的在线服务,但却是一个良好的开端。

1.2.3 电子数据交换

在 70 年代,企业间的电子贸易是通过电子数据交换(EDI)来实现的。传统 EDI 的发展导致了今天基于 Web EDI 的广泛应用。所以,可以说 EDI 在电子商务的发展历程中起着举足轻重的作用。下面将详细介绍 EDI。

1.3 电子数据交换的历史和未来

我们知道,在供应商、消费者、银行、运输业等组织之间存在着大量的信息流,如书面意见交换、面对面的交谈、电话、电传、计算机之间的电子通信。在传统的经营活动中信息的主要交换媒体是纸,如支票、订购单、运输文档等。这些纸上的工作和通信不仅工作量大,成本高,而且速度慢,容易出错。于是,国际上一些大型企业就开始考虑能否通过计算机传递和处理这些信息。在70年代末80年代初,电子交易以一种电子消息技术——电子数据交换和电子邮件——被企业广泛采用,这种技术的主体是电子数据交换(EDI)。

1.3.1 传统 EDI 的概念

(1) 传统 EDI 定义

传统的 EDI 可以定义为:将组织内部及贸易伙伴之间的商业文档和信息,以直接读取的、结构化的信息形式在计算机之间通过专用网络传输,这些信息的接收者可以直接处理信息而无需重新键入。

(2) EDI 的工作方式

EDI 的工作方式如图 1.1 所示。用户在现有的计算机应用系统上进行信息的编辑处理,然后通过 EDI 转换软件(mapping)将原始单据格式转换为中间文件(flat file),再通过翻译软件(translator)变成 EDI 标准格式文件。最后在文件外层加上通信交换信封,通过通信软件

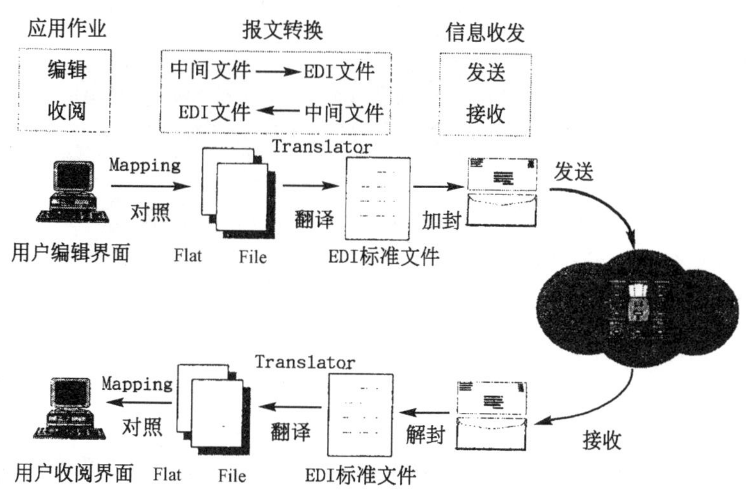

图 1.1 传统 EDI 工作原理

发送到增值服务网络或直接传给对方用户，对方用户则进行相反的处理过程，最后成为用户应用系统能够接受的文件格式进行收阅处理。

1.3.2 EDI 系统的组成

EDI 软件、硬件、通信网络是构成 EDI 系统的三要素。

(1) EDI 软件

EDI 软件能将用户数据库系统中的信息，翻译成 EDI 的标准格式，以供传输交换。由于 EDI 标准具有较强的灵活性，因此，可以适应不同行业的众多需求。然而，每个公司有其自己规定的信息格式，因此，当需要发送 EDI 报文时，必须用某些方法从公司的专有数据库中提取信息，并把它翻译成 EDI 标准格式，进行传输，这就需要 EDI 相关软件的帮助。

• 转换软件　　转换软件可以帮助用户将原有计算机系统的文件，转换成翻译软件能够理解的中间文件，或是将从翻译软件接收来的中间文件，转换成原计算机系统中的文件。信息一般不采用报文(如单证等)的方式进行存储，报文仅仅用于企业贸易单证之间交换。通常企业内部的信息存储在关系数据库中，为了生成标准的报文，企业必须把它们从内部表示方式转换成标准报文，而内部信息的表示可能完全不同于标准报文结构。例如，一个企业内部的数据库使用五位代码来标识一个数据项，而标准报文规定三位。

• 中间文件　　尽管有了 EDI 标准，不同的企业往往还要根据它们自已的需要对标准进行一定的选择，去掉一些它们根本不使用的部分。中间文件是指那些被裁剪了的标准报文版本，它符合翻译软件的输入格式。

• 翻译软件　　将中间文件翻译成 EDI 标准格式文件，或将接收到的 EDI 标准格式文件翻译成中间文件。

• 通信软件　　将 EDI 标准格式的文件外层加上通信信封，再送到 EDI 系统交换中心的邮箱(mailbox)，或从 EDI 系统交换中心内，将接收到的文件取回。

(2) EDI 硬件系统

EDI 所需的硬件设备大致有：计算机、调制解调器(modem)及电话线。

• 计算机　　企业现有的 PC 机、工作站、小型机、主机等均可被应用到 EDI 系统，不必特地为应用 EDI 而购买新的设备。

• modem　　由于使用 EDI 进行电子数据交换，需通过通信网络，采用电话网络进行通信是很普遍的方法，因此，Modem 是必备的硬件设备。Modem 的功能与传输速度，应根据实际需求来决定。

• 通信线路　　一般最常用的是电话线路。如果对传输的时效及资料传输量有较高要求，可采用 X.25 分组交换网或考虑租用专线(leased line)。

(3) EDI 通信网络

EDI 通信网有两种形式：直接连接和增值网络，如图 1.2 所示。从图中不难看出，前一种方式只有在贸易伙伴数量较少的情况下使用。随着贸易伙伴数目的增多，当多家企业直接用电脑通信时，会出现由于计算机不同、通信协议相异以及工作时间不易配合等问题，造成相当大的困难。为了克服这些问题，许多应用 EDI 的公司逐渐采用第三方网络公司进行通信，即增值网络方式。它类似于邮局，为发送者与接收者维护邮箱，并提供存储转送、记忆保管、通信协议转换、格式转换、安全管理等功能。

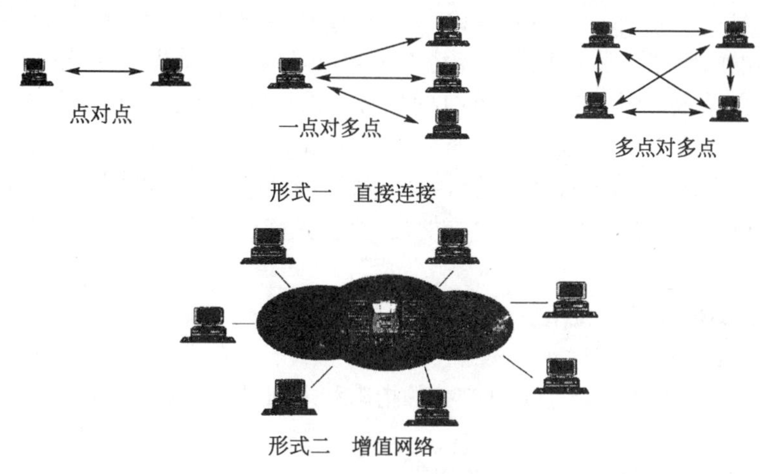

图 1.2　传统 EDI 通信网形式

1.3.3　EDI 标准的发展

(1) EDI 标准的定义

通过 EDI 标准，可以使各组织之间的不同文件格式，形成公认的标准数据格式，从而实现彼此之间文件交换的目的。EDI 的应用离不开结构化的信息形式，我们称之为 EDI 标准。

(2) EDI 标准的发展

EDI 标准的形成大体上分为以下三个阶段：

• 产业标准阶段(1970—1980)　　此阶段开始于 70 年代，美国几家运输行业的公司联合起来，成立了运输数据协调委员会(TDCC)，目的是开发一种传输运输业文件的共同语言或标准。1975 年公布了它的第一个标准。继 TDCC 之后，其他行业也陆续开发了它们自己行业的 EDI 标准，如零售行业的标准(UCS)、仓储行业的标准(WINS)……

• 国家标准阶段(1980—1985)　　当产业标准应用成熟后，企业界发现，维持日常交易运作的对象，并不局限在单一产业，国家标准由此诞生。在 1979 年，美国国家标准协会(ANSI)授权 ASC X12 委员会依据 TDCC 的标准，开始开发、建立跨行业且具一般性的 EDI 国家标准——ANSI X12。

与此同时，欧洲也由官方机构及贸易组织共同推动建立统一的 EDI 标准，并获联合国的授权，由联合国欧洲经济理事会第四工作组(UN/ECE/WP.4)负责发展及制订 EDI 的标准格式，并在 80 年代早期提出TDI(Trade Data Interchange)及 GTDI(Guildlines for TDI)的标准，但该标准只定义了商业文件的语法规则，还欠缺报文标准。

• 国际通用标准阶段(1985—)　在欧、美两大区域的 EDI 标准制订、试行几年后，1985 年两大标准——北美 ANSI ASC X12 与欧洲 GTDI——开始广泛接触与合作，进行国际间 EDI 通用标准的研究。联合国欧洲经济委员会负责国际贸易程序简化的工作小组(UN/ECE/WP.4)承办了国际性 EDI 标准制订的任务，并于 1986 年正式以 UN/EDIFACT(United Nations/Electronic Data Interchange For Administration, Commerce and Transport)作为国际性 EDI 通用标准。另一方面，ANSI ASC X12 于 1992 年决定在其第四版标准制订后，不再继续发展，全力与 UN/EDIFACT 结合。因此，1997 年之后，全世界将趋于统一的 UN/EDIFACT 标准。

1.3.4　EDIFACT 的组成

EDIFACT 由一系列涉及电子数据交换的指南和规则、目录和标准报文组成。

(1) 指南和规则

EDIFACT 指南和规则包括以下几个部分：

- EDIFACT 应用级语法规则(ISO9735)；
- EDIFACT 语法规则实施指南；
- EDIFACT 报文设计规则和指南。

(2) 目录

目录包括以下几个部分：

- EDIFACT 数据元目录(ISO7372 的一部分)；
- EDIFACT 复合数据元目录；
- EDIFACT 段目录；
- EDIFACT 代码表。

(3) EDIFACT 标准报文

到 1995 年 4 月，EDIFACT 报文的数量已达到 189 个。这些报文分别涉及海关、金融、保险、建筑工程、贸易、医疗卫生、退休金发放、通用运输、集装箱运输、危险品运输、账户、社会保险、就业申请、统计、生产和后勤、旅游、联运和其他方面。

由于 EDIFACT 采用的是一种结构化的数据格式方式，它在描述信息时以一种层次隶属的关系将标准化的数据元加以不同的组合而形成一个个标准报文。如果说在对信息的描述上，EDI 的语法结构在逻辑关系上与自然语言相比有某种类似，那么，我们可以通过表 1.1

的对比看出 EDI 语言与自然语言的类比关系。

表 1.1　EDI 语言与自然语言的比较

EDI	自然语言
语法规则(syntax rule)	语法
报文(messages)	单证文件
数据段(segments)	句子
数据元(data elements)	词
代码(codes)	简称缩写

下面以 EANCOM 子集来解释 EDIFACT 标准。用于商业或流通领域的 EDIFACT 标准又称为 EANCOM 标准。EANCOM 由三部分组成:第一部分为基础部分,包括全部语法、EANCOM 概念解释和具体 EANCOM 规则;第二部分是报文的详细描述,包括报文功能和规则、高级段和段组描述、细目段、数据元和代码值使用注解及完整的报文例子;最后一部分是数据元和代码集,这部分详细说明了 EANCOM 中允许使用的每一个数据元和代码。EANCOM 的核心是报文。报文由主数据、商业交易报文、报告和计划报文、通用报文组成,见图 1.3。

主数据

• 参与方信息(PARTIN)　参与方信息报文是商业往来开始时,贸易伙伴第一次交换的报文,用于把地址和相关的经营管理、商业和财务信息传递给贸易伙伴。如果在以后的商业往来的各个阶段信息有变化,参与方信息应重新更换,以保持贸易伙伴的主数据最新。

• 价格/销售目录(PRICAT)　价格/销售目录报文由卖方传送给买方,以目录或列表形式给出供货方产品变化的预先通知。该报文有时给出产品的一般信息,对所有买主都适用;有时给一个单独买主提供一个专门信息,如特殊价格等。

商业交易报文

• 报价请求(REQOTE)　报价请求是由买方向一个或多个卖方发出的要求提供商品或劳务信息的报文,表明买方向卖方提出他所要求的答复内容,如买方欲购的价格。买方可以同时向几个供方发送报价请求,以便进行衡量,获取最满意的货物和购价。

• 报价(QUOTES)　报价是由供货方发送给买方的对买方报价请求的答复。该报文包括对买方要求的商品或服务以及有关信息的详尽答复。

• 订购单(ORDERS)　订购单报文是由买方向供方发送的订购货物或劳务并提出相关数量、日期和发货到达地等的报文,通常用于日常订货。

• 订购单应答(ORDRSP)　订购单应答由供方发送给买方,告知买方他已收到订购单,提出补充或通知买方拒绝或接受全部或部分订购单内容。它也可作为下面的订购单变更请求报文的答复。

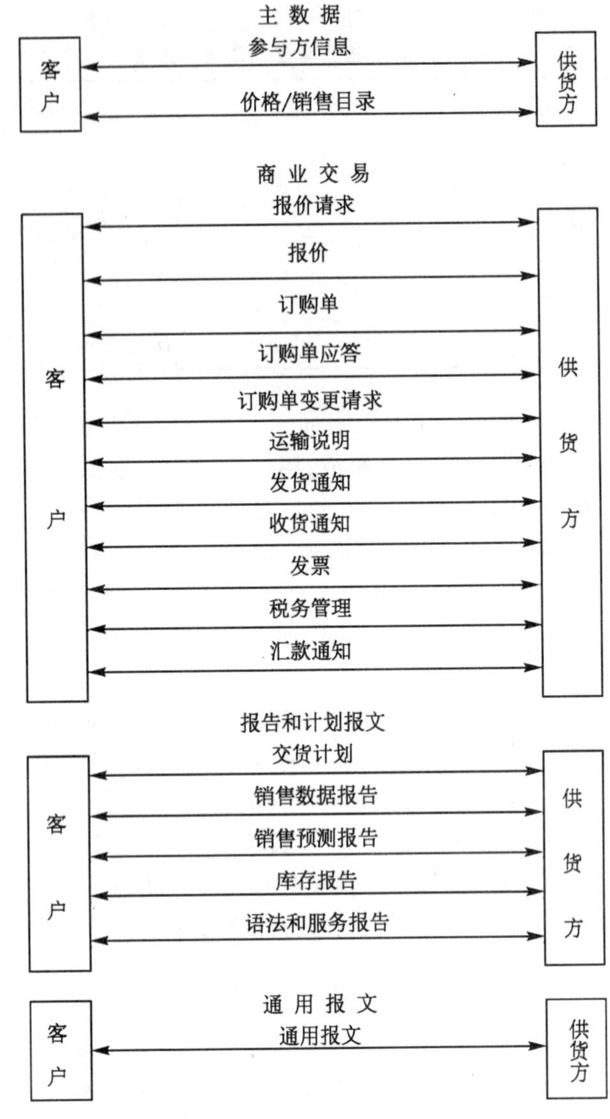

图 1.3　EANCOM 报文和信息流图

• 订购单变更请求(ORDCHG)　　订购单变更请求是由买方向供方提出的对订购单的修改,买方可以请求变动或取消某项货物或劳务信息。

• 运输说明(IFTMIN)　　运输说明是为已订购的货物发出的运输服务的报文。该报文可由供货方、买方或发货者向提供运输服务的第三方发出,请求在规定的时间将货物发送到规定的地点。

• 发货通知(DESADN)　发货通知是按买卖双方一致同意的条件给出发货的详细说明的报文,任务是将托运货物的详细内容通知收货方,使收货人知道对方发了什么货,何时发的货。

• 收货通知(RECADV)　收货通知报文是由买方或收货方发给卖方的,联系与收货有关的商业活动。收货通知可提出货损、丢失或缺货信息给卖方,以便其采取下一步行动。

• 发票(INVOIC)　发票由供货方发给买方,申明提供货物或服务的费用。发票包含支付条款、运输细目及附加信息。

• 税务管理(TAXCON)　由买方、卖方向税务部门、审计部门、第三方发送的一段时间内一批发票的税收信息。

• 汇款通知(REMADV)　汇款通知是买卖双方的通信,告知对方有关货物或劳务的详细财务信息或财会结算方式。汇款通知是一个支付通知,既可由买方发出,也可由卖方发出,但每个汇款通知只能以一种货币形式计算,只有一个支付日期。

报告和计划报文

• 交货计划(DELFOR)　交货计划是买方发送给卖方的短期交货说明或中长期产品/服务预测的计划。通过交货计划报文,买方通知供货方在具体日期、具体地点要发送的具体产品数量。

• 销售数据报告(SLSRPT)　卖方给买方、总部、配销中心或第三方(如市场研究机构)发送的销售数据报告,使接收方能自动处理销售报告中传输的数据,包括产品标识码、销售数量、价格和促销方法等。这些数据只可用于生产计划和统计。

• 销售预测报告(SLSFCT)　由卖方发送给买方、总部、配销中心或第三方的销售预测数据,使接收方能够自动处理。销售预测数据应包括产品标识、预测数量和促销方式等,可做生产计划用。

• 库存报告(INVRPT)　库存报告报文是买方和卖方交换的有关保持库存、计划库存和目前库存的信息。该报文可使买方减少带有资金的库存并把信息传输到供货方,使之对产品和制造水平进行计划。

• 语法和服务报告(CONTRL)　由第三方(如提供网络服务的机构)发送给买卖双方,帮助解释报文的语法。报文的接收方可依据该报告确认报文中是否有错误。

通用报文

通用报文用于发送没有具体内容的标准报文,为新的 EDI 伙伴之间实现前期传送测试。或补充或进一步澄清先前的 EDI 标准报文。

下面是一个发货通知报文的例子:

```
UNH+ME000001+DESADN:D:93A:UN:EAN004'
BGM+351+DES587441'
DTM+137:19940401:102'
```

```
DTM+11:19940403:102'
DTM+232:19940403:102'
RFF+CO:12332'
DTM+171:19940325:102
NAD+SU+5411234512300::9'
RFF+VA:6558774'
NAD+BY+5412345000010::9'
RFF+VA:7002474'
NAD+DF+5412345123450::9'
CPS+1'
PAC+2+ +201'
CPS+2+1'
PAC+1+ +201'
MEA+PD+AAD+KGM:263.2'
PCI+30E'
GIN+SS+354107280000001051'
PAC+20+ +CT'
LIN+1+ +5410738000152:EN'
QTY+12:20'
CPS+3+1'
PAC+1+ +201'
MEA+PD+AAD+KGM:305.1'
PCI+30E'
GIN+SS+354107380000001068'
PAC+20+CT'
LIN+2+ +5410738000169:EN'
QTY+12:5'
LIN+3+ +5410738000176:EN'
QTY+12:3'
LIN+4+ +5410738000183:EN'
QTY+12:12'
CNT+2:4'
UNT+36+ME000001'
```

1.3.5 EDI 特点、使用范围及优势

(1) EDI 的特点

- EDI 的使用对象是不同的组织之间；
- EDI 所传送的资料是一般业务资料，如发票、订单等，而不是指一般性的通知；
- 采用共同标准化的格式，这也是与一般 E-mail 的区别，如联合国 EDIFACT 标准；
- 尽量避免人工的介入操作，由收送双方的计算机系统直接传送、交换资料；

• 与传真或电子邮件(E-mail)的区别是:传真与电子邮件,需要人工的阅读判断处理才能进入计算机系统。人工将资料重复输入计算机系统中,既浪费人力资源,也容易发生错误,而 EDI 不需再将有关资料人工重复输入系统。

(2) EDI 的使用范围

EDI 系统可以在世界范围内交付和使用。那么 EDI 的应用涉及哪些部门呢?从 EDI 应用的地区范围看:在一个国家内,要涉及买卖双方、银行、运输业;跨国的 EDI 要涉及订货、发货、运输、报关、商检和银行结算、保险等活动,因此,涉及进出口商、运输公司、保险公司、海关、商检、银行等部门,图 1.4 显示了国际贸易中 EDI 系统的结构。我国正在开发的金关工程就是国际贸易 EDI 的应用实例。

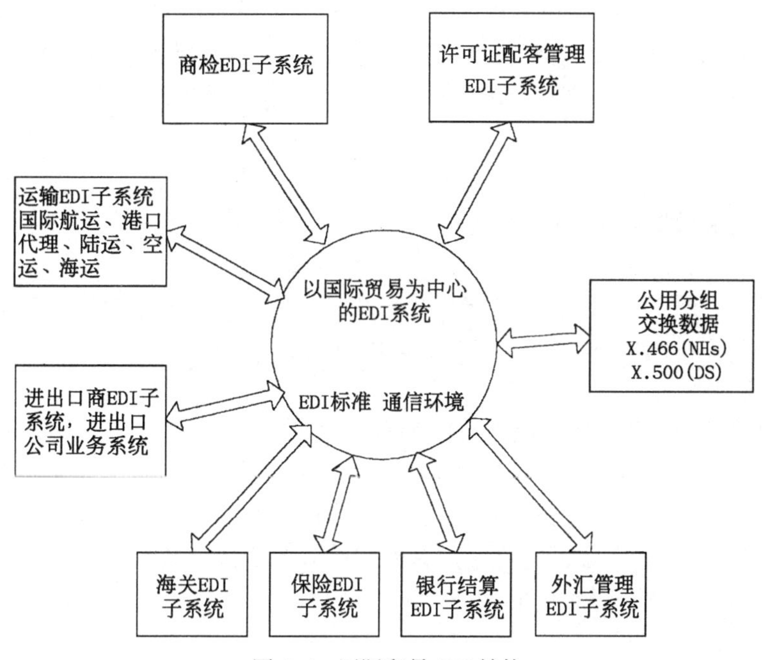

图 1.4 国际贸易 EDI 结构

(3) 使用 EDI 的好处

• 降低纸张使用成本　　使用 EDI 后,直接由计算机与计算机来传送资料,可以大幅度节省文件的纸张、印刷复印、存储及邮寄等费用。据估算,纸张成本可以节省 25%。

• 提高工作效率　　由于使用 EDI 后,资料传输及处理时间均能大幅度减少,各项工作能获得更多的时间来妥善安排。例如,订单提前确认,生产计划更易安排,采购及库存成本均可因 EDI 的时效性而获得效益。

• 节省库存费用　　由于缩短了订货时间,可以提早确定订货量,产品的库存量可以大大降低。根据统计,使用 EDI 后,库存可以降低 23%。

• 减少错误数据处理　　未使用EDI之前,相同的文件在买卖双方及各部门间经常有重复输入处理工作,易发生人为输入错误,为寻找和修改这些错误,需耗费相当多的人力与时间。据统计,使用EDI后,资料错误处理成本可以减少30%。

• 节省人员费用　　使用EDI后,重复输入文件、装订、邮寄单据、填写单据内容及文件检查等人力及人事费用可以减少。另外,应用EDI后,公司内部的相关工作流程也可以重建,借此进行业务流程合理化、标准化和规范化等工作。一般来讲,应用EDI的最大效益需要进行企业流程重建之后才可取得,因此,需要部门或公司的领导以高瞻远瞩的眼光来大力支持和推动。以美国汽车业为例,福特汽车(FORD)应用EDI简化对账付款流程后,相应工作人员由500人降为150人,成果相当惊人。

• 其他效益　　使用EDI后,可改善与客户间的关系,即买卖双方关系,提高企业竞争力,迅速获得正确资料等。据统计,在应用EDI的前三年,由于系统初期投资,未达使用经济规模,成本高于效益,但差距会逐年减少;约三年后,成本逐渐减少,而效益逐渐增长,两者差距逐年增大。

1.3.6　传统EDI存在的问题

EDI已经存在了20多年,至今还未广泛普及,美国仅有5%的企业使用EDI,主要集中在大企业,中小型企业几乎都不使用,分析其原因有以下几方面:

(1) 环境问题

EDI的应用至少是两个贸易伙伴之间的联合决策,二者之间的依赖关系和信任程度影响着EDI的使用。EDI的应用是基于贸易伙伴的良好关系而不是权力依赖关系。企业间应达到这样的信任水平:供应商自动使用消费者计算机产生的订单作为其生产计划的输入而无需任何人工干预,且不需纸面文件或声音方式的订单确认。贸易伙伴还应该有信心能友好地处理由于任何错误所导致的问题。

(2) 费用问题

EDI传统运行方式费用是相当高的,这是阻碍发展的原因。这些费用包括系统集成费、入网费、传输线路的租用费或信息传输费。因为这种线路一般都是专用的增值网(VAN,value-added networks),一条线路的租金或建设费是很高的。而系统的集成费一般也比较高,因为这种系统需要为每个企业专门开发。尽管有了EDI标准,不同的企业往往根据他们自己的需要对标准进行一定的选择,去掉一些他们根本不使用的部分。转换和翻译软件的开发费很高,因为需要复杂的分析。要使费用减少,必须加大贸易规模,单证交易越多,相对来说费用就越小。GE是美国最大的EDI集成商,它的一个系统一般价格是百万美元以上,这还不包括租用他们的线路。

(3) 安全问题

VAN不但要提供网络服务项目,而且对安全性也要负责。安全性在EDI中尤为重要,不论是贸易单证,还是其他的报文,都要受到保护。安全性主要包括以下三个方面的含义:

- 保密性(confidentiality)　信息或数据经过某些变换后成为一段表面上看不出含义的符号。只有那些经过授权的用户才能够通过反变换得到相应的信息,而未经授权的用户最多只能得到一堆表面上杂乱无章的数据。
- 完整性(integrity)　将信息或数据附加上特定的信息块,系统可以用这个信息块保证数据信息的完整性。只有那些经过授权的用户才能对数据或信息进行增删和修改。未经授权的用户对数据或信息所进行的增删和修改都会被立即发现。
- 可用性(availability)　安全系统能够对用户授权以提供某些服务,即经授权的用户能够得到系统资源和享受系统提供的服务,防止对系统资源或系统服务的非法访问和利用。

1.3.7 EDI的新发展

Internet是世界上最大的计算机网络,在近几年得到了迅速发展,Internet对EDI有如下影响:

- Internet是全球网络结构,可以大大扩大参与交易的范围;
- 相对于私有网络和传统的增值网来说,Internet可实现在世界范围的连接,而这只需要很少的费用;
- Internet对数据交换提供了许多简单易于实现的方法,用户可以使用页面完成交易;
- ISP提供了多种服务方式,这些服务方式以前都必须从传统的VAN购买,费用很大,而当今ISP提供的类似功能服务费用相对较低。

Internet和EDI有着必然的联系,它们之间的结合有四种方式:Internet Mail、标准翻译、Web_EDI和XML/EDI。

(1) Internet Mail方式

Internet Mail方式是最早的一种把EDI带入到Internet的方式,用ISP(Internet service providers)代替了VAN,Internet和VAN相比要便宜得多。但是,在Internet上用这种方式做电子交易,其转换问题、翻译问题没有得到解决。

(2) 标准翻译(standard implementation conventions)

标准翻译着重于解决翻译的问题。由于EDI标准对于许多应用来说过于复杂,许多标准化组织都在努力工作,针对一些特定的应用制订一些简单的标准。这种标准不同于以前的行业标准和国家标准,它是一种特殊的跨行业的国际标准,是针对特定应用的。但是,也不同于以前制订的国际标准,它相对来说十分简单,没有过多的可选项,并且考虑了以前翻译的需求。最终,应用程序厂商可以在他们的产品中实现这些标准。例如,OBI(open buying on the Internet)是针对大量的、低价格的交易定义的一组简洁的报文,使其成为标准。这些交易虽然不具战略意义，但是占所有交易的80%以上，这就实现了EDI节省费用的目标。实际上，OBI在EDI报文中综合了电子目录，在Internet上为企业—企业购买商品提供了一个完整的解决方案。有许多产品实现了OBI，Netscape CommerceXpert就是其中的一个。

(3) Web_EDI方式

标准翻译的EDI不能减少有很少贸易单证的中小企业的费用，而Web_EDI的目标则是减少中小企业实现EDI的费用，即允许中小企业只需通过浏览器和Internet连接来执行EDI交换。

Web是EDI报文的接口。一般情况下，其中一个参与者一般是比较大的企业，针对每个EDI报文开发或购买相应的Web表单，接着改造成适合自己的译文，然后把它们放在Web站点上。此时，表单就成为EDI系统的接口。另一个参与者一般是较小的公司，它登录到Web站点上，选择所感兴趣的表单填写。填写结果提交给Web服务器后，通过服务器端程序进行合法性检查，把它变成通常的EDI报文。之后，报文的处理就同传统的EDI报文处理一样了。为了能够保证报文信息从Web站点返回给它的参与者，报文还能转变成Web表单或E-mail的形式。因此，可以看出，对于所有的交易，EDI相关的费用转换只发生一次，对所有的参与者来说都发生在Web站点上。Web_EDI是不对称的：一方实现了EDI交换，承担所有实现EDI的费用，从而享受EDI带来的所有好处；另一方只参与EDI交换，但是不能从EDI中得到好处，他们不需要任何翻译或者转换。

很明显，这个解决方案对中小企业来说是负担得起的，只需一个浏览器和Internet连接就可完成。EDI软件和转换的费用花在服务器端。另外，大企业享受到EDI带来的全部好处，包括在交易中的低出错率和每次交易中的低花费。

(4) XML/EDI方式

XML称作可扩充标记语言，是HTML的变体。HTML确定网页的外观，而XML将表明页面的数据代表什么内容。例如，当浏览器的一个页面上显示"878.9美元"时，浏览器会知道它是价格。因此，买主可以更为容易地在许多商务网站之间比较产品和服务；可以方便地将网页转换成商务文件。目前，这一语言的标准还在制定中。

XML/EDI的工作也在进行过程中，基本的技术已经成型，得到了工业界的广泛支持。但是，许多实现的细节还要定义。XML/EDI方式同Web_EDI的区别也是它的目标，即所有的参与者都从EDI中得到好处。为了达到这个目的，XML/EDI着重解决EDI的最主要的问题——转换。其原理是引进模板(template)的概念，模板描述的不是报文的数据，而是报文的结构以及如何解释报文，做到无需编程就可以实现报文的转换。在客户端的计算机上，安装一个模板的软件代理(agent)，它用最佳方式解释模板并处理报文，自动完成转换，产生正确的报文。同时，代理可以给用户生成一个Web表单。

1.4 电子商务的重要性

Internet 的发展是真正推动电子商务发展的动力。Internet 仅作为信息传播的工具还远远没有发挥其作用,一项新技术只有投入商业领域才能创造价值,甚至改变社会。一些权威公司对近几年的 Internet 网民人数、Internet 商务进行统计调查,并对今后几年的发展进行了预测。1998 年全球上网人数大约 5700 万,2000 年预计将达到 1 亿多。通过 Internet 进行交易的交易额 1998 年大约 220 亿美元,2002 年将达到 3500 亿美元(依据《商业周刊》中文版上 Forrester 公司的预测)。为什么电子商务发展得如此之快呢?这是因为其本身的优势所在。

1.4.1 电子商务的优点

电子商务与传统商务方式相比具有明显的优势,具体表现在以下几个方面。

(1) 提高了通信速度

过去要几天才能到达的商务信件,现在通过 Internet 几分钟,甚至几秒钟就能收到。

(2) 加强了信息交流

网上的信息具有更新速度快、内容全面丰富的特点,可使企业、客户掌握他们需要的最新信息。任何企业都可以将其信息上网供客户查询,从而克服电话查询信息不够全面、不直观、不灵活的缺点。例如,Mott's 公司,主要生产苹果汁,年产值 5.6 亿美元,1997 年底以前还没有采用网上订货,但这并不阻碍它与客户的网上信息交流。公司有一个基于 SAP R3 的内部信息系统,客户可以上网查询基于 R3 的数据库信息,如订单信息、信用情况。

(3) 降低了成本

电子商务可以降低通信费用、管理费用和人员开销。对于每天对外具有大量信息交换的企业,即使一次邮件只省几美元,但一年下来就降低了大量的成本。众多的企业在使用 EDI 阶段,就体会到了人员的节省,发展到今天的电子商务,这种节省和高效就更加明显。例如,波音公司使用 EDI 与合作伙伴交换订单、发票等商务文件已经多年了,并因此将人工过程自动化,但是仅局限于同样使用 EDI 的合作伙伴。1996 年他们使用 Web 技术建立了一个叫 PART(part analysis and requirements tracking)的网页,目的是面向 600 多家没有使用 EDI 的航空公司,使他们方便地从波音公司订购零部件和整机。到 1997 年底,已经有 350 家航空公司用该站点订货,每天有 4000 笔交易,与原来传真、电话、人工录入形式的订货相比,成本减少了 75%。Cisco 公司 1997 年通过网上从零售商获得的订单达 40 亿美元,同时在技术支持、营销、配送方面却节省了 3.63 亿美元,其中的 1/3 是由于相关人员的减少。据 Forrester 估计,网上商务节省的费用约占销售额的 5% ~ 10%。

(4) 加强了联系,提高了服务质量

降低成本还不是电子商务的主要目的和收获,改善供应商与客户的关系才是最大的收获,这样才能带来丰厚的回报。如波音公司建立了 PART 网页后使得该公司的零部件交货期缩短至一天,甚至当天就能交货;销售商也从烦琐的事务中解脱出来,更加有精力帮助客户解决问题,如寻找难于找到的零部件;航空公司的机械师也能更好地完成飞机维修任务,他们不必再要求航空公司的供应部门寻找零部件,他们自己就可以通过波音的网站寻找零部件,甚至订货。另外,客户可以通过网站跟踪订货情况,供应商还可以通过网站及时收集市场的反馈信息,满足客户的需要。

(5) 服务时间延长

提供每年 365 天,每天 24 小时的全天候服务。

(6) 增强了企业的竞争力

任何企业,无论大小,在网站上都是一个页面,面对相同的市场,都处于平等的竞争条件下。

1.4.2 电子商务的影响

电子商务究竟会给个人、组织、社会带来什么影响呢?

(1) 改变商务活动的方式

过去一提到商务,联想到的是到商场搜寻自己想要的商品,谈判桌前双方的唇枪舌剑,如今在计算机屏幕上就可以看见店面前台,不仅能浏览、购买物理产品,还能试听、试用、购买数字产品,还可以获得在线服务,如咨询、安排旅游行程、远程医疗诊断等。

(2) 改变经营方式

一家企业在网上开设了商店,于是它就发现世界就在面前:客户将在网上与供应商联系,利用网络进行结算支付与银行发生往来。客户有权力对制造商说要造什么产品,怎么造,从过去的生产面向库存转向生产面向订货。如 Dell 计算机公司可以通过互联网按照客户提出的要求制造计算机,GAP 服装公司可以通过互联网按照客户提出的要求设计和生产服装。客户可以随时跟踪订货,从过去的慢得难以忍受的订货交付,又不知道供货商内部究竟发生了什么,转向更快更开放的交货过程,客户有了更大的控制权,如美国联邦快递公司 FedExpress(http://www.fedex.com)可以让客户在网上查询邮件的状态。

(3) 改变组织结构和职能

企业会从层次的指令控制结构转向基于信息的扁平结构,企业内部的信息交流、管理职能、工作群体的结构都将发生变化。原来的供应链将形成一个端到端的关系式的管理模式,又称作集成的或扩展的供应链管理,管理着连接客户、生产商、供应商、销售商、竞争对手的网络。

(4) 改变消费方式

网上购物是足不出门,看遍世界,网上的搜索功能可方便地带顾客货比多家。同时,消费者将能以十分轻松自由的自我服务的方式完成交易,从而使用户对服务的满意程度大为提高。

1.5 案　　例

GE TradeWeb 是 GEIS 公司的电子商务的服务,在本书的第九章将介绍 GEIS 的电子商务的产品。在本章我们只介绍使用它为企业带来的好处,即可使各种规模的公司在 World Wide Web 上交换商业文件。以下介绍了 1998 年 4 月 27 日《国际电子报》刊载的两个案例。

1.5.1 克莱斯勒公司

克莱斯勒公司在 GE TradeWeb 帮助下,实现了与供应商间的事务处理电子化。

克莱斯勒将 GE TradeWeb 作为一种价格低廉的 EDI 应用于规模较小的非生产性供货商中。这些供货商提供克莱斯勒员工日常使用的如钢笔、螺丝刀等产品和服务,这样的供货商往往向克莱斯勒邮寄或传真他们的业务处理文件,使克莱斯勒公司在每天的重复处理中花费了大量的时间和经费。克莱斯勒大多数较大的非生产性供货商和所有的生产性供货商——为克莱斯勒汽车供应零件的公司——都已经采用了 EDI。

克莱斯勒的目标是到 2000 年彻底抛弃它同供货商间的书面文件,而在达到这一目标的过程中,GE TradeWeb 是关键所在。这将使克莱斯勒和各供货商减少开支,并且使运行更合理化。供货商只需一台个人计算机和一个 Web 浏览器即可同克莱斯勒处理业务。

克莱斯勒于 1997 年春天在五家供货商处试用了 GE TradeWeb。1997 年 6 月,它开始加入 GE 的全球推广实施行动,向其他非生产性供货商推广 EDI 服务。截止到 1998 年 1 月,大约有 1500 家克莱斯勒供货商使用 GE TradeWeb,到 1998 年底这一数字翻了一番。供货商可通过 GE TradeWeb 与克莱斯勒进行发票、购货订单、购货订单变更、预付款项和文本文件等内容的交换处理。

使用 GE TradeWeb 之后,克莱斯勒与非生产性供货商间的支票错误更正时间减少了。例如,该公司以前与加拿大供货商间的业务处理需 30 天,有了 GE TradeWeb 后,这一过程压缩到 24 小时,克莱斯勒预计每年能节约数百万美元。

1.5.2 爱立信公司

电信产品供应商——爱立信公司于 1997 年秋天采用了 GE TradeWeb。爱立信公司希望 GE TradeWeb 能使更多的供货商与它进行电子贸易。

爱立信也可以用 Web_EDI 与小型供货商进行电子贸易，也可以建造自己的系统。但是，该公司仍决定选用外部供应商 GES，原因是希望能从外部获得帮助，以及操作和服务上的管理。

目前有四家爱立信子公司在公司及其供货商间试用 GE TradeWeb，进行订单交换、订单认证、订单变更、计划及发票、通知传送等业务处理。根据经验，该公司管理人员已经决定将 GE TradeWeb 作为 200 家供货商和其他爱立信子公司使用的 EDI 系统。

从 1998 年 1 月份开始，使用 GE TradeWeb 的供货商就有了一种替代传统 EDI 的方法，他们已经可以设置通向爱立信公司的电子接口。

思　考　题

1. 对电子商务的概念可以从哪几个方面理解？
2. 哪些系统对电子商务的产生做出了重要的贡献？
3. EDI 的工作原理是什么？
4. 为什么说 EDI 标准在 EDI 系统中是非常重要的？
5. 企业采用电子商务应用有什么好处？
6. 电子商务应用有何深远的意义？
7. 举出几个你身边电子商务应用的例子？

第二章　电子商务的应用框架、功能和分类

在上一章中，我们已经介绍了电子商务的基本概念及电子商务应用的深远意义。本章将详细介绍电子商务的宏观框架，即电子商务涉及的领域和技术，并从几个角度分析电子商务的功能及其分类。

2.1　电子商务框架

电子商务的框架是指实现电子商务的技术保证，如图 2.1 所示。电子商务的技术支持分三个层次和两个支柱。三个层次是：自底向上，也就是自最基础的技术层次至电子商务的应用层次分成网络层、多媒体消息/信息发布层、一般业务服务层；两个支柱是技术标准和政策、法律。三个层次之上是特定的电子商务的应用，所以下面的三层和两边的支柱是特定应用的条件。本书第六章、第七章、第八章将介绍不同领域方面的电子商务的应用。

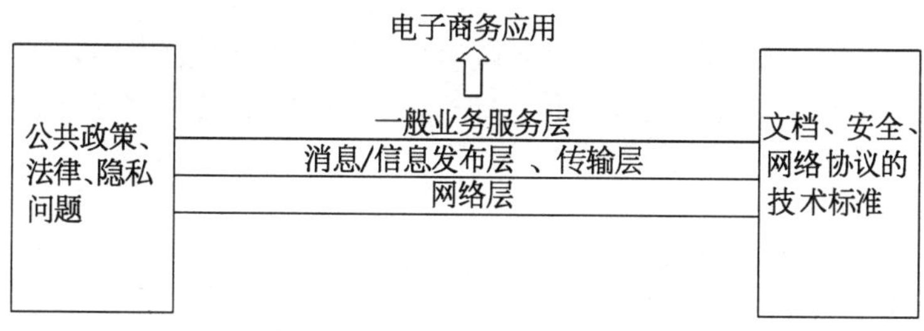

图 2.1　电子商务框架

2.1.1　网络层

网络层是电子商务的硬件基础设施，是信息传输系统，包括远程通信网(telecom)、有线电视网(cable TV)、无线通信网(wireless)和互联网(internet)。远程通信包括电话、电报，无线通信网包括移动通信和卫星网，互联网是计算机网络。目前，这些网络基本上是独立的，研究部门正在研究将这些网络连接在一起，到那时传输线路的拥挤将会彻底改变。

这些不同的网络都提供了电子商务信息传输线路，但是，大部分的电子商务应用还是基于 Internet。互联网络上包括的主要硬件有：基于计算机的电话设备、集线器(hub)、数字交

换机、路由器(routers)、调制解调器、有线电视的机顶盒(set-top box)、电缆调制解调器(cable modem)。

经营计算机网络服务的是 Internet 网络接入服务供应商(IAP)和内容服务供应商(ICP),他们统称为网络服务供应商(ISP)。国际上著名的 IAP 有 American Online、CompuServe,国内 IAP 有东方网景、瀛海威、北京电信等众多 IAP 厂家。大的网络设备供应商有 Cisco、3Com、Bay Network。

关于 Internet 的基本技术,本书将在第三章中介绍。

2.1.2 多媒体消息/信息发布、传输层

网络层提供了信息传输的线路,Internet 上传输什么内容呢?这就是信息的内容,最复杂的信息就是多媒体了,它是文本、声音、图像的综合。最常用的信息发布应用就是 WWW,用 HTML 或 JAVA 将多媒体内容发布在 Web 服务器上,然后通过一些传输协议将发布的信息传送到接收者。关于 WWW 等技术,本书将在第三章中介绍。

2.1.3 一般业务服务层

这一层实现标准的网上商务活动服务,以方便交易,如标准的商品目录/价目表建立、电子支付工具的开发、保证商业信息安全传送的方法、认证买卖双方的合法性方法。关于这部分内容,本书将在第四章和第五章中介绍。

2.1.4 公共政策、法律和安全、技术标准

公共政策、法律和安全、技术标准是电子商务应用的两个支柱。

(1) 公共政策

公共政策包括围绕电子商务的税收制度、信息的定价(信息定价则围绕谁花钱来进行信息高速公路建设)、信息访问的收费、信息传输成本、隐私问题等,需要政府制定政策。其中,税收制度如何制定是一个至关重要的问题。例如,对于咨询信息、电子书籍、软件等无形商品是否征税,如何征税;对于汽车、服装等有形商品如何通过海关,如何征税;税收制度是否应与国际惯例接轨,如何接轨;关贸总协定是否应把电子商务部分纳入其中。美国政府在 1998 年通过了电子商务免征税收的决定,旨在推动电子商务的发展。

除了这些涉及电子商务的工作需要政府来做之外,政府在电子商务中应怎样发挥作用呢?我们知道,Internet 是一个跨国界的网络,建立在其上的电子商务活动必然也具有跨国界的特点。如果各个国家按照自己的交易方式运作电子商务,势必会阻碍电子商务在本国

乃至世界的发展。所以，必须建立一个全球性的标准和规则，保证电子商务的顺利实施。各国政府在遵循电子商务的国际准则的基础上，对电子商务活动不应过多地干涉，而应尽量放权于企业。政府在其中起的作用应是扶持和服务，而不是控制和干预。当然，当交易中出现侵犯知识产权和偷税、漏税等现象时，政府应及时、准确地处置。江泽民总书记在1998年11月亚太经合组织上曾说："在发展电子商务方面，我们不仅要重视私营、工商部门的推动作用，同时也应加强政府部门对发展电子商务的宏观规划和指导，并为电子商务的发展提供良好的法律法规环境。"

(2) 法律

法律维系着商务活动的正常运作，违规活动必须受到法律制裁。网上商务活动有其独特性，买卖双方很可能存在地域的差别，他们之间的纠纷如何解决？如果没有一个成熟的、统一的法律系统进行仲裁，纠纷就不可能解决。那么，这个法律系统究竟应该如何制定？应遵循什么样的原则？其效力如何保证？知识产权问题在电子商务活动中尤显突出。如何保证授权商品交易的顺利进行，如何有效遏止侵权商品或仿冒商品的销售，如何有力打击侵权行为，这些都是现在制定电子商务法律时应该考虑的问题。法律制定的成功与否直接关系到电子商务活动能否顺利开展。

本书将在最后一章介绍以上的问题。

(3) 安全

安全问题可以说是电子商务中最中心的问题。如何保障电子商务活动的安全，一直是电子商务能否正常开展的核心问题。作为一个安全的电子商务系统，首先必须具有一个安全、可靠的通信网络，以保证交易信息安全、迅速地传递；其次必须保证数据库服务器的绝对安全，防止网络黑客闯入盗取信息。目前，电子签名和认证是网上比较成熟的安全手段。同时，人们还制定了一些安全标准，如安全套接层(secure sockets layer)、安全HTTP协议(secure-HTTP)、安全电子交易(secure electronic transaction)等。本书将在第四章详细介绍电子商务的安全问题。

(4) 技术标准

技术标准是信息发布、传递的基础，是网络上信息一致性的保证。这就像不同的国家使用不同的电压传输电流，用不同的制式传输视频信号，限制了许多产品在世界范围的使用。EDI标准的建立就是电子商务技术标准的一个例子。

2.1.5 电子商务应用的行业和部门

电子商务应用的行业和部门包括：

- 国际旅游和各国旅行服务行业；
- 传统的出版社和电子书刊、音像出版部门；

- 计算机、网络、数据通信软件和硬件生产商；
- 批发、零售商店；
- 无收入的慈善机构；
- 商业银行、证券公司、投资公司、保险公司等金融机构；
- 政府机关部门；
- 信息公司、咨询服务公司、顾问公司；
- ICP 和 IAP。

2.2 电子商务的功能

电子商务的功能有不同的归类方法，本节介绍两种电子商务功能的划分：从企业价值链角度和从电子商务应用方面。

2.2.1 从价值链看电子商务的功能

价值链把企业分解为战略上相互联系的活动，以分析了解企业的成本优势。每个企业都是在设计、生产、销售、发送产品和辅助过程中进行种种活动的集合体。所有的这些活动都可以用一个价值链来表明，如图 2.2 所示。

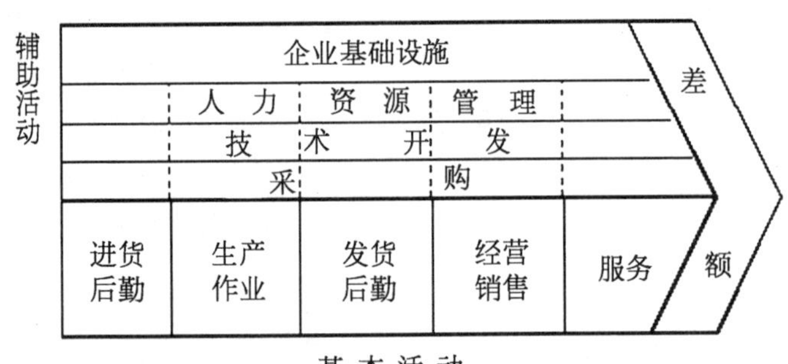

图 2.2 价值链

任何一种通用战略的目标都是为客户创造出超过其成本的价值。从图 2.2 可以看出，价值链把总价值展开，它由价值活动和差额组成。价值活动是一个企业所进行的在物质形态上和技术上都界限分明的活动，这些是企业赖以创造出对客户有价值产品的基石。差额是总价值和进行价值活动的成本总和的差。它在一定程度上反映了企业的成绩。

价值活动可以分为基本活动和辅助活动两大类，列在图中最下面一行的基本活动是在物质上制造产品、销售和发送以及售后服务等活动；辅助活动通过提供外购投入、技术、人力资源和各种企业范围的职能来辅助基本活动并支持整个价值链。基本活动是企业价值活动中最主要的和最明显的,而辅助活动也是必不可少的,这是因为每一种价值活动都使用外购投入、人力资源和某种形式的技术来发挥其功能。图中点划线反映了这样的事实,即采购、技术开发和人力资源管理都与各种具体的基本活动相联系并支持整个价值链。企业的基础设施虽然并不与各种特别的基本活动相联系,但是也支持整个价值链。

(1) 进货后勤

进货后勤又称内部后勤,是有关接收、存储和分配产品的投入的活动。进货后勤是生产前原材料的储备量控制,这一阶段的目标是发出快,尽量减少存量。它的主要任务包括:

- 原材料的搬运;
- 原材料的质量检查;
- 仓储;
- 库存管理;
- 车辆调度;
- 向供应厂商退货。

(2) 发货后勤

发货后勤又称外部后勤,是有关集中、存储和把产品实际分销给客户的活动,是生产后的产品储备控制,它的核心是要及时地把产品销售出去,实现成本回收资金。主要任务包括:

- 产品库存;
- 原材料搬运;
- 送货车辆管理;
- 订单处理;
- 进度安排。

(3) 生产作业

生产作业是有关将投入转化为最终产品的活动。生产管理是企业价值活动中涵盖范围最广的一项价值活动,归纳起来它有五大构成要素:生产过程、生产能力、生产库存、生产质量和生产人员管理。

生产过程管理的主要任务包括:

- 生产战略的设计;
- 生产类型的选择;
- 生产过程设计;
- 产品设计;
- 产品的客户化;
- 工厂的设计、选址、布置和规模决策。

生产能力决策的主要任务包括:

- 生产规模的计划和控制;
- 资源计划;
- 生产现场的调度和控制。

生产库存管理是从物质流的角度来指挥和控制的,现今最流行的库存管理方法是准时生产制(JIT),又称为零库存管理,它是一种能够自我调整、自我完善的动态管理机制。

生产质量管理的主要内容包括:

- 质量检验;
- 全面质量管理;
- 全员管理和全过程管理。

生产人员管理是生产企业人力资源管理的一部分内容,它的目标是在使员工满意的基础上,调动员工的积极性,发挥生产者的潜力和创造精神。主要任务包括:

- 人员工作设计;
- 生产系统的定编定员;
- 生产人员的选拔和录用;
- 生产人员的技能培训和职业发展;
- 生产人员工作业绩评估。

(4) 经营销售

经营销售包括销售和市场促销活动,一般要制定以下五大方面的策略:

- 产品策略　　产品策略主要包括:对产品不同的生命周期制定不同的经营对策,新产品的开发策略,产品的市场分析、市场预测和商品化策略,产品的组合策略,即根据企业的资源条件和外部市场环境合理地选择产品组合的宽度、深度和关联性。
- 价格和定价策略　　产品的价格除受价值规律的支配外,还受供求关系、消费心理和其他诸多因素的影响。常用的定价策略有高价策略、低价策略、心理定价策略、差别定价策略、折扣和让价策略等等。
- 销售渠道策略　　销售渠道要解决以下几个主要问题:是采用直接销售形式(无中间商),还是间接销售形式?如果要有中间环节,中间环节的最佳宽度和深度应该如何?所选择的中间商应当具备一些什么条件?
- 促销策略　　促销可以用人员或者非人员的方式,帮助或说服顾客购买某项产品或劳务,并使顾客对卖方的经营方式产生好感。常见的促销方式,也即企业与顾客和公众沟通的工具主要有四种,它们分别是:

广告　　通常,广告可通过各种媒介对商品或服务的信息进行传播,影响顾客的态度和需要,从而实现扩大销售的目标。

人员推销　　人员推销是一种面对面的促销,口头上传达和沟通信息,这要求推销员有较高的技巧。它的优点是直接和容易成功,但缺点是开支较大和接触顾客有限。

公共关系　　公共关系这种促销手段不同于其他手段,有显著的特点,即其促销不是直接针对现实顾客和潜在顾客。其重要手段之一是通过公共宣传来吸引公众的注意力,去除企业在公众头脑中已有的坏印象和建立良好的信誉。

营业推广　　营业推广是鼓励消费者增加购买和提高中间商交易效益的一种促进销售的策略。它包括诸如赠送样品、折价赠券、购货折扣等多种形式。营业推广又可分为消费者的营业推广和中间商的交易推广两种。

• 营销组合策略　　营销组合是从制定产品策略着手,同时制定价格、销售渠道、促销策略,再考虑其相互影响,最后组合为策略的总体,达到将合适的产品以合适的价格、合适的促销方式,通过合适的渠道,有效地送到企业目标市场的目的。

(5) 服务

服务可分为售前服务和售后服务。

• 售前服务　　售前服务是指在销售商品前为顾客提供的各种服务,目的是为顾客创造某些购买条件。主要内容有:为用户提供方便的搜索功能;回答用户提出的各种技术问题;同用户进行技术交流;参加技术讨论会;使用户了解产品的特点和使用范围等。

• 售后服务　　售后服务是指商品销售出去后,根据顾客的要求继续提供的各种服务,其目的是保证用户长期有效地使用本企业的产品。主要内容有:到现场为用户安装调试设备;为用户培训技术人员和操作人员;为用户维修和检修设备;按合同提供零配件;退换、加工改制产品;租赁、代购代运机具;回答用户提出的技术问题。

有的服务项目很难把它区分为售后服务还是售前服务,例如,回答用户提出的技术问题不但可以作为一种售前服务,也可以作为一种售后服务,它可以是在用户购买了产品以后为用户回答技术难点,也可以是在用户购买前回答一些技术问题以让用户安心购买。在互联网上常可以看到的各公司的FAQ(frequently asked questions)页面,就是这种典型的服务。又例如,许多网页都提供一种类似于BBS的网上用户论坛或者读者论坛,这也是一个服务的项目,兼有售后服务和售前服务的内容。

(6) 采购

采购指的是购买用于从事企业价值链各项活动的必需品的活动。采购活动的主要任务包括:

• 用于生产的原材料、零配件的采购;
• 办公消耗品、营销用品,如文具、电脑等的采购;
• 企业的固定资产和设施的采购,如机器、实验室设备、办公室设备和房屋建筑等资产;
• 企业的一些无形资产的采购,如知识、专利;
• 同供应商打交道的程序、手段;

• 供应商的资格审定。

采购作为一项辅助活动,和一般所谈的进货活动相比,它的范围要宽,其作用是提供进行各项价值活动所必需的物品。并且如同所有的价值活动一样,采购也使用一种“技术”,如同供应商打交道的程序、资格审定原则等等。一项特定的采购活动通常和它所支持的一项具体的价值活动或它所辅助的若干活动相联系。它常常对企业的总成本和别具一格的形象有着重大的影响。改善采购方法往往会对外购投入的成本和质量产生强烈的影响。

(7) 技术管理

每项价值活动都包含着技术,无论是技术诀窍、程序,还是在工艺设备中所包含的技术。大多数企业中采用的技术范围是极为广泛的,从用于准备文件和运输物资的技术一直到产品本身所包含的技术。此外,大多数价值活动都运用一种结合了数种不同分支技术并涉及到不同学科的技术。技术管理的主要任务包括:

• 新产品的技术开发;
• 行业技术标准的制定;
• 生产过程中的技术运用,如工艺设计,生产程序等等;
• 同客户和供应商以及竞争对手之间打交道的技术。

(8) 人力资源管理

人力资源管理由对各类人员的招聘、雇佣、培训、开发和报酬管理所包括的活动组成。人力资源管理中的人力是对企业中各种人员的总称,它是一种重要的辅助活动,既支持着单项的基本活动和辅助活动,又支持着整个价值链,前面所提到的生产人员管理仅是它的一部分。从现代管理学的观点来看,企业是一个生产人才的地方,企业的人力资源管理有两个主要的目标:一是尽量吸引各方面的人才到本企业效力;二是使这些人才在企业中能够各尽所能,充分调动其积极性,并创造其满意的工作环境。人力资源管理的主要任务包括:

• 企业雇员的招聘和解聘;
• 企业雇员的报酬管理;
• 新雇员的培训;
• 员工的管理、激励、领导和引导;
• 不同员工的工作任务分配和设计。

(9) 企业基础设施建设

企业基础设施由全面管理、计划、财务、会计、法律、政府事务和质量管理的一些活动组成。基础设施和其他的辅助活动不同,它通常支持着整个价值链,而不是单项活动。例如,管理信息系统是企业的一项重要的基础设施,它在企业的各层管理中起着重要的作用。又如,企业的网站建设也是企业的一项重要的基础设施。

对于不同的产业,不同的基本活动和辅助活动的重要性是不同的。比如说,对一个批发商而言,进货和发货后勤最为重要;对于一个像餐厅和零售店这样的在自己场所提供服务的企业而言,发货后勤在很大程度上或许根本不存在,生产作业则是其要害所在。而就一个高速复印机制造商而言,服务则是其竞争优势的关键。在任何企业,所有各种基本活动和辅助活动都在一定程度上存在,并对竞争优势起着一定的作用。

2.2.2 IBM对电子商务功能的划分

IBM认为,电子商务可提供网上交易和管理等全过程的服务,因此,它具有广告宣传、咨询洽谈、网上订购、网上支付、电子账户、服务传递、意见征询、业务管理等各项功能。

(1) 网上订购

电子商务可借助邮件或Web中的表单、购物车传送网上的订购信息。网上的订购通常都在产品介绍的页面上提供十分友好的订购提示信息和订购交互格式框。当客户填完订购单后,通常系统会回复确认信息单来保证订购信息的收悉。订购信息也可采用加密的方式使客户和商家的商业信息不会泄漏。

(2) 服务传递

对于已付了款的客户应将其订购的货物尽快地传递到他们的手中。若有些货物在本地,有些货物在异地,电子邮件将能在网络中进行物流的调配。而最适合在网上直接传递的货物是信息产品,如软件、电子读物、信息服务等。它能直接从电子仓库中将货物发到用户端。

(3) 咨询洽谈

电子商务可借助非实时的电子邮件、新闻组和实时的讨论组来了解市场和商品信息,洽谈交易事务,如有进一步的需求,还可用网上的白板会议来交流即时的图形信息。网上的咨询和洽谈能超越人们面对面洽谈的限制,提供多种方便的异地交谈形式。

(4) 网上支付

电子商务要成为一个完整的过程,网上支付是重要的环节。客户和商家之间可采用多种支付方式,省去交易中很多人员的开销。网上支付需要更为可靠的信息传输安全性控制,以防止欺骗、窃听、冒用等非法行为。

(5) 电子银行

网上的支付必需要有电子金融来支持,即银行、信用卡公司等金融单位要为金融服务提供网上操作的服务。

(6) 广告宣传

电子商务可凭借企业的Web服务器和客户的浏览,在Internet上发布各类商业信息。客户可借助网上的检索工具迅速地找到所需商品信息,而商家可利用网页和电子邮件在全球范围内做广告宣传。与以往的各类广告相比,网上的广告成本最为低廉,而给顾客的信息量却最为丰富。

(7) 意见征询

电子商务能十分方便地采用网页上的“选择”、“填空”等格式文件来收集用户对销售服务的反馈意见。这样,使企业的市场运营能形成一个封闭的回路。客户的反馈意见不仅能提高售后服务的水平,更能使企业获得改进产品、发现市场的商业机会。

(8) 业务管理

企业的整个业务管理将涉及到人、财、物多个方面,如企业和企业、企业和消费者及企业内部等各方面的协调和管理。因此,业务管理是涉及商务活动全过程的管理。

2.3 电子商务的分类

关于电子商务的分类有很多种,即从不同的角度划分电子商务的种类。本书介绍两种。

2.3.1 从电子商务服务对象的范围划分

从电子商务服务对象的范围看,电子商务可划分为:消费者对企业的电子商务、企业对企业的电子商务、企业内部的电子商务。

(1) 消费者—企业间的电子商务

消费者—企业的电子商务基本上等同于网上商店或称在线零售商店。这是人们最熟悉的一种商务类型,以至许多人错误地认为电子商务就只有这样一种模式。事实上,这缩小了电子商务的范围,错误地将电子商务与网上购物等同起来。网上商店为消费者提供以下的功能:售前售后服务,包括提供产品和服务的详细说明、产品的使用技术指南,回答顾客意见和要求;销售,包括询价、下订单;使用各种电子支付工具完成网上支付。目前网上商店提供的商品主要有鲜花、书籍、计算机、汽车和各种消费商品。

随着 Web 技术的兴起,出现了大量的网上商店。由于 Internet 提供了双向的信息交流,网上购物不仅成为了可能,而且成为了热门。顾客在一般零售商店购买商品的价格是在生产商出厂价的基础上加上了分销成本、零售成本;若通过网上从生产商订购商品,不仅为生产商降低了库存,而且顾客自己得到了更多的实惠。由于这种模式节省了客户和企业双方的时间、空间,大大提高了交易效率,节省了各类不必要的开支,因而,这类模式得到了人们的认同,获得了迅速的发展。

例如,一家虚拟企业,其主要业务为出售存储器件,它没有实际物理上的零售店。最初,这家公司仅在网上创建了主页和产品目录,而订货则通过电话和传真。此后,经过多方考虑,该公司决定选择 Intershop 软件来创建虚拟店面。现在通过电子商务,该公司全天 24 小时在网上接收订单,它们的主页包括了产品的细节信息及重要信息,这使得它每天都要接受 1000 余次顾客的光顾。在实现了全面的电子商务后,该公司利润增长高达 500 倍之多。再例如,亚马逊书店(www.amazon.com)是目前世界上最大的虚拟书店,它没有固定的店面,其营业额超过了美国最老牌的书店 Barnes Noble,本书将在第六章介绍该网上书店。

(2) 企业—企业之间的电子商务

虽然网上企业直接面向消费者的消费方式发展强劲,但企业间的商务活动的贸易金额是消费者直接购买的 10 倍。按照 IDG 公司的预测,2001 年 Internet 网上进行的电子商务金额将高达 2200 亿美元,而其中企业间的商务活动将占 79%,无疑企业间电子商务将成为电子商务的重头。企业对企业的电子商务是指在 Internet 上采购商与供应商谈判、订货、签约、接受发票和付款以及索赔处理、商品发送管理和运输跟踪。EDI 的应用已经为企业间电子商务积累了经验,企业间的电子商务具体包括以下的功能:

- 供应商管理　减少供应商,减少订货成本及周转时间,用更少的人员完成更多的订货工作;
- 库存管理　缩短“订货—运输—付款(order-ship-bill)”环节,从而降低存货,促进存货周转,消除存货不足;
- 销售管理　网上订货;
- 信息传递、交易文档管理　安全及时地传递订单、发票等所有商务文档信息;
- 支付管理　网上电子货币支付。

(3) 企业内部的电子商务

通过防火墙,企业将自己的内部网(Intranet)与 Internet 隔离。企业内部网是一种有效的商务工具,它可以用来自动处理商务操作与工作流,增加对重要系统和关键数据的存取,共享信息,共同解决客户问题,保持组织内部的联系。具体来说,通过内部网实现电子商务的功能如下:

- 信息通信　用电子邮件、电子公告板、视频会议加强员工之间的通信,达到信息快速传递;
- 电子信息发布　采用电子化工具,如 WWW,起草、管理、发布和传递人力资源手册、产品详细说明、内部新闻等文档,目的是降低文档印刷、传递的成本,信息快速传递,避免信息文档的过时,为全企业的战略决策提供支持;
- 以销促产　提供生产与销售之间、企业与客户之间的信息交流,更好地掌握市场动态和竞争对手的信息,为决策提供帮助;
- 价值链上的企业内部管理活动。

目前内部网的建立主要用来发布以下重要信息:人力资源信息、员工交流信息、产品开发和项目管理数据、内部产品目录、销售支持数据、设备跟踪管理、运输跟踪、存取企业数据库。

2.3.2 从电子商务应用的层次划分

从电子商务应用的层次可将电子商务划分为:国际间的电子商务、国内企业间的电子商务、企业对消费者的电子商务。GEIS 对电子商务采取这种划分方法。与上一种划分方法不同的是国际间的电子商务,而后两种与前面是相同的。

国际间的电子商务是各国之间的企业对企业或企业对消费者的电子商务。这是全球性的电子商务,也是电子商务的最大范围,是指在全世界范围内进行交易活动。参加电子商务交易的各方完全通过 Internet 或 EDI 进行贸易。这就涉及到有关交易各方国家和政府机关及相关系统,如买方国家的进出口公司系统、海关系统、银行金融系统、安检系统、税务系统、运输系统和买方公司系统等;同样,也涉及卖方国家的出口公司供货公司系统、海关系统、银行金融系统、税务系统、运输系统和卖方公司系统。此外,还有双方保险系统等。国际电子商务系统业务内容繁多复杂,数据来往频繁,要求严格、准确、安全、可靠,应制订出世界统一的电子商务标准和商务电子贸易协议,使全球电子商务得到顺利开展。

2.4 案　　例

Dell 计算机公司(Dell Computer)是美国的一家著名计算机生产和销售公司(http://www.dell.com)。目前 Dell 公司正处于上升时期,销售额、利润、市场份额、股价不断上升。更引人注目的是,Dell 目前是 Internet 的最大的商家,每天仅网上的销售额就达 600 万美元。因此,1998 年《商业周刊》评选的"IT 百强"把 Dell 排在了第一位。Dell 的网页不但提供了公司各种产品的详细分类和性能介绍,而且还提供了各种各样的服务和购物指南、最佳销售产品和新产品趋势。尤其具有特色的是,该公司专门提供了一项特别的服务,网络上的用户可以按自己的喜好和需要配置计算机,公司最后提供配置结果的硬件图和系统性能预测。在最佳网络商店的评选中,Dell 在计算机类网络站点中名列前茅。

该企业电子商务成功的关键正在于它实现了企业价值链的一系列活动和功能,集生产和销售于一体。除了全面的营销功能和服务功能外,它还在网上提供了生产活动中的两个重要的职能——生产设计和产品客户化。从 Dell 主页结构图可以体现 Dell 电子商务的应用,如图 2.3 所示。下面就来分析该电子商务网站如何体现其价值链中的各种价值活动。

1. 生产作业活动

前面已经提到过,Dell 计算机公司是一家涉及价值链中价值活动方方面面的、大型的综合性公司,其生产作业价值活动在其网页中也有体现,那就是:产品设计和产品的客户化。

Dell 计算机公司提供了一种特殊的网上用户计算机设计网页。这对于公司的产品设计

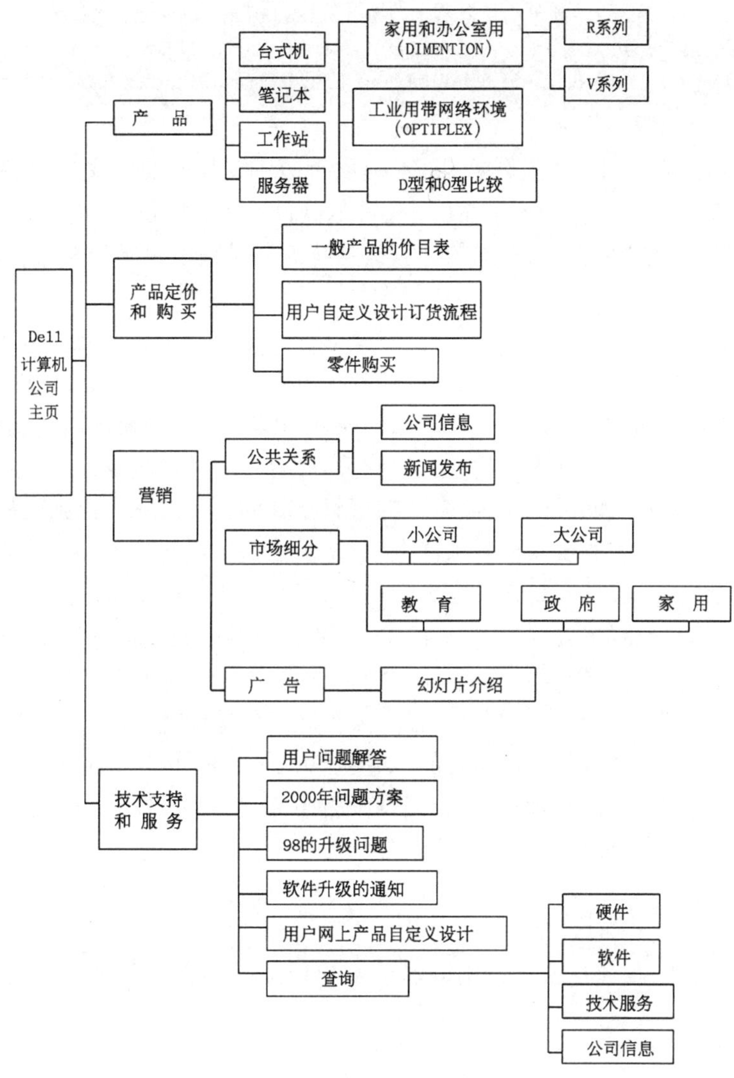

图 2.3 Dell 主页结构图

者来说是一个有力的帮助。由于对不同的行业和不同的应用,往往要求对计算机有相应的配置,所以,对于许许多多的特殊用户来说,公司的产品设计者不可能对方方面面的要求都能够满足。然而,有了这种网上即时的用户自定义设计之后,特殊用户可以根据其需要自行提出硬件配置图,使得设计师的工作任务大大减轻。例如,我们可以看下一段:

DellPlus, Dell's factory-integration service, provides a wide range of custom-built solutions. We can install your proprietary hard drive image, install and configure FCC-

and UL-approved hardware devices, and provide asset tagging and reporting for your systems, as well as other value-added services, and we do it all as your systems are being built. One build process, shipped directly to you from one of our ISO 9002 certified factories.

(大意为:DellPlus,Dell的工厂综合服务,提供大范围的用户自定义配置,我们能够安装您自己的硬件图,安装和配置FCC和UL所允许的硬件设备,并且提供终端界面以及您的系统性能报告,以及其他增值服务,在您的计算机系统安装过程中,我们能完成所要求的一切。在过程的最后,将由我们的符合ISO 9002标准的工厂向您运货。)

这种服务的好处很多,其中最大的一项就是在产品的设计之初就已经实现了产品的客户化。所谓产品的客户化,就在于深刻地认识和了解顾客,从而使产品或者服务完全适合他们的需要而形成产品的销售。由于公司产品的设计是按照顾客的要求提出或者完全按照顾客的图样进行,所以,这是一种理想的、已经带有产品客户化的产品设计。说它理想,是因为它已经产生了一个准备来购买的顾客,剩下的事只是如何便于使顾客得到产品和服务。

公司还提出了此项服务的其他几项优点:一是由于提供了一个单一的计算机购买来源,使得整个集成系统的兼容性和稳定性都大大增加;二是由于没有了中间人和二次安装、二次运输等等中间过程,使得故障的隐患大大减少;三是较少的中间过程就意味着较少的生产时间,更符合标准和更高的质量,同时也意味着更低的成本和较低的价格。可见,这项服务无论对于公司和顾客都是十分有利的,这也是它大受欢迎的原因所在。

对于生产作业活动还有其他许多功能,如生产人员管理、生产库存管理、生产质量管理等等。这些属于公司的内部管理,虽然在网页中看不到,但可以推想,在该公司的电子商务的内部系统(Intranet)中,是有这一重要部分的。

2. 经营销售活动

对于电子商务来说,实现价值链中的经营销售活动是一个必不可少的部分。Dell公司在这方面如何呢?

(1) 产品策略

Dell计算机公司将其产品分别按照产品种类或者应用领域进行分类。例如,按产品种类可以分为:台式机、便携机、服务器和工作站等等。按应用领域可以分为:家庭用、小型商业用、大型商业用、教育用和政府用。不同的产品面向不同的市场,因而实行不同的策略,这实际上也是一种市场细分策略。

(2) 定价策略

计算机市场的价格变化无常,总的说来,对于某一种机型,计算机的价格在不断地降低。Dell公司由于是直销,所以,在成本上比其他主要厂家低100美元至200美元,售价也比别家低。也就是说,Dell公司采用的是一种低价策略。但是,由于计算机价格迅速地降低,这种价格上的优势并不是很明显。

(3) 促销策略

• 广告　　广告在 Dell 的网页中无处不见。Dell 的网页中有各种各样的多媒体图片和许多性能比较图表,有的广告甚至做成了幻灯片的形式。这些都能充分地激发顾客的购买欲望。

• 公共关系　　在 Dell 公司的主页中,也有不少地方体现了公司的公共关系策略。例如,在其页面中有公司的宗旨等信息的介绍,还有对最新电脑世界的新闻信息发布等等。

• 销售渠道策略　　在 Dell 的网页中虽然没有明确提出其销售渠道的策略,但是可以看出,其采用的销售渠道策略是一种直接销售形式,即没有中间商。这是因为 Dell 在提供用户自定义设计时曾经提出了这种服务的一项优势:正是由于采用了这种服务,才减少了二次安装和二次搬运,减少了中间商的介入,这不但大大降低了成本,使计算机可以卖得很便宜,同时,也使得计算机发生故障的可能性减到最小。Dell 公司以这种直接生产、快速交货的直销模式震撼着计算机行业并取得了巨大的成功。

3. 服务和技术支持

作为一个电脑业这样的高新技术产业,其服务环节是相当重要的,可以说,是决定公司成功与否的一个关键因素。因为对一个用户来说,购买的不仅仅是机器本身,更重要的是其相关的服务。Dell 公司的总裁在谈到今后如何继续保持强劲的发展势头时说:"我们这个行业对客户总是漠然置之,今后我想把客户服务提高到一个全新的高度。"这并不是一句泛泛的推销口号,公司已经认识到客户服务是今后争夺市场的关键,并提出了一系列衡量服务质量的标准,如交货准时率、首次修机成功率、24 小时内维修人员到场率等等。事实证明,对于 Dell 公司的许多客户来说,首先是被 Dell 的价格所吸引,但后来价格并不成为主要因素,公司的客户支持和服务才使他们之间建立了供求关系。

(1) 网上技术服务和技术支持

Dell 公司提供的网上服务和技术支持十分广泛,有用户问题解答、Windows 98 的升级问题说明、2000 年问题的解决方案、软件升级的通知等等。广泛的服务不但能够提高其产品的内在价值,也能够获得用户的满意度,提高产品的竞争能力。

(2) 网上在线论坛

不仅是大客户,那些小型企业、大批的居家办公者也被吸引在 Dell 品牌的周围。从 1998 年秋季开始,Dell 设立的高层主管与客户的在线论坛——"与 Dell 共进早餐",扩大到小型的商业用户,这种现场聊天的话题不仅包括 2000 年问题、服务器市场走势等大题目,而且还设法让一般用户有机会提出各种各样的问题,然后通过 Dell 的在线知识库在人工智能软件帮助下给予自动回答。

(3) 搜索服务

Dell 也提供了全方位的搜索服务。设置搜索服务可以方便用户查找自己所想要的产品和技术支持。搜索的范围很宽,既有对硬件的搜索,也有对软件的搜索;既有对各种组装好的整机的搜索,也有对各种零配件的搜索等等。

(4) 订单查询

客户只需在网上输入六位数字的客户编号或者购货订单编号,几分钟内,将得到一份有关订单进展的详细报告。

4. 进货后勤和发货后勤

发货后勤,网上同样实现了其电子支付、"客户的手推车"以及运输管理等等功能。进货后勤属于企业—企业的电子商务,在网站上没有体现,想必在公司的内部网中一定会涉及。

5. 人力资源

在网页上发布招聘信息。

思 考 题

1. 网络通信设施在电子商务中起什么样的作用?
2. 你认为政府在电子商务中应如何发挥作用?
3. 电子商务应用的技术条件有哪些? 你认为你所处的环境是否具备电子商务应用的条件?
4. 有哪几种电子商务? 哪种电子商务在整个商务市场所占比例最大?
5. 试分析网上某家企业电子商务应用实现的功能。

第三章　Internet、WWW 与电子商务

在第二章中,我们已经知道 Internet 是电子商务应用的重要的通信网络基础,而 WWW 技术提供了电子商务应用的环境。因此,学习电子商务就必须掌握 Internet 和 WWW 的基本技术。本章就来介绍 Internet 和 WWW 中与电子商务密切相关的技术:Internet 的连接、域名、IP 地址、TCP/IP 协议、基于 Internet 的服务、Web 技术结构、Java 技术,最后介绍电子商务与 Web 的关系。

3.1　Internet 的产生和发展

Internet 的最简单定义是全球计算机网络的集合,或者说是众多网络的网络。我们从它的产生和发展可以看到 Internet 是网络的网络。

3.1.1　Internet 的产生

(1) ARPANET

Internet 最早是作为军事通信工具而开发的。50 年代末,苏联发射了第一颗人造卫星。美国为了在高技术领域、军事领域领先苏联,成立了高级研究计划署(Advanced Research Project Agency),简称 ARPA。60 年代后期,ARPA 承担了开发一个不易遭破坏的实验性的计算机通信网络系统的任务,这个网络被叫做 ARPANET,目标是该通信系统在核战争中仍然能发挥作用。众所周知,在战争中中央通信系统是被破坏的主要目标,因此,系统的基本设计要求是保证网络上的每个节点具有独立的功能并具有等同的地位,且资源共享,异种计算机实现通信。该网络使用“包交换/分组交换”这样一种新的信息传输技术。其原理是:一组信息首先被分割为若干个“包”,每个包包含它的目的地址,每个包通过不同计算机之间的不同线路到达目的地,在目的地这些包被重新组装还原成原来的信息。这个系统最大的优势是:如果核弹击毁了军事网络的一部分,数据仍然能通过未被破坏的网络到达目的地。这一原理成为现在 Internet 的标准。与此同时,美国校园计算机网络纷纷互联。1969 年 9 月,斯坦福研究所、加州大学圣大巴巴拉分校、加州大学洛杉矶分校和犹他大学之间开始利用网络进行信息交换。

(2) ARPANET 的发展

70 年代,ARPANET 开发了一种网络协议——NCP(Network Control Program,网络控制程

序)。此协议包括了远程登录以及远程文件传输和电子邮件的协议,从而形成了 ARPANET 的基本服务。同时,ARPANET 网中的关键技术是用一种新方法使不同的计算机系统互联,成为互联网,即 Inter-network,这即是 Internet 的起源。这个互相连接的广域网成为 ARPANET 的主干网。

1972 年,美国 Xerox Palo Alto 研究中心(PARC)把 Xerox Alto 计算机连到 ARPANET 上,并于 1973 年 5 月 22 日正式运行世界上第一个个人计算机局域网——ALTO ALOHA 网络,即以太网(Ethernet)。

1974 年,Cerf 和 Kahn 首次共同提出 TCP/IP 协议和网关结构,其重要之处在于该协议独立于网络和计算机硬件,并提出网络上的全局连接性。

1975 年,ARPANET 移交给美国国防部通信局管理。

(3) NFSNET 的诞生

80 年代,局限在军事领域的 ARPANET 开始被用于教育、科研。

1981 年,一系列注释请求不断被提交给网络监督机构,以定义网络标准,最后 TCP/IP 4.0版本正式成为 ARPANET 的标准协议。同年,美国国家科学基金会(NFS,National Science Foundation)成立了计算机科学网,连接科研、教学单位共同开发和改进网络,并运行 TCP/IP 协议。此时 ARPANET 成为新的 Internet 的主干网。美国国防部强令所有与大型网络互联的计算机必须采用 TCP/IP 协议。

1984 年,ARPANET 分成两个不同的网络:一个是用于军事通信的网络,称为 MILNET;另一个用于民用通信,仍称为 ARPANET。

1985 年,美国国家科学基金会在美国建立了六个超级计算机中心。

1986 年,NFS 资助建立 NFSNET(Internet 的主干网),它能连接这六个超级计算机中心。允许研究人员访问 NFSNET,共享研究成果。从此,NFSNET 逐渐取代了 ARPANET,成为 Internet 的主干网络。

1990 年,NFSNET 已互联 3000 多个主要网络和 20 万台计算机,ARPANET 正式被 NFS-NET 代替,并宣布解体。

3.1.2 Internet 的发展

90 年代,Internet 从一个科研应用的计算机连网系统,发展为全面商业化的全球信息网,并以惊人的速度发展。据统计和预测,全世界上网人数的变化如表 3.1 所示(摘自《Computer World》)。

表 3.1 全世界上网人数的变化

年 份	上网人数
1996	2800 万
1997	4000 万
1998	5700 万
1999	8000 万
2000	1.02 亿

我国互联网的发展可分为两个阶段。第一个阶段为 1987 年—1993 年。1987 年 9 月 20 日,北京计算机应用技术研究所通过与德国某大学的合作,向世界发出了我国的第一封电子邮件,从 1990 年开始,科技人员开始通过欧洲节点在互联网上向国外发送电子邮件。1990 年 4 月,世界银行贷款项目——教育和科研示范网(NCFC)工程启动。该项目由中国科学院、清华大学、北京大学共同承担。1993 年 3 月,中国科学院高能物理研究所与美国斯坦福大学连网,实现了电子邮件的传输。随后,几所高等院校也与美国互联网连通。

第二阶段,从 1994 年至今,实现了与 Internet 的 TCP/IP 的连接,逐步开通了 Internet 的全功能服务。1994 年 4 月,NCFC 实现了与互联网的直接连接。同年 5 月顶级域名(CN)服务器在中国科学院计算机网络中心设置。根据国务院规定,有权直接与国际 Internet 连接的网络和单位是:中国科学院管理的科学技术网、国家教委管理的教育科研网、原邮电部(现为邮电总局)管理的公用网和原电子工业部(现为信息产业部)管理的金桥信息网。这四大网络构成了我国的 Internet 主干网。在网络建设的同时,进行国家信息化建设,一系列"金"字工程启动和运行。

(1) 科学技术网(CSTNET)

科学技术网由中国科学院主持,1994 年 4 月正式开通了与 Internet 的专线连接。1994 年 5 月 21 日完成了我国最高域名 CN 主服务器的设置,实现了与 Internet 的 TCP/IP 连接。其目标是将中国科学院在全国各地的分院所的局域网连网,同时连接中国科学院以外的中国科技单位。它是一个为科研、教育和政府部门服务的网络,主要提供科技数据库、成果信息服务、超级计算机服务、域名管理服务等。

(2) 教育科研网(CERNET)

原国家教委(现教育部)主持建设的中国教育科研计算机网络于 1995 年底连入互联网。其目标是将大部分高校和有条件的中、小学校连接起来。该网络的结构是各学校建立校园网,校园网连入地区网,地区网连入主干网,从而实现与互联网的连接。它是一个面向教育、科研和国际学术交流的网络。

(3) 公用计算机互联网(CHINANET)

邮电部于1994年投资建设的中国公用Internet网，1995年初与国际Internet连通，1995年5月正式对社会服务。CHINANET的网络结构是以北京为中心，形成全国30个省市节点组成的主干网，分别以这30个城市为核心连接各省的主要城市，形成地区网，个人和单位可连入地区网。全国各电信局、邮电局均可办理入网手续。

(4) 金桥信息网(GBNET)

金桥网是国家公用经济信息网，于1996年9月正式开通并向社会服务。

(5) 一系列"金"字工程的开发

• 金桥工程　金桥工程是国家公用经济信息网工程，为国家宏观经济服务，也为信息资源的社会有偿共享创造条件。该网络以卫星-综合数字服务网(ISDN)为基干网，形成天、地一体的网络结构，连接全国30个省市、400多个中心城市、各部委、国民经济综合管理部门以及大中型企业、重点科研单位、高校信息源。

• 金关工程　金关工程是国家外贸海关信息网工程，目标是对外贸体系进行宏观调控和管理。内容包括：实现各外贸机构(外经贸部、税务总局、海关总署、人民银行、外管局、统计局等)的连网；开发外贸业务管理的四个系统，即出口退税系统、境外结汇境内收汇系统、配额许可证管理系统、进出口统计系统；实现EDI业务；实现通关自动化和国际贸易无纸化，与国际贸易接轨。

• 金卡工程　金卡工程是电子货币工程，金融电子化的一部分。目的是推广使用信用卡，减少现金流通，加强国家对金融与经济的调控。内容包括：开发电子货币系统(金融卡结算)；普及信用卡；商场、饭店、宾馆的电子化。

• 金税工程　金税工程是全国增值税专用发票计算机稽核系统，是增值税征管信息系统的重要组成部分。增值税征管信息系统包括：增值税计算机稽核系统、防伪税控系统和计税收款系统。金税工程是建立在税务系统内部的，覆盖全国的增值税专用发票交叉稽核系统，其目的是反映增值税征收情况，为查处在发票上违法犯罪行为提供线索和依据。

• 金企工程　金企工程是国家企业生产与流通的信息系统，建立企业产品数据库，从而对各行业的信息资源集成优化，实现信息资源共享。

• 金卫工程　金卫工程是医疗卫生信息网。目标是到2000年全国500家大型医院实行计算机连网。

据中国互联网信息中心调查，截止1998年12月31日，我国上网计算机数74.7万台，其中直接上网计算机11.7万台，拨号上网计算机63万台；我国上网用户数210万，其中专线上网的用户约为40万，拨号上网的用户约为149万，两者都有的用户21万。WWW站点数约5300个。我国国际线路的总容量为143MB 256KB，连接的国家和地区有美国、加拿大、英国、德国、法国、日本、香港等，分布情况如表3.2所示。

表 3.2 四大主干网带宽分布

	CSTNET	CHINANET	CERNET	CHINAGBN	合 计
带宽	4MB	123MB	8MB	8MB 256KB	143MB 256KB

由于 Internet 发展速度如此之快,为了防止未来的网络的阻塞,在世界范围内,一些主要的 Internet 工程正在进行。美国两个最大的工程是下一代互联网(NGI)和 Internet 2,预计比 Internet 快 100~1000 倍。这两个工程在 1996 年被注入 600 万美元。这两个项目都将首先为教育和政府研究提供高带宽。

3.2 Internet 技术

3.2.1 Internet 的连入方式

如何将一台计算机连入 Internet 呢?一般有两种方式:拨号方式和专线方式,如图 3.1 所示。

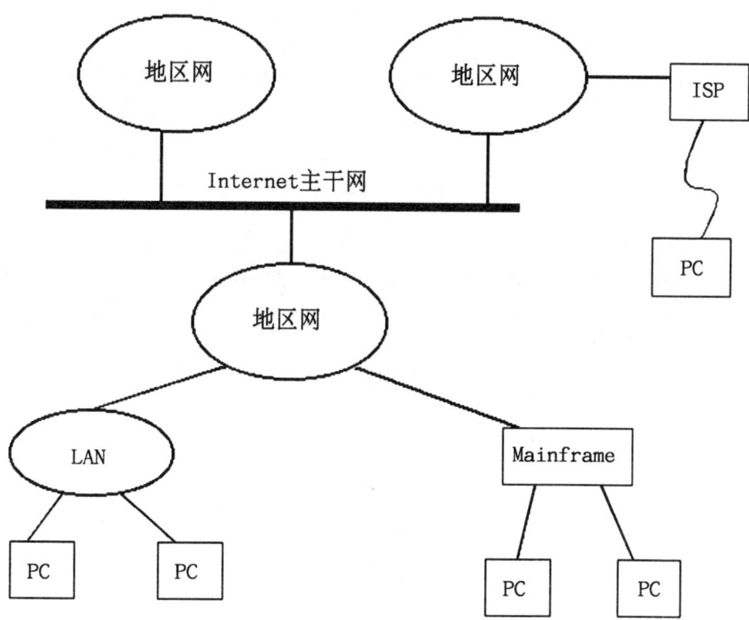

图 3.1 Internet 连接方式

(1) 拨号方式

一台计算机可通过一个调制解调器、标准电话线、拨号通信管理软件,通过 ISP 连接到地区网进而进入 Internet 主干网,享受互联网提供的各种服务。尽管调制解调器的速度不断加快,最快已达到 56Kbps,但由于电话线带宽的限制,网络通信速度仍显得很慢。因此,出现了新的拨号方式:通过集成服务数字网(ISDN, integrated services digital network)以 128Kbps 的速度连接到 ISP;通过电缆调制解调器(cable modem),以 10Mbps 的速度通过有线电视网连接到 ISP。

(2) 专线方式

专线方式是计算机与 Internet 服务商,或连接 Internet 的局域网之间通过电话专线或数字专线、模拟专线、电缆或双绞线、光纤及卫星通信设备等直接连接。使用这种方式时,连入 Internet 的局域网或主机与 Internet 之间必须有路由器连接,所用的路由器必须支持 TCP/IP 协议。

3.2.2 IP 地址和域名

(1) IP 地址

IP 地址是区别 Internet 上所有计算机的唯一标志。IP 地址是由四组被圆点隔开的数字组成的 32 位地址,每组都是 0~255 中的一个十进制数,如清华大学经济管理学院黄京华的计算机的 IP 地址是 166.111.96.235。

Internet 的 IP 地址码分配是分级进行的。IANA (Internet Assigned Numbers Authority)是负责全球 Internet 上的 IP 地址分配的机构。按照 IANA 的需要,将部分 IP 地址分配给地区级的 Internet 注册机构 IR(Internet Registry),地区级的 IR 负责该地区的登记注册服务。目前,全球一共有三个地区级的 IR:InterNIC、RIPENIC 和 APNIC,分别负责北美地区、欧洲地区和亚太区国家的 IP 地址的分配。中国互联网信息中心(CNNIC)以国家 NIC 的身份于 1997 年 1 月成为 APNIC 的会员,并成立了以 CNNIC 为召集单位的分配联盟。按照 APNIC 的有关规定,CNNIC 分配联盟成员单位可以通过 CNNIC 获得 IP 地址;CNNIC 必须将 CNNIC 分配联盟单位的名单及 IP 地址分配情况报告 APNIC。

(2) 域名

由于 IP 地址对人来说很难记忆,所以,可以用域名来代替 IP 地址,一个 IP 地址对应一个域名,如用 huangjh.em.tsinghua.edu.cn 来代替 166.111.96.235 ,这样就方便了记忆。域名由多个词组成,由圆点分开,位置越靠左越具体。最右边是一级域或顶级域,代表国家,我国为 CN,英国为 UN。由于 Internet 起源于美国,所以没有国家标志的域名表示该计算机在美国注册了国际域名。世界上任何个人和单位都可以通过 NSI(Network Solution Inc.)申请国际顶级域下的二级域名。国际顶级域名的类别域名有:

- AC　　科研机构;
- COM　　工、商、金融等企业;

• NET　互联网络、接入网络的信息中心(NIC)和运行中心(NOC);
• ORG　各种非盈利性的组织;
• EDU　教育机构;
• GOV　美国政府部门;
• MIL　美国的军事机构。

为了加强域名的管理,缓解域名资源的紧张状况,1997 年 2 月 4 日,Internet 国际特别委员会(IAHC)公布了一个报告,提到要新增加七个通用顶级域名:.FIRM——公司、企业,.STORE——商店,.WEB——WWW 活动的单位,.ARTS——文化、娱乐活动的单位,.REC——消遣、娱乐活动的单位,.INFO——提供信息服务的单位,.NOM——个人。但目前还没有投入使用。

我国二级域名的类别域名有:

• AC.CN　科研机构;
• COM.CN　工、商、金融等企业;
• EDU.CN　教育机构;
• NET.CN　互联网络、接入网络的信息中心(NIC) 和运行中心 (NOC);
• ORG.CN　各种非盈利性的组织。

我国二级域名的行政区域名有 34 个,适用于我国的各省、自治区、直辖市,如 BJ.CN——北京市,SH.CN——上海市,TJ.CN——天津市,CQ.CN——重庆市,HE.CN——河北省,SX.CN ——山西省,NM.CN——内蒙古自治区,LN.CN——辽宁省,JL.CN——吉林省,HL.CN——黑龙江省,JS.CN——江苏省,ZJ.CN——浙江省……

域名的命名有一些共同的规则,主要有以下几点:

• 域名中只能包含以下字符:26 个英文字母、0~9 十个数字、"-"(英文中的连字符);
• 在域名中,不区分英文字母的大小写;
• 各级域名之间用实点"."连接。

截止 1998 年 12 月 31 日,我国 CN 下注册的域名数如表 3.3 所示。

表 3.3　域名数统计

二级域名	AC	COM	EDU	GOV	NET	ORG	行政区域名	合计
数量	432	13913	531	982	1223	409	906	18396

(3) 域名解析

计算机的地址可以用域名也可以用 IP 地址,作用是一样的。人们习惯记忆域名,但机器间互相只认 IP 地址,它们之间的转换工作称为域名解析,域名解析需要由专门的域名服务器(DNS,domain name server)来完成。域名服务器上装有将域名解释为 IP 地址所需要的软件和数据,整个过程是自动进行的。每一个网段上都有域名服务器,它负责本网段用户需要的域名转换工作。当它不知道时,可向上级域名服务器查询。所以 DNS 是一个分布式数据库系统,可根据部门逐级查,最后即可查出该域名的 IP 地址。

3.2.3 Internet 协议

我们都知道连接到 Internet 上的每台计算机并不都是运行 Windows 95、Windows 98 操作系统的 PC 机,连入 Internet 网的还有 IBM、Macintoch、Unix 机,如果它们之间需要互相连接,就必须使用同一标准语言。这就好比一个人懂英语,另一个人懂德语,而两个人都懂一点法语,那么他们就用法语交流。协议就像法语起桥梁的作用。在 Internet 上使用的协议包括很多种,如 Internet Protocol、用户数据报协议 UDP 、传输控制协议 TCP、点到点协议 PPP、互联网控制报文协议 ICMP、远程登录协议 Telnet Protocol、文件传输协议 FTP、简单文件传输协议 SFTP、简单邮件传输协议 SMTP、域名系统 DNS、超文本传输协议 HTTP、超文本标记语言 HTML 、邮件存取协议 POP3 等等。有关 Internet 使用的各种协议标准、技术报告均可以从 Internet 网络信息中心(NIC)提供的 RFCs(request for comments)获得。下面主要介绍 TCP/IP 协议。

数据从一个计算机到另外一个计算机的传送要经过如图 3.2 所示的五层。从发送计算机的应用层开始经过物理层,当数据到达接收端的计算机,它们被从底向上逐层传送。这每层是:

- 应用层　通过将传送的信息转换为可显示的用户/主机软件为终端用户提供支持。

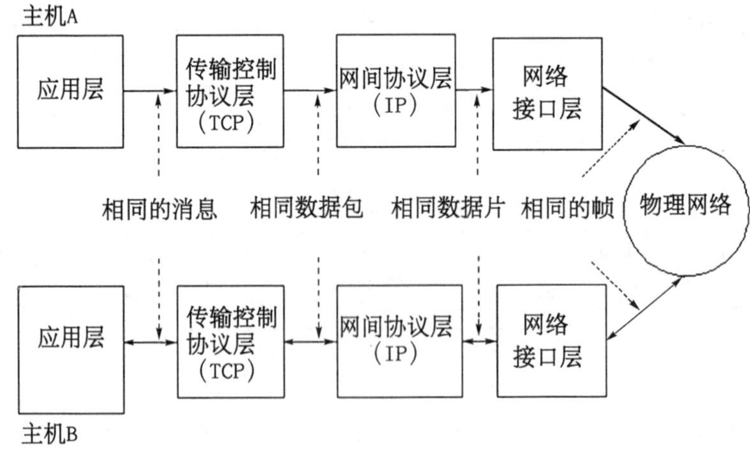

图 3.2　TCP/IP 模型

• 传输控制协议层(TCP)　实现传送,把终端用户的应用数据分解为 TCP 的包。每个包由以下几部分组成:标明了发信主机地址的包头,重新组合数据的信息以及确保数据包不被中断的信息。

• 网间协议层(IP)　这层从 TCP 层接收数据片,并进一步将数据包分解。一个 IP 包包含具有地址信息的包头,并带有 TCP 信息和数据。IP 确定每个包从发送者到接收者的路由。IP 包不十分可靠,但 TCP 层可以不断地向接收者重发信息,直到正确的 IP 包顺利到达。

• 网络接口层　控制寻址功能,以及处理计算机与网络之间的接口。

• 物理层　定义在通信网络上传送信号的基本电子传送特征。

3.3 Internet 服务

3.3.1 客户/服务器概念

Internet 是基于客户/服务器(client/server)概念的,也就是说,所有的服务由服务器提供,访问/存取由客户软件完成。服务器是运行在主机上的程序,能提供专门的服务,如电子邮件服务、文件服务等。有时服务器也指主机,主机就是提供资源的计算机,它在 Internet 上有一个标识的地址。客户(client)又叫客户软件、客户程序,是与服务器通信的计算机程序,这种通信是指请求专门的服务。

下面举几个例子说明这两个概念。通常要用一个程序来看清华大学经济管理学院的主页,或者看放在互联网上的本课程大纲和要求,现在经常使用的查看程序是 IE(Internet explorer)或 Netscape,它们就是 Web 客户软件。当输入网页的地址后,Web 客户软件就向远程服务器发送一个消息,请求浏览一个页面文件;服务器判断访问的权限,合理的话,服务器就把请求的文件传送至客户软件;客户软件收到文件后根据事先的一些设置转换文件格式(如解码、查看的语言等),最后将文件显示在屏幕上。再来看一个电子邮件的例子。如果有人发一个 E-mail 给黄京华,黄京华的地址是 huangjh@em.tsinghua.edu.cn,那么电子邮件服务器(程序)运行在地址是 em.tsinghua.edu.cn 的计算机上,这个服务器收到邮件后替黄京华保存着;黄京华用 Internet Mail 程序查看邮件,Internet Mail 就是客户软件,它向服务器发送一个消息,请求查阅邮件,服务器审查了用户名和口令后把邮件传送给 Internet Mail 客户软件,客户软件再转换格式显示在屏幕上。必须注意的是,Internet 服务是由专门的服务器提供的;每种类型的 Internet 服务有自己的服务器类型,如 mail 服务器、Web 服务器、FTP 服务器、Telnet 服务器;客户与服务器类型一致;一个客户软件可以连接多个服务器;尽管现在 IE 和 Netscape 是多功能的客户软件,但是它们在专门的功能上不如专用客户软件。

3.3.2 Internet 提供的服务

Internet 方便了大量信息的建立和传输，这些信息采用客户/服务器的概念通过各种应用或服务来提供。什么是 Internet 服务/应用呢？最常用的服务有电子邮件(electronic mail)、文件传输(FTP，file transfer protocol)、远程登录(telnet)、万维网(World Wide Web)、新闻组(newsgroup)。

(1) 电子邮件服务

电子邮件采用电子化的方式收发消息，这些消息可以包括文本(text)、带格式的文本(formatted text)或多媒体。此外各种文件还可以附加在消息里传输。各种 E-mail 软件具有不同的功能，如常用的软件有 Internet Mail、Outlook、Outlook Express、Eudora 等。

(2) 文件传输服务

文件传输是在 Internet 上的两个计算机之间进行文件的传递。有两种类型的 FTP，一种是普通的，另一种是匿名的。普通的 FTP 需要获得对方计算机的存取权限。匿名的 FTP 不需要账号和密码。

(3) 远程登录服务

远程登录可以使本地的计算机连到 Internet 上的一个远程的计算机上，但前提是必须有对远程计算机的使用权限，即必须知道账号和密码。登录以后本地计算机就成为这个远程计算机的终端，就像在当地一样，可以使用主机允许使用的各种功能，如执行各种命令、编制程序等等。

(4) WWW 服务

万维网(WWW)或叫 Web，是基于超文本系统在 Internet 上传递信息。超文本的功能是通过一个网页链接到另外的资源上，如另一个网页、电子邮件、远程登录、FTP 等，这些资源提供了关于指明的(在网页上是加亮的)字或词组的更多的信息，这叫做超级链接。用户只需点击网页上加亮的词语，客户浏览器就会去寻找相链接的服务。所以，Web 是 Internet 上功能最强的一种服务，它可以链接各种服务。这种强大的功能取决于使用的 Web 客户软件 - 浏览器，也就是说，使用的 Web 浏览器如果能够提供其他服务，才能超级链接其他服务；若没有，则不能超级链接其他的服务。现在的 IE 和 Netscape 都具有提供各种服务的功能，如可以使用 IE 收发邮件、远程登录、FTP。但是，Web 浏览器不能提供像各种服务专用软件提供的那么多的功能，如 Eudora 的 mail 收发功能就比 Web 浏览器提供的 mail 收发功能强大。如果客户机上安装了功能足够的浏览器软件，那么在网页上就可以看到各种格式的信息：文本(text)、图形(graph、image)、声音(audio)、影像(video)、各种嵌入的对象(object linking and embedding)。文本信息就是网页上的一般文字信息；网页上的图形可以是网页的一部分内容，这种图形叫 inline 图形，网页上的图形也可以是一个连接的外部图形；各种格式的声音文件可以嵌入在网页中;各种对象都可以嵌入网页,如文本对象、胶片投影。

(5) 新闻组服务

新闻组/讨论组/公告板系统使网上的用户可以与其他人交流思想,公布公共注意事项、寻求帮助。

3.4 Web 技术

是什么使 Internet 如此轰动呢? 是 WWW。初学者常常把 Internet 与 WWW 混淆,一提 Internet 就认为是 WWW,一提 WWW 就认为是 Internet。这是因为 WWW 是 Internet 上最重要、最常用的服务,它可以把你带到世界各地。

3.4.1 Web 定义

Web 是 WWW(World Wide Web)的简称,中文意思是万维网。我们给 Web 下的定义是: Web 是建立在客户机/服务器模型之上,以 HTML 语言和 HTTP 协议为基础,能够提供面向各种 Internet 服务的、一致的用户界面的信息浏览系统。

3.4.2 Web 的发展历史

80 年代末,出现了很多帮助人们分类、查找信息的工具,如 Archie、Gopher 和 Veronica,但是最大的突破性的工具是 Web。Web 是 1989 年在日内瓦的欧洲粒子物理实验室(CERN)首先提出来的。一位名叫 Tim Berners-Lee 的物理学家为了让物理学家们快速、实时地进行交流,特别是能让大家共享他们随时的实验进展报告,他想建立文件连接网络,以便让读者随意地在文件间跳跃。于是超文本(hypertext)的概念就诞生了。信息、文件之间的关系不是层次的,不靠菜单链接,而是一种新的链接关系。从文件角度来说,当你对其中的某个词感兴趣,用鼠标点击它,立刻就转到另一个文件,这个文件可以是对这个词的进一步解释的信息。新的文件又可以链接另一个文件,如此链接下去。

在 1993 年,伊利诺斯州立大学的超级计算应用国家中心发布了 Mosaic——第一个图形浏览器。Mosaic 浏览器使设计包含图形的文档成为可能,网页由此诞生。之后,WWW 开始爆炸性地增长。

1994 年,Mosaic 的后继者 Marc Andreessen 继承了 Mosaic 建立起来的成功模型:在网上免费发布产品以建立广泛的用户基础。Netscape Navigator 1.1 发布,并迅速代替了 Mosaic,控制了浏览器市场,直到 Netscape 成为浏览器的同意词的地步。

但是,这种市场饱和状态没有持续多久,Microsoft 公司最终看到了互联网的潜力,第二年开发了一个更好的浏览器——Internet Explorer,并把它与 Windows 系统软件捆绑,扩大了市场的占有率,改变了 Netscape 一统天下的格局。

3.4.3 Web 技术结构

Web 技术结构如图 3.3 所示。

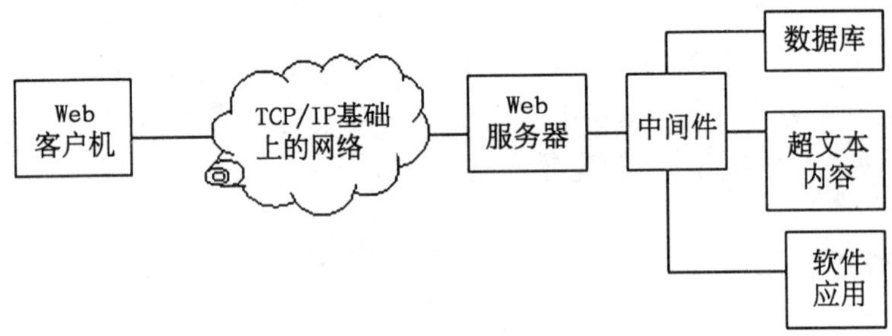

图 3.3 Web 技术结构

Web 客户机　　客户端的浏览器。

Web 服务器　　多媒体资源存放的主机。

中间件　　可以调用 Web 服务器中的数据库和其他应用程序,常用的中间件有 CGI、JDBC、WEBAPI。

Web 通信的基本原理是:由浏览器向 WWW 服务器发出 HTTP 请求,WWW 服务器接到请求后,进行相应的处理,将处理结果以 HTML 文件的形式返回给浏览器,客户浏览器对其进行解释并显示给用户。WWW 服务器要与数据库服务器进行交互,则必须通过中间件才能实现。下面就来介绍其中的主要技术:浏览器、HTML、CGI、WEBAPI 等。

3.4.4 Web 浏览器

浏览器是用户端计算机上的应用软件,就像一个字处理程序一样(如 WordPerfect 或 Microsoft Word)。在屏幕上看到的网页是浏览器对 HTML 文档的翻译。由于浏览器使用图形用户界面(GUI),用户在使用计算机时不必用键盘输入各种操作命令,只需用鼠标选择象形图标代表命令,方便了用户。

(1) Web 浏览器工作的方式

- 浏览器使用 HTTP 协议向 Web 服务器发送请求以访问指定的文档或服务;
- Web 服务器发回请求的响应——HTML 书写的文档,浏览器阅读解释其中所有的标记代码并以正确的格式显示。

(2) 浏览器屏幕的组成

浏览器的屏幕组成如图 3.4 所示。

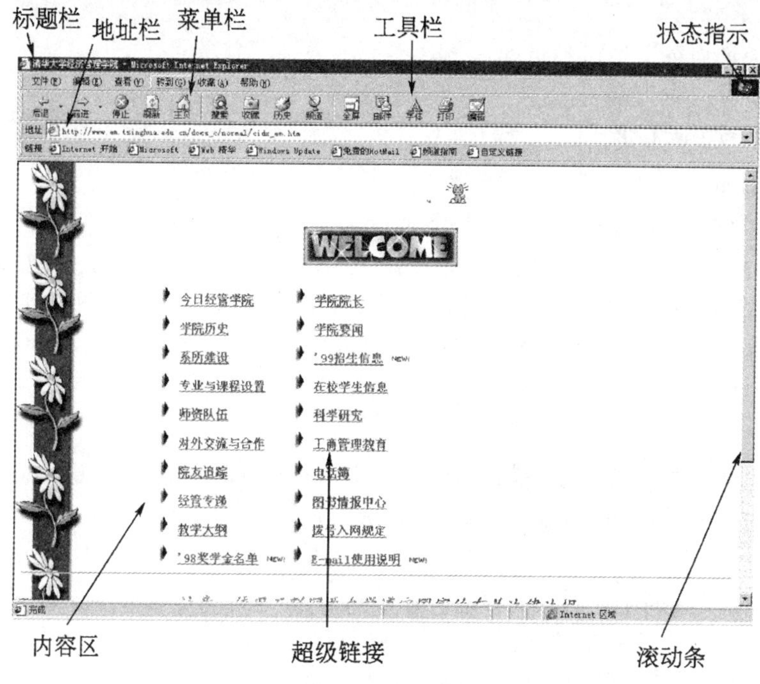

图 3.4　浏览器的屏幕组成

表 3.4 为屏幕各组成部分的解释。

表 3.4　浏览器屏幕的组成部分

标题栏	Web 页的标题
菜单栏	菜单选项
工具栏	命令图标
地址栏	Web 页的 URL
状态指示	调用 Web 页时飘动
内容区	Web 页的内容
超级链接	链接其他的 Web 站点
滚动条	Web 页面上下左右移动

(3) 浏览器的功能

浏览器所具有的功能,全部体现在菜单栏和工具栏中,常用的有以下功能:

• 使用 URL 向服务器申请各种资源服务；

• 使用超级链接从一个页面转到另一个页面，超级链接用下划线的词或带边界的图片；

• 可以返回以前浏览过的页面；

• 查找自己感兴趣的 Web 页；

• 存储、打印 Web 页；

• 收发 E-mail。

(4) 统一资源定位符(URL)

在地址栏中需要输入资源的地址，即 URL (uniform resource locators)。Web 浏览器用 URL 指出其他服务器的网络信息资源，从而达到超媒体的链接。URL 一般包括网络信息资源类型/协议、服务器地址、端口号、路径、文件名，其格式如下：

协议://主机.域名《:端口》/《路径/文件名》

信息资源类型(协议)有以下几种：

http　WWW 服务器文件，例如，http://www.em.tsinghua.edu.cn:80/index_em.htm。

file　本地文件服务，例如，file://c:/ec/ec1。

ftp　FTP 服务器文件，例如，ftp://ftp.microsoft.com。

news　电子新闻组，例如，news:rec.gardening ，news://rec.humor.funny。

telnet　远程登录服务，例如，telnet://166.111.96.3。

mailto　电子邮件服务，例如，mailto: huangjh @ em. tsinghua. edu. cn 或 mailto: em.tsinghua.edu.cn。

主机.域名合起来叫服务器的网址，如第一个例子中的 www.em.tsinghua.edu.cn。

端口表明请求数据的数据源端口号，按照标准，WWW 服务使用 80 号端口，因此，对于使用标准端口号的服务器，用户在申请服务时，在 URL 中就可以省略端口号。

路径和文件名指出所需资源(文件)的名称及其在计算机(服务器)中的地址。服务器经常将主页设置为默认路径下的默认文件。当申请默认的文件时，文件的路径和名称可以省略，如 http://www.em.tsinghua.edu.cn，我们经常采用这种方法查看网站的主页。

(5) 浏览器的缓存(cache)

因为网上的文档下载需要时间，浏览器可以在硬盘上临时存储图像，以避免重复下载相同的文件。缓存一般每四或五小时清空一次。

3.4.5 HTML

我们在浏览器端看到的是带有声音、文字、图像的生动的网页，而服务器传递过来的是 HTML 文档、音频或视频文件(它们被 HTML 调用)，经过浏览器解释 HTML 文档后，才显示出来。

(1) HTML 定义

HTML 是 WWW 的核心。什么是 HTML 语言呢? HTML 即超文本标记语言(hyper text markup language),由具有一定语法结构的标记符和普通文档组成。

(2) HTML 的作用

- 编制网页;
- 含有指向多媒体数据的指针,如图像、声音、动画,这种指针称做链接。因此,由 HTML 生成的文档也称做超文本文档;
- 通过超文本文档,用户可简单地通过鼠标单击操作,就可得到所要的文档,而不管该文档是何种类型(普通文档、图像或声音等),也不管该文档在何处(本机上、局域网上或 Internet 上)。

(3) HTML 文档的语法

在这里,我们仅给出 HTML 文件的一个简单例子,细节请参考有关书籍。

```
<HTML>
<TITLE>电子商务教程</TITLE>
<BODY>
<H1>电子商务教程</H1>
<P>本书是一本教科书,全面系统介绍电子商务的概念和体系,并附有<B>案例和习题</B>
</P>
<P>有关参考资料,请查看 <A HREF="http://huangjh.em.tsinghua.edu.cn">电子商务教
程补充资料</A> </P>
</BODY>
</HTML>
```

该文本在浏览器上显示如下:

电子商务教程
本书是一本教科书,全面系统介绍电子商务的概念和体系,并附有案例和习题
有关参考资料,请查看电子商务教程补充资料

现在大多数的网页已经使用专门的网页编辑器来编制。这些编辑器能自动将编辑过程转换成 HTML 文件。常用的网页编辑器有 Word 97、Netscape 编辑器、Hot Dog、Frontpage、InterDev。

3.4.6 Java

为了提高 WWW 的交互性,Sun 公司开发了 Java。

按照 Sun 公司的定义,Java 是一种具有“简单、面向对象、分布式、可解释性、跨平台、可

移植、安全"等各种特性的语言。

- 简单性　Java 语言是面向对象的程序语言,所以具有简单性;
- 分布性　Java 是专为网络设计的,它有一个大类库用于 Internet TCP/IP 协议;
- 可解释性　Java 源程序经编译生成字节代码(bytecode),可以在任何运行 Java 的机器上解释执行,因此,可独立于平台,可移植性好;
- 安全性　Java 解释器中有字节代码的验证程序,它检查字节代码的来源,即可判断出字节代码来自防火墙的内部还是外部,并确认这些代码可以做什么;在网络层,Java 的未来版本将有公钥加密机制。这些机制及其他措施,构成了使用 Java 的安全环境。

Java 在 Web 服务中的功能:起 Web 服务器应用程序接口的作用,给 WWW 增添交互性和动态特征。Applet 是 Java 的小应用程序,是通过 APP 标志包含在 HTML 页中的程序。Applet 源码在服务器端被 Java 编译器编译成字节码,然后,字节码在 HTML Script 中被"调用",在客户机端,Java 浏览器除需要支持相应的 HTML 语言外,还内嵌一个 Java 字节码的解释器,以正确解释包含字节码的 HTML 文档。由于 Applet 的字节码是在客户机端解释执行的,因此,它给 WWW 增添了交互性和动态特征。

3.4.7 CGI

CGI(common gateway interface)为"公共网关接口",为 Web 服务器定义了一种与外部应用程序交互、共享信息的标准。

CGI 的工作原理是:用户请求激活一个 CGI 程序;CGI 程序将交互主页中用户输入的信息提取出来传给外部应用程序,如数据库查询程序,并启动外部应用程序;外部应用程序的处理结果通过 CGI 程序传给 Web 服务器,以 HTML 形式传给用户,CGI 进程结束。

CGI 的作用有三点:

- 扩大了 Web 服务器的功能　它打破了服务器软件的局限性,允许用户根据需要采用各种语言去实现无法用 HTTP、HTML 实现的功能,给 WWW 提供了更为广阔的应用空间。例如,一个能够访问数据库的 CGI 程序可以使客户端的用户通过浏览器输入查询数据,请求 Web 服务器查询数据库。
- 为在不同的平台之间进行沟通提供了范例　初期使用的服务器大多以自己独特的方式支持服务器一端的可执行程序,用来帮助完成客户机的请求。为某个服务器写的程序要在其他服务器上使用时,必须做较大的修改,因为每个服务器与可执行程序之间传送信息的方式均不相同。为解决这个问题,CGI 标准被制定出来,使得为一个服务器写的程序能够在任何服务器上运行。
- 连接服务器与外部应用程序　通过 CGI,服务器可以向 CGI 程序发送信息,CGI 程序也可以向服务器程序回送信息。

CGI 程序一般是编译好的可执行程序，放在一个目录下。CGI 程序可用多种编程语言实现，如 Perl、C++/C、Visual Basic。CGI 程序的调用有两种方式：第一种是通过交互式网页。通常，用户在网页上填入一些信息后，按“提交”或“确认”，这样就启动/调用了服务器端的 CGI 程序。第二种方式是用户在浏览器的 URL 栏中直接调用，如“http://www.em.tsinghua.edu.cn/cgi-bin/start.cgi”。

一个 CGI 程序只能由一个用户调用。每个 CGI 程序都独占 CPU 进程。因此，当有大量用户请求 CGI 程序时，就会造成 CGI 效率低下，因此，类似 CGI 但比 CGI 效率高的接口技术出现了。

3.4.8 WWW 服务器应用编程接口(WWW API)

有些 WWW 服务器软件厂商针对 CGI 运行效率低下、编程困难等缺点，开发了各自的服务器 API (application programming interface)，试图克服 CGI 性能方面的缺陷。WWW API 通常以动态链接库(DLL)的形式提供，是驻留在 WWW 服务器上的程序，它的作用与 CGI 相似，也是为了扩展 WWW 服务器的功能。通过 WWW API 也能实现对数据库的访问。目前最著名的 WWW API 有 Netscape 的 NSAPI，Microsoft 的 ISAPI 和 O'Reilly 的 WSAPI，各种 API 都与其相应的 WWW 服务器紧密联系在一起。

下面以 Microsoft 的 ASP(active server pages)产品为例，介绍使用 API 访问数据库的方法。

ASP 是一种服务器端的脚本运行环境，通过它可以建立并运行动态、交互、高性能的 WWW 服务器应用。ASP 页面是一种嵌入了用某种脚本语言(如 VBScript 和 JavaScript)书写的程序代码的 HTML 页面。和一般的带有脚本程序的 HTML 页面不同，ASP 页面中的脚本程序代码不发送至客户浏览器解释执行，而是由 IIS 解释，在 WWW 服务器中运行，并将结果生成 HTML 语句，与 ASP 页面中非脚本代码的 HTML 部分合并成一个完整的网页，返回至浏览器。由于 ASP 脚本是运行在服务器端的，由 WWW 服务器完成所有的工作，并产生回送给浏览器的标准 HTML 文件，所以，不需考虑浏览器是否支持 ASP，一切工作都是在服务器端进行的，浏览器只需支持标准 HTML 文件即可。ASP 模型如图 3.5 所示。

ASP 脚本可以利用本地服务器或远程服务器上运行的组件对象来存取数据库，运行应用程序与处理信息，可以利用 ASP 来直观、简易地实现强大的 WWW 应用程序。在 ASP 中使用 request 对象接收客户的请求，使用 response 对象输出动态的 HTML 语句，使用 DatabaseConnect 和 recordset 对象通过 ODBC 操作数据库。用于书写程序代码的 VBScript 和 JavaScript 脚本语言具有书写程序的灵活性，同时也易学易用。

具体说来，ASP 具有以下几个优点：

• 开放性　ASP 的开放性表现在并不需要程序开发者使用一个专用的脚本语言来生成网络应用程序，ASP 包括了对 VBScript 和 JavaScript 的本机支持。通过第三方组件，它还

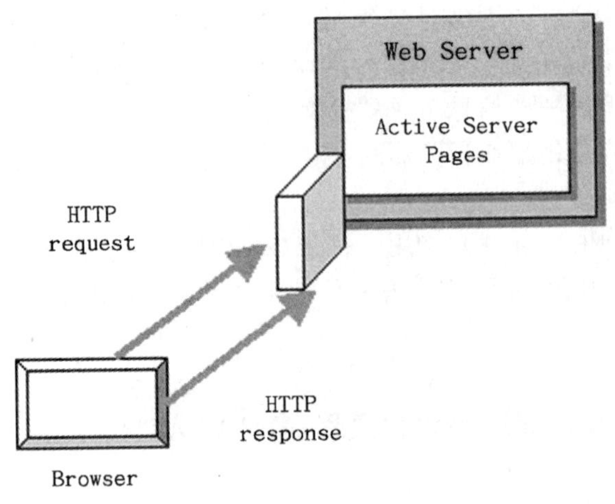

图 3.5 ASP 模型

可以使用其他语言(如 Perl 等)。多个脚本语言甚至可以在相同的 ASP 文件中同时使用并相互调用。ASP 支持 ActiveX 组件,这些组件实际上可以用任何语言编写,包括 Java、Visual Basic、C ++ 、COBOL 等。

• 易操作性　ASP 使 WWW 应用开发人员可以在服务器上方便地“激活”他们的 WWW 页面,可以方便地将网页与应用程序连接起来,以实现高级功能。以前使用 Perl 或 C 编写复杂的 CGI 程序来完成的功能(如数据库连接),使用 ASP 只需几行简单的代码就可以完成。

• 页面设计与程序设计分离　通过使用脚本和组件,ASP 允许开发人员将编程工作与页面设计工作分离开来,分别加以完成。这样就可以确保程序开发者将主要的精力用来考虑编写程序的逻辑,而不必担心外观是怎样的。同时,它也使那些从事页面外观设计的人员可以利用一些工具来对网页进行修改,而不必考虑编程的问题。ASP 可以方便地将程序逻辑与页面设计结合起来。

• 即时编译　ASP 具有一个即时编译系统。在收到对 ASP 文件的请求时,即时编译系统自动对 ASP 文件进行重新编译,并将其载入服务器的高速缓存中。因此,系统开发者对 ASP 文件的修改可以在浏览器中立即得到反映,只需简单地保存该文件并在浏览器中刷新即可。这样就大大提高了调试程序的效率,从而提高系统开发的效率。

• 浏览器独立性　ASP 运行在服务器端,接受来自浏览器的请求,在服务器端运行用于生成动态内容及操作数据库的脚本,所有的处理都在服务器端进行,然后向浏览器返回标准的 HTML 文件,所以,不必担心用户用什么样的浏览器来访问站点。

3.5 Web 与电子商务

Web 正在改变和重新塑造那些主要业务是企业与客户信息交换类型的行业。这些业务主要包括广告、市场营销、零售、客户服务。这些行业包括银行业、金融服务业(投资、保险、股票市场)、零售业、电子出版、教育、娱乐业。不仅如此,Web 还可以应用在组织内部的商务中,如组织内部的信息共享和传输。Web 用于完成以下的任务:

- 通过市场营销和广告的方式吸引新客户;
- 通过客户服务及支持为现有客户提供服务;
- 为现有产品开辟新市场及销售渠道;
- 开发新的网上产品/服务;
- 加快组织内部的信息交流;
- 协调内部的经营活动;
- 通过在线的事务处理简化复杂的运作管理;
- 通过在线分析处理辅助管理决策。

3.5.1 市场营销和广告方式

广告商们发现,创新和高质量的广告内容可以吸引消费者的注意力。他们必须注意,不能把原来纸上的广告简单地复制到网上,而需要充分利用 Web 的优势:可以接触广泛的用户;以低成本提供没有限制的大量信息;与客户详细地交流;建立独特的市场部门;服务客户化。

3.5.2 客户服务及支持

Web 处理信息查询的功能非常强,可以代替客户服务代表的人工操作。具体来说,Web 可以完成以下面向客户的任务:

- 为软件和支持信息提供新的销售渠道　通过 Web 销售软件是电子化销售的一种方式。但通过 Web 销售软件受技术条件的限制,如带宽问题。如果有足够的带宽,软件就可以直接下载到用户的电脑上,否则软件还必须通过人工传递方式交到用户手中。
- 客户交互与查询　例如,美国联邦快递公司(FedEx,http://www.fedex.com/track-it.html)和联合邮件服务公司(UPS)的客户可以利用 Web 随时随地连接到这两个公司的主页,跟踪查阅他们自己邮件的情况及当前在什么地方等。这种客户服务的交互方式得益于 Web 的表单方式以及将 Web 服务器连接到后端的存有大量信息的数据库上。

• 客户关系的新途径　在与客户关系密切的行业中,如银行业,客户关系是非常重要的。Web 可以帮助银行建立与客户的直接的关系。例如,许多银行已经建立了 Web 站点,允许客户登录到站点上检查个人账户的余额和近期交易记录。这种业务为客户做出正确的财务决策提供了信息,并促进了银行与客户的交流。

• 获取政府信息　Web 可以改变政府机构与公众的联系方式和政府向公众提供信息的方式。例如,美国证券交易委员会在自己的 Web 站点上公布了上市公司的档案材料,这些信息对公众的投资决策是非常重要的。美国税务总局也在它的 Web 站点上公布了税务信息。另外,还可以用 Web 在政府机构里寻找职业。

3.5.3 新市场及销售渠道的开辟

出版业已经有很多的例子说明 Web 是如何帮助拓展新的市场的。例如,华纳时代(Time Warner)已经建立了一个非常有影响的 Web 站点,叫 Pathfinder。他们在该站点上发布他们自己的非常流行的杂志的片段,如 Time、Money、Sports Illustrated,以吸引更多的读者。

软件行业是最早使用 Web 销售产品的。曾经有一个叫 Doom 的游戏软件,由 ID 软件公司出品,利用 Web 取得了成功。由于该软件是通过 Web 免费下载的,很多工作地点都有该游戏,以至于公司的生产率下降,软件被禁止。ID 公司现又推出 Quake 游戏软件,也是通过网上发行,该公司希望能重现 Doom 的成功。

3.5.4 新的网上产品/服务的开发

一种新的基于 Web 的产品的例子是 Switchboard (http://www.switchboard.com/),这是一种地址查询系统。像电话簿提供的服务一样,Switchboard 能提供全美国范围的服务,且是免费的。它允许用户在全美国范围内检索超过 9000 万个人的地址。通过这个系统,用户只需输入要查找的人的姓名或公司的名称,就能得到要查找的人或公司的地址、电话。此外,还有其他的功能,如"击一击"功能,它能对企图得到其他个人电子邮件地址的人的权限加以控制,也就是说,想得到其他人的电子邮件地址,并且想立即向这个人发电子邮件,那么他需要向一个中介系统发一个信息,通过中介转给目标读者,目标读者决定是否与原发送信息的人取得直接的联系。

由于 Web 的交互能力,在线产品在教育和娱乐领域具有广阔的应用前景。在教育方面,研究学者、学生可以在任何地方进行研究和获取教学资料,而不用跑到某个城市的某个学校。Web 教育更为长期的潜力是开发用于知识传递的新产品,这些产品可以将学校、科研机构的知识传递给 Web 用户。用户自己安排时间地点接受教育和训练,知识的提供者也省去了建教室的经费,办学规模也是无限的。

在娱乐方面,玩网上游戏的人可以和分布在世界各地的对手对垒。一些游戏软件公司,如 Mpath Interactive,已经在开发基于 Web 的游戏。对于游戏供应商 Web 是一个广阔的市场,对于喜爱玩游戏的人又是一个新的娱乐形式。

3.5.5 组织内部信息交流的加快

每个组织都有基本的业务活动:会议、产品计划、预算、提建议、销售分析、客户跟踪等。这些活动涉及多个部门,相关信息的产生有时是正式记录的,有时是随意组织的。不同的人需要使用这些信息,如何加快信息的交流就显得非常重要。在没有使用基于 Web 技术的 Intranet 以前,常会出现这种情况,得到竞争对手的信息比得到组织内部位于另一个办公楼里的同事的信息要快、要全面。通过 Web 技术就可以解决这个问题,将分布在组织内部不同的网络用 Internet 技术连接起来,在这个内部网上建立不同的站点,发布组织内部的信息文件,员工们可以在这些文件之间浏览。

例如,麦道公司(McDonnel Douglas)有员工 11000 名,为全世界 200 多家航空公司生产飞机。除此之外,还要提供数量惊人的、非常重要的飞机维护服务手册,每年大约四百万页。因此,麦道公司决定在内部的 Web 站点公布这些手册的内容,以便随时修改。

例如,大公司的人力资源部要编制员工手册,包括雇佣政策、福利项目、各种项目与服务的联系表和方式等。编辑印刷这个手册是一件较费劲的事,因为许多信息是经常变化的。但是用 Web 来公布这些信息就可以解决这个问题,不仅减少了成本,而且员工能得到最新的信息。

3.5.6 内部经营活动的协调

组织内部的许多工作需要协同完成,如会议是一个协同活动。在 Web 被用于协调内部活动之前,群件技术是公认的解决协调工作的最好的办法。Lotus Notes 则是最优秀的群件产品,但是,它是一个软件公司的专利,价格非常高。相比之下 Web 则是一个开放的、价格低廉的解决协同工作的方案。

3.5.7 复杂运作管理的简化

在线事务处理就是在企业整体范围内实时地通信,即从顾客到仓库、分销中心、制造厂、供应商实现实时通信,这是提高企业运作效率的手段。在企业里存在的事务处理活动是大量的。这些事务处理都是基于事务数据库的。由于 Web 可以集成和访问数据库,因此,Web 提供了在线事务处理的最好的办法。EDI 是最好的在线事务处理的例子,可使采购和库存管理自动化、无纸化。通过在线的产品目录和供应商名单，购买者可以在线优先选择供应商，在线起草交易合同、往来文档，直至付款、运输、进货、入库。

3.5.8 基于 Web 的决策支持

现代企业已不满足于完成事务处理和产生定期的报告，如销售报表、收入报表、利润报表，他们还需要回答一些“What-if”的问题，而这些问题在一般的事务处理数据库中是找不到答案的。联机分析处理(OLAP)技术和数据挖掘(data mining)提供了解决这个问题的新技术，它能够帮助管理者在理解业务活动信息的基础上做出重要的决策。例如，制造商利用OLAP比较分销的成本，以确定在全球范围最好的分销产品途径；财务主管利用 OLAP 整理来自分支机构的项目开销和利润数据，制定预算；市场营销经理利用 OLAP 分析订单趋势，决定如何把产品快速推向市场；广告部的经理利用 OLAP 对比不同广告活动的结果，找出最有效的广告方式。例如，《读者文摘》(Readers' Digest)杂志利用数据挖掘技术在一个含有一亿条客户以前订购记录的数据库中挖掘，发现一些有针对性的宣传。一家娱乐公司(Blockbuster Entertainment)使用以前约 100 万家庭租用录像带的历史记录向未来新的客户推荐出租的录像带。美国运通(American Express)公司通过分析最近信用卡的消费记录，并根据每个持卡人的月记录(statement)清单打印建议的消费。MCI 公司通过分析电话活动来探测话费欺诈行为。

曾经设想过两种解决方案实现 OLAP Data Mining。第一种解决方案是决策者与大型机直接连接，这种方案的界面不友好。第二种解决方案是建立专用的 EIS 系统，这种方案的缺点是成本太高。因此，最好的办法就是内部 Web 技术，如图 3.6 所示。

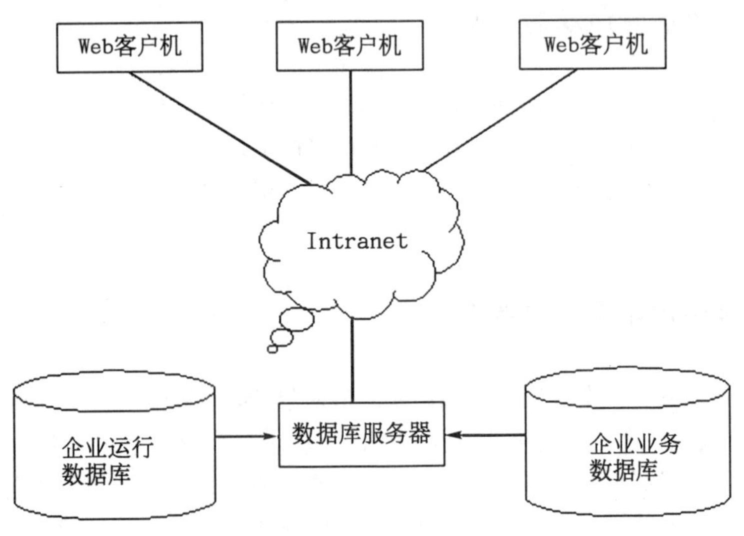

图 3.6 Web 技术支持企业决策

3.6 案例——Cisco公司

根据网络设备厂商Cisco为客户建立的Internet订单登记和跟踪系统提供的基本数据估计,Cisco公司通过Internet商务产生的效益已达2.48亿美元。如果再加上连接其12000个桌面终端的各种Intranet应用产生的经济效益,这个数字应接近3.1亿美元。因此,有理由认为,Cisco是通过Internet从事电子商务的优胜者。虽然2.48亿美元只占Cisco公司年收入62亿美元的4%,但是它标志着该公司在Web商务方面已成功地领先一步。

截止1998年初,Cisco公司没有通过网上电子支付,也就是说,2.48亿美元当中并未通过Internet交付过1美元。公司认为,通过Web下订单,并在生产和交付的整个过程中自动跟踪订单就可以节省管理和技术人员以及纸张和电话费用,吸引更多的客户,包括经销商、分销商和某些最终用户。现在,他们每天都通过Cisco的网站(http://www.cisco.com)从全球各地发出价值620万美元的订单。到1998年1季度末,全球各地发给Cisco的全部订单中,约50%是通过Web发来的,而1996年占7%的比例(摘自1998年6月29日的《计算机世界》)。

1. Web提供的电子商务的功能

Cisco为发挥电子商务的作用做出了多种努力,从Internet的Web站点和企业内部网站上已得到了证实。

(1) 基于Internet网站的电子商务功能

登录到Cisco网站上,第一级显示的是Cisco Connection Online程序,显示了该公司电子商务的所有功能:

- 企业新闻发布;
- 各种网络设备解决方案;
- 产品介绍和网上订购;
- 产品手册和技术规范;
- 检查合同细节;
- 自动跟踪生产和交付排队过程中其订单的运作状况;
- 合作伙伴和经销商信息;
- 招聘信息和网上培训。

在Web站点上,其订单处理过程是独特的:系统收到网上订单后,由一名技术人员处理配置,然后用电子邮件将配置结果传送给审查这种配置的采购部门,再由采购部门考虑价格折扣,然后再传送给Cisco。自动化系统检查折扣是否合理,客户是否符合Cisco的贷款条件,而后直接将订单送给生产系统而无需重新输入订单。在整个生产过程中,得到订单号码的客户可以登录到 Cisco 的网站上，了解其订货的生产、发送全过程。不仅如此，Cisco 还把它的网站与其商务营运商，如 DHL 和 Federal Express 相连接，从而让用户享受随时了解，直到通过海关的整个交货过程的“一条龙”服务。Cisco 在与经销商合作方面开展的电子商务是将经销商的网站与 Cisco 的网站相连接以支持电子商务。

仅 1998 年 2 月，就有 30 500 名注册用户对主页进行了多达 14.2 万次的访问，从而使 Cisco 的电话系统免除了大量的呼叫之苦。

(2) 基于内部网站的电子商务功能

在企业内部 Web 站点上，实现了以下的电子商务：

- 建立了行政信息系统(EIS)，这样，行政官员可以使用其浏览器，调用公司最新业绩统计数据；
- 公司所有的外出旅行人员可以通过 Web 登录；
- 在 Web 上进行视频培训和在线会议；
- 雇员可使用 Web 提交开支情况；
- 供应商挂接到生产环节中，他们可以访问 Cisco 的内部系统，即时履行交货手续。

2. 基于 Web 的电子商务经验

近几年来，Cisco 取得了一些有关基于 Web 的商务的可贵经验。

- 要让客户相信利用 Web 交易渠道获利的不仅仅是厂商，更主要的是他们自己从中受益。Cisco 公司认为，这是最重要的一条经验。Web 能迅速传递订单信息，更快地交货，这一切都是在为用户节省时间和金钱。例如，Cisco 在澳大利亚有分公司，业务较难开展，所以开业较晚，原因之一是时差问题。如果澳大利亚西部的某个分销商在某天下午很晚时打电话到悉尼总部，那么总部已经没有人了。现在，这些分销商可以登录到 Web 上，直接获得有关信息，而不必考虑时差问题。
- 提供每周 7 天、每天 24 小时永不停歇的服务是电子商务运作所必须的。
- 站点不断地增加新的功能，接口变得越来越简单。随着新技术的出现，Cisco 的网页不断更新，不断升级，这对于电子商务站点是很重要的经验。
- 在开发电子商务系统的过程中不要浅尝辄止，也不要太心急。Cisco 的经验是：请教顾问，让他们帮助制订一个电子商务计划；给电子商务划拨专用的内部资源，并让专业技术人员向用户解释电子商务会给他们带来怎样的好处。Cisco 不企求解决面临的所有问题，而是花了几年的时间开发出大量的电子商务功能。
- Intranet 是基础。在处理 Intranet 和 Internet 的关系时，Cisco 的经验是：先建造一个 Intranet，帮助熟悉 Internet 专业知识，从而避免会疏远用户的潜在危险，因为用户在任何时候都反感拿他们当试验品。
- 发展“铁杆”客户。这是一种让现有客户现身说法鼓动其他客户使用电子商务的好方法。

• 技术人员的支持。企业开展电子商务要确定本身是否有合适的处理网络商务的技术人员,或者是否能寻找到外援。

思 考 题

1. 一条信息在 Internet 上是经过唯一的路径到达目的地的吗?
2. WWW 的工作原理是什么?
3. Web 的关键技术是什么?
4. CGI 的原理是什么?
5. 什么是客户/服务器?
6. 请用网页编辑器编辑个人主页。

第四章　电子商务的安全

由于电子商务是在公开的网上进行的，支付信息、订货信息、谈判信息、机密的商务往来文件等大量商务信息在计算机系统中存放、传输和处理，所以，其安全问题引起了广泛的重视。计算机诈骗、计算机病毒等造成的商务信息被窃、窜改和破坏，以及机器失效、程序错误、误操作、传输错误等造成的信息失误或失效，都严重地危害着电子商务系统的安全。因此，保证商务信息的安全是进行电子商务的前提。本章着重介绍电子商务系统安全的概念、安全的基本要求、电子商务安全常用的方法和一些安全标准。

4.1　电子商务系统安全的概念

电子商务系统是一个计算机系统，其安全性是一个系统的概念，不仅与计算机系统结构有关，还与电子商务应用的环境、人员素质和社会因素有关。它包括电子商务系统的硬件安全、软件安全、运行安全、电子商务安全立法。

- 电子商务系统硬件安全　　硬件安全是指保护计算机系统硬件（包括外部设备）的安全，保证其自身的可靠性和为系统提供基本安全机制。
- 电子商务系统软件安全　　软件安全是指保护软件和数据不被窜改、破坏和非法复制。系统软件安全的目标是使计算机系统逻辑上安全，主要是使系统中信息的存取、处理和传输满足系统安全策略的要求。根据计算机软件系统的组成，软件安全可分为操作系统安全、数据库安全、网络软件安全和应用软件安全。
- 电子商务系统运行安全　　运行安全是指保护系统能连续和正常地运行。
- 电子商务安全立法　　电子商务安全立法是对电子商务犯罪的约束，它是利用国家机器，通过安全立法，体现与犯罪斗争的国家意志。

综上所述，电子商务安全是一个复杂的系统问题。电子商务安全立法与电子商务应用的环境、人员素质、社会有关，基本上不属于技术上的系统设计问题，而硬件安全是目前硬件技术水平能够解决的问题。鉴于现代计算机系统软件的庞大和复杂性，软件安全成为电子商务系统安全的关键问题。这也是本章下面要介绍的内容。

4.2　电子商务的安全需求

1. 信息的保密性

信息的保密性是指信息在传输过程或存储中不被他人窃取。因此,信息需要加密以及在必要的节点上设置防火墙。例如,信用卡号在网上传输时,如果非持卡人从网上拦截并知道了该号码,他也可以用这个号码在网上购物。因此,必须对要保密的信息进行加密,然后再放到网上传输。

2. 信息的完整性

信息的完整性是从信息传输和存储两个方面来看的。在存储时,要防止非法窜改和破坏网站上的信息。在传输过程中,接收端收到的信息与发送的信息完全一样,说明在传输过程中信息没有遭到破坏。尽管信息在传输过程中被加了密,能保证第三方看不到真正的信息,但并不能保证信息不被修改。例如,如果发送的信用卡号码是"9821",接收端收到的却是"9864",这样,信息的完整性就遭到了破坏。

3. 信息的不可否认性

信息的不可否认性是指信息的发送方不能否认已发送的信息,接收方不能否认已收到的信息。由于商情的千变万化,交易达成后是不能否认的,否则,必然会损害一方的利益。例如,买方向卖方订购钢铁,订货时世界市场的价格较低,收到订单时价格上涨了,如果卖方否认收到的订单的时间,甚至否认收到订单,那么买方就会受到损失。再例如,买方在网上买了光盘,不能说没有买,慌称寄出的订单不是自己的,而是信用卡被盗用。

4. 交易者身份的真实性

交易者身份的真实性是指交易双方确实是存在的,不是假冒的。网上交易的双方相隔很远,互不了解,要使交易成功,必须互相信任,确认对方是真实的,对商家要考虑客户不是骗子,对客户要考虑商店不是黑店,有信誉。

5. 系统的可靠性

电子商务系统是计算机系统,其可靠性是指防止计算机失效、程序错误、传输错误、自然灾害等引起的计算机信息失误或失效。

4.3 电子商务系统安全常用的方法

4.3.1 防火墙技术

(1) Intranet 的安全概念

我们知道,企业的电子商务系统包括 Intranet,它最大的好处是方便了企业内部以及企业与外部的信息交流,提高了工作效率。然而,与 Internet 这样一个世界范围的开放网络连接,在获得利益的同时,也要付出安全性代价。一旦企业内部网连入 Internet,就意味着 Internet 上的每个用户都有可能访问企业网。如果没有一个安全性保护措施,黑客们可能会在毫不觉察的情况下进入企业网,非法访问企业的资源。Intranet 的安全性主要包括以下两个方面的含义:

- 保护企业内部资源,防止外部入侵,控制和监督外部用户对企业内部网的访问;
- 控制、监督和管理企业内部对外部 Internet 的访问。

保证 Intranet 安全性的有效方法就是防火墙。

(2) 防火墙

防火墙是指一个由软件系统和硬件设备组合而成的,在内部网和外部网之间的界面上构造的保护屏障。所有的内部网和外部网之间的连接都必须经过此保护层,在此进行检查和连接。只有被授权的通信才能通过此保护层,从而使内部网络与外部网络在一定意义下隔离,防止非法入侵、非法使用系统资源,执行安全管制措施,记录所有可疑的事件,如图 4.1 所示。

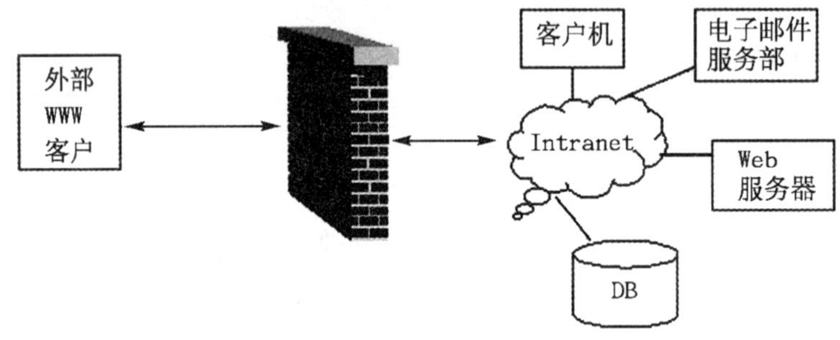

图 4.1 防火墙结构

防火墙软件通常是在 TCP/IP 网络软件的基础上进行改造和再开发形成的。目前使用的防火墙产品可分为两种类型:包过滤型和应用网关型。

包过滤型防火墙可以动态检查流过的 TCP/IP 报文头,检查报文头中的报文类型、源 IP 地址、目的 IP 地址、源端口号等域,根据事先定义的规则,决定哪些报文允许流过,哪些报文禁止通过。

应用网关型防火墙使用代理技术,在内部网和外部网之间设置一个物理屏障。对于外部网用户或内部网用户的 telnet,ftp 等高层网络协议的服务请求,防火墙的代理服务机制对用户的真实身份和请求进行合法性检查,决定接受还是拒绝。对于合法的用户服务请求,代理服务机制连接内部网和外部网,并作为通信的中介,保护内部网络资源不受侵害。代理服务机制是应用服务,叫代理服务程序,是根据需要编写的。因此,大部分应用网关型防火墙只能提供有限的基本应用服务。若要增加新的应用服务,则必须编写新的程序。

防火墙的安全策略有两种:

- 没有被列为允许访问的服务都是被禁止的:这意味着需要确定所有可以被提供的服务以及他们的安全特性,开放这些服务,并将所有其他未列入的服务排斥在外,禁止访问;
- 没有被列为禁止访问的服务都是被允许的:这意味着首先确定那些被禁止的、不安全的服务,以禁止他们被访问,而其他服务则被认为是安全的,允许访问。

4.3.2 密钥系统

在介绍密钥系统以前,我们先要搞清楚什么是加密、解密和密钥等概念。

(1) 加密和解密

加密是指将数据进行编码,使它成为一种不可理解的形式,这种不可理解的内容叫做密文。解密是加密的逆过程,即将密文还原成原来可理解的形式。

加密和解密过程依靠两个元素,缺一不可,这就是算法和密钥。算法是加密或解密的一步一步的过程。在这个过程中需要一串数字,这个数字就是密钥。下面,我们通过一个例子来理解加密、解密、算法和密钥。

例如,将字母 a、b、c、d、. . . 、w、x、y、z 的自然顺序保持不变,但使之与 E、F、G、. . . 、Z、A、B、C、D 分别对应,即相差 4 个字母。这条规则就是加密算法,其中的 4 为密钥。若原信息为 How are you,则按照这个加密算法和密钥,加密后的密文就是 LSAEVICSY。不知道算法和密钥的人,是不能将这条密文还原成 How are you 的。还是这个例子,若密钥换成 7,结果怎样呢?

从这个例子中我们看到,算法和密钥在加密和解密过程中缺一不可。在实际加密过程中,一般来说,加密算法是不变的,存在的加密算法也是屈指可数的,但是密钥是变化的。也就是说,加密技术的关键是密钥。这一道理的好处是:

- 由于设计算法很困难,因此基于密钥的变化就解决了这一难题;
- 简化了信息发送方与多个接收方加密信息的传送,即发送方只需使用一个算法,不同的密钥向多个接收方发送密文;
- 如果密文被破译,换一个密钥就能解决问题。

(2) 密钥的长度

密钥的长度是指密钥的位数。密文的破译实际上是黑客经过长时间的测试密钥,破获密钥后,解开密文。怎样才能使得加密系统牢固,让黑客们难以破获密钥呢?这就是要使用长钥。例如一个16位的密钥有2的16次方(65536)种不同的密钥。顺序猜测65536种密钥对于计算机来说是很容易的。如果100位的密钥,计算机猜测密钥的时间需要好几个世纪了。因此,密钥的位数越长,加密系统就越牢固。

(3) 对称密钥系统

密钥系统又称对称密钥系统,它使用相同的密钥加密和解密,发送者和接收者有相同的密钥。这样就解决了信息的保密性问题,其过程如图4.2所示。这是最早的加密方法。

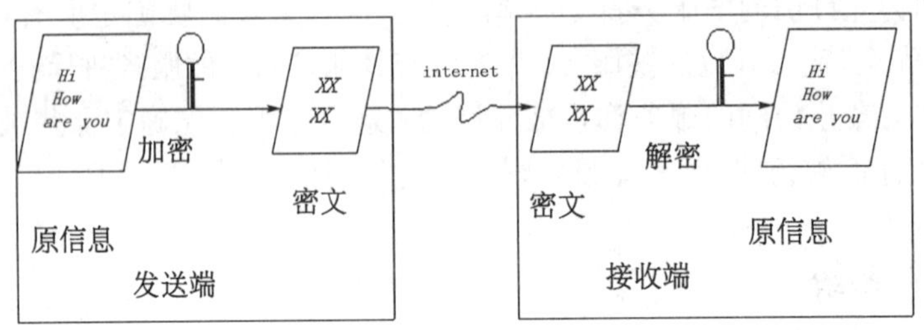

图4.2 对称密钥加密解密过程

4.3.3 消息摘要

消息摘要(message digest)方法也称安全Hash编码法或MD5,它是由Ron Rivest所发明的。消息摘要是一个唯一对应一个消息的值,它由单向Hash加密算法对一个消息作用而生成,有固定的长度。所谓单向是指不能被解密。不同的消息其摘要不同,相同消息其摘要相同,因此摘要成为消息的"指纹",以验证消息是否是"真身"。发送端将消息和摘要一同发

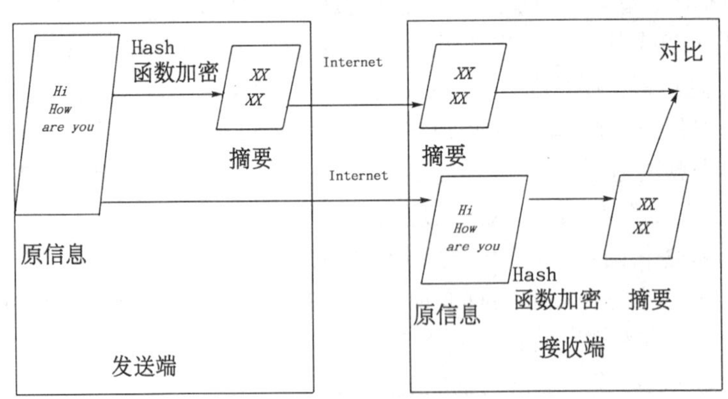

图4.3 消息摘要过程

送，接收端收到后，用 Hash 函数对收到的消息产生一个摘要，与收到的摘要对比，若相同，则说明收到的消息是完整的，在传输过程中没有被修改，否则，就是被修改过，不是原消息，其过程如图 4.3 所示。消息摘要方法解决了信息的完整性问题。

4.3.4 公钥和私钥系统

上述的对称密钥系统并没有真正解决问题。如果接收者不知道这个密钥怎么办，传过去？是不是又面临把这个密钥加密的问题？于是就有了下面的公钥(public key)和私钥系统(private key)。这一方法也称非对称密钥系统。它使用两个钥匙，如果一个用于加密，另一个可用于解密。较著名的是 RSA 算法，是由 Rivest、Shamir 和 Adleman 三人发明的。两个钥匙是两个很大的质数，用其中的一个质数与原信息相乘，对信息加密，可以用其中的另一个质数与收到的信息相乘来解密。但不能用其中的一个质数求出另一个质数。每个网络上的用户都有一对公钥和私钥。公钥是公开的，可以公布在网上，也可以公开传送给需要的人；私钥只有本人知道，是保密的。在加密应用时，某个用户让给他发密件的人用这个公钥给密件加密发给他，一旦加密后，只有该用户知道自己的私钥才能解密，过程如图 4.4 所示。这样就较好地解决了信息保密问题。

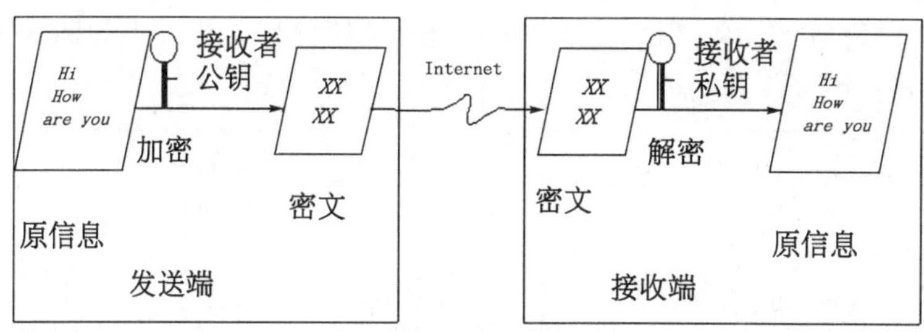

图 4.4 非对称密钥加密解密过程

4.3.5 数字签名

数字签名(digital signature)技术是将摘要用发送者的私钥加密，与原文一起传送给接收者。接收者只有用发送者的公钥才能解密被加密的摘要，然后用 Hash 函数对收到的原文产生一个摘要，与解密的摘要对比，若相同，则说明收到的信息是完整的，在传输过程中没有被修改，否则，被修改过，不是原信息。同时，也证明发送者不能否认自己发送了信息，其过程如图 4.5 所示。这样，数字签名就保证了信息的完整性和不可否认性。

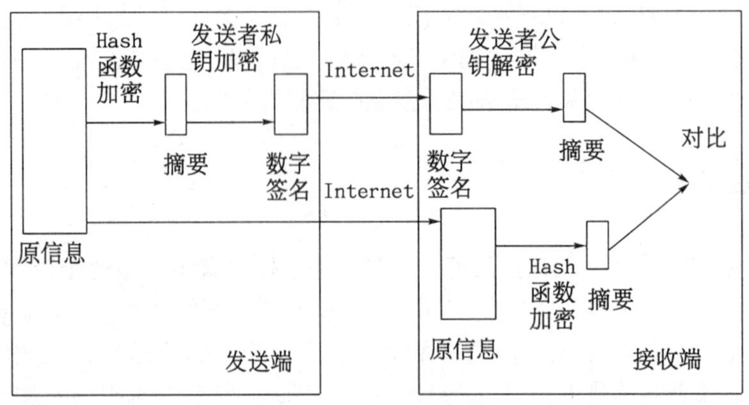

图 4.5 数字签名过程

4.3.6 数字时间戳

交易文件中,时间和签名一样是十分重要的证明文件有效性的内容。数字时间戳(digital time-stamp)就是用来证明消息的收发时间的。用户首先将需要加时间戳的文件用 Hash 函数加密形成摘要,然后将摘要发送到专门提供数字时间戳服务的权威机构,该机构对原摘要加上时间后,进行数字签名(用私钥加密),并发送给原用户,其过程如图 4.6 所示。原用户可以把它再发送给接收者。

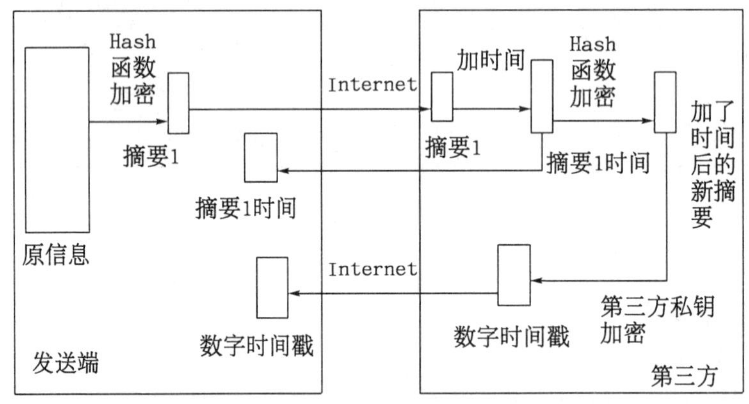

图 4.6 数字时间戳

4.3.7 数字证书

(1) 认证中心(certificate authority)

怎样证明公钥的真实性呢?即一个公钥确实属于信息发送者,而不是冒充信息发送者的另一个人冒用他的公钥,这就要靠第三方证实该公钥确属于真正的信息发送者。认证中心就是这样的第三方,它是一个权威机构,专门验证交易双方的身份。验证方法是接受个人、商家、银行等涉及交易的实体申请数字证书,核实情况,批准/拒绝申请,颁发数字证书。认证中心除了颁发数字证书外,还具有管理、搜索和验证证书的职能。通过证书管理,可以检查所申请证书的状态(等待、有效、过期等),并可以废除、更新证书;通过搜索证书,可以查找并下载某个持有人的证书;验证个人证书可帮助确定一张个人证书是否已经被其持有人废除。

(2) 数字证书(digital ID)

数字证书也叫数字凭证、数字标识。它含有证书持有者的有关信息,以标识他们的身份。证书包括以下的内容:

- 证书拥有者的姓名;
- 证书拥有者的公钥;
- 公钥的有效期;
- 颁发数字证书的单位;
- 颁发数字证书单位的数字签名;
- 数字证书的序列号。

(3) 数字证书的类型

数字证书有三种类型:个人数字证书、企业(服务器)数字证书、软件(开发者)数字证书。

- 个人数字证书　个人数字证书仅仅为某个用户提供凭证,一般安装在客户浏览器上,以帮助其个人在网上进行安全交易操作:访问需要客户验证安全的 Internet 站点;用自己的数字证书发送带自己签名的电子邮件;用对方的数字证书向对方发送加密的邮件。
- 企业(服务器)数字证书　企业数字证书为网上的某个 Web 服务器提供凭证,拥有服务器的企业就可以用具有凭证的 Web 站点进行安全电子交易:开启服务器 SSL 安全通道,使用户和服务器之间的数据传送以加密的形式进行;要求客户出示个人证书,保证 Web 服务器不被未授权的用户入侵。
- 软件(开发者)数字证书　软件数字证书为软件提供凭证,证明该软件的合法性。

(4) 认证中心的树形验证结构

在双方通信时,通过出示由某个认证中心(CA)签发的证书来证明自己的身份,如果对签发证书的 CA 本身不信任,则可验证 CA 的身份,逐级进行,一直到公认的权威 CA 处,就可确信证书的有效性。每一个证书与数字化签发证书的认证中心的签名证书关联。沿着信任树一直到一个公认的信任组织,就可确认该证书是有效的。例如,C 的证书是由名称为 B 的 CA 签发的,而 B 的证书又是由名称为 A 的 CA 签发的,A 是权威的机构,通常称为根(root) CA。验证到了根 CA 处,就可确信 C 的证书是合法的,见图 4.7。

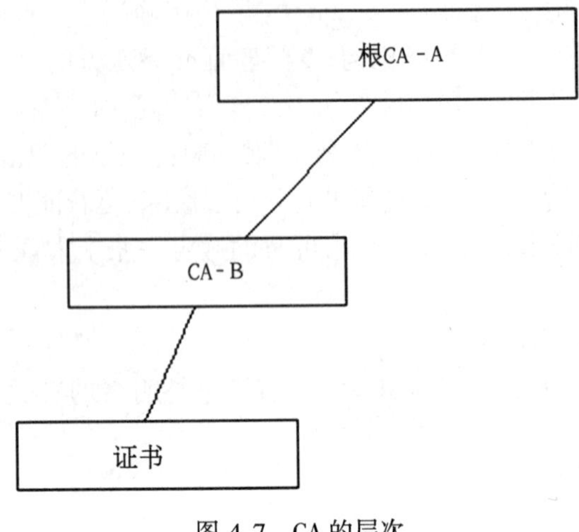

图 4.7　CA 的层次

4.4　申请数字证书

4.4.1　国内外认证中心

(1) VeriSign

VeriSign (www.verisign.com)是软件行业第一家具有商业性质的证书授权机构,著名数字验证产品和服务的提供商,也是 Microsoft 和 Netscape 的首选数字标识的提供商。通过 VeriSign 的特别馈赠,用户可获得一个免费数字标识,可以在发送安全电子邮件时,用该数字标识向他人、商业伙伴证明自己的身份。VeriSign 提供的服务包括:SSL 的 客户和服务器证书、S/MIME 证书以及允许银行进行 128 位加密的 SGC 证书。

(2) BankGate CA

BankGate CA(www.bankgate.com)所提供的服务有: SSL 的服务器和客户程序证书、S/MIME 证书。

(3) BelSign NV-SA

BelSign NV-SA(www.belsign.com)主要为欧洲用户提供的服务有: SSL 的服务器客户程序证书和 S/MIME 证书。

(4) CertiSign Certificadora Digital Ltda.

CertiSign Certificadora Digital Ltda. (www.certisign.com.br)是巴西的认证中心。所提供的服务有: SSL 的服务器、客户证书和 S/MIME 证书。

(5) GTE CyberTrust Solutions, Incorporated

GTE CyberTrust Solutions, Incorporated(www.cybertrust.gte.com)所提供的服务有: Internet

信息服务器（IIS）、SSL 的 Internet Explorer Client 证书和 Outlook Express 的 S/MIME 证书。

(6) KeyWitness Canada

KeyWitness Canada(www.keywitness.com)(有英语或法语版本)所提供的服务有：SSL 的服务器、客户证书和 S/MIME 证书。

(7) Thawte Consulting

Thawte Consulting(www.thawte.com)在 20 多个国家有代表处，提供当地的服务和支持，所提供的服务有：Internet 信息服务器（IIS）、SSL 的客户程序证书和 S/MIME 证书。

(8) 首都在线

由首都在线和上海格尔软件合作推出国内首家安全电子邮件认证站点(http://securnail.263.net)，主要为个人颁发数字证书，帮助个人收发安全电子邮件。该中心采用先进的加密算法。从中心获得数字证书的用户可对电子邮件进行数字签名和加密，以确保电子邮件的完整性、不可否认性、传输安全性、身份真实性。

目前，国内外不断有新的认证中心在建设中。例如，1998 年 10 月 21 日，世界最大的八家银行与美国名为 CertCo 的电子商务公司共同组建了一个认证中心，名为全球信用集团(Global Trust Enterprise)，其目的是建立一个协作系统，通过数字认证的方式来识别企业间电子商务的参与者。这八大银行包括：Bank of America、ABN AMRO Bank、Bankers Trust、Barclays Bank、Chase Manhattan、CitiBank、Deutshe Bank 和 Hypo Vereinsbank。通过该认证中心，各家银行将使用 CertCO 认证技术，为他们的客户建立和发行数字凭证，并能验证其他成员所发的这类凭证。他们的目标是：期望利用他们长期以来建立起来的信用金融机构的形象支持电子商务；通过银行的全球数字凭证管理机构消除单个企业厂商认证中心的问题；计划 2000 年推出数字认证系统。国内外经贸部电子商务中心(http://www.moftec.gov.cn)承担了国家"九五"重点科技公关项目——商业电子信息安全认证系统。该系统在 1999 年初已经通过科技部和国家密码管理委员会的成果鉴定。该系统支持个人证书、服务器证书、软件证书的发放和管理，并提供多个证书之间的交叉认证服务和证书链接服务。目前，该认证系统已通过公安部信息系统安全产品质量监督检验中心的检测。相信，这个系统在国内市场将很快出现，那时将会有更多的国内认证中心采用这个系统。

4.4.2 数字证书的申请

在每个认证中心申请证书的步骤不尽相同。下面我们以申请电子邮件的数字证书为例，介绍申请过程。从 VeriSign 认证中心申请个人数字凭证，其过程如下：

• 从 IE 4.0 个人浏览器进入 VeriSign 的专门为 Outlook Express 用户颁发数字凭证的主页，填写申请表。可以申请一年期的数字凭证，也可以申请 60 天免费的数字凭证。填完后，单击"Accept"按钮，如图 4.8 所示。

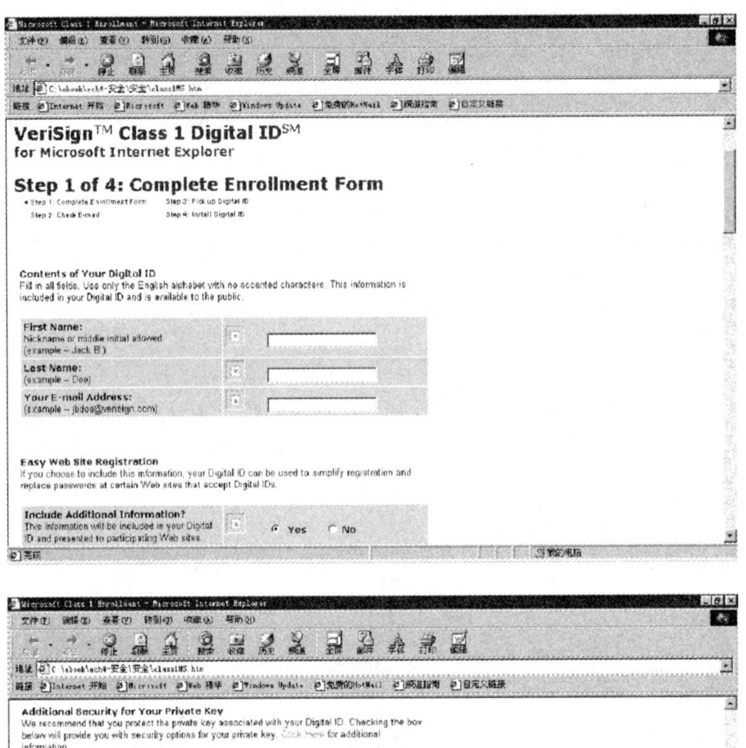

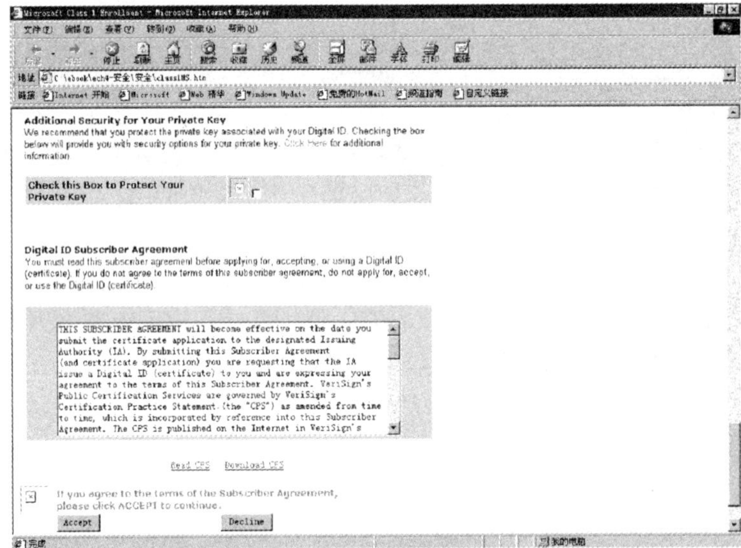

图 4.8　填写申请表

• 查收 VeriSign 发来的电子邮件。

• 获取数字凭证。VeriSign 认证中心审查申请表后，按照申请表的地址发电子邮件给申请人，电子邮件的内容如图 4.9 所示，单击“Continue”按钮，返回 IE 4.0 个人浏览器。

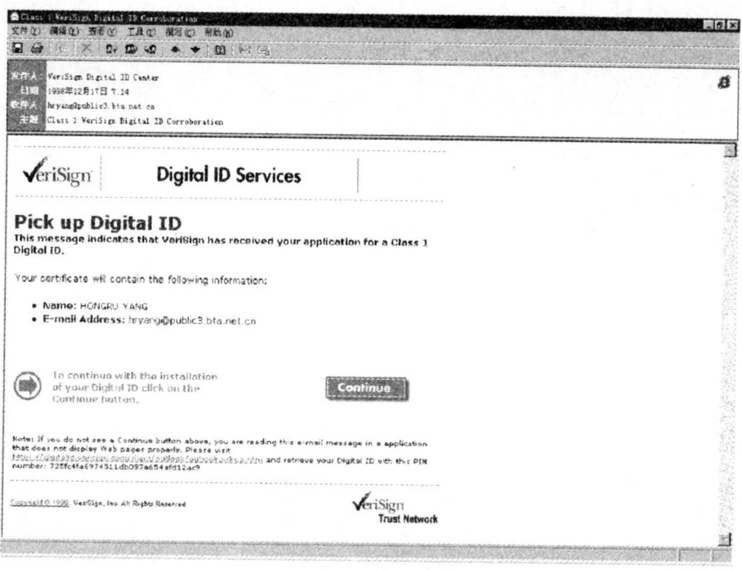

图 4.9　电子邮件

• 安装数字凭证,如图 4.10 所示,单击“INSTALL”按钮,随后屏幕上出现 Congratulations 的内容,表示凭证申请成功,如图 4.11 所示。在申请人的电子邮件信箱中会收到 VeriSign 的另一封邮件,表示感谢和指导如何使用数字凭证。

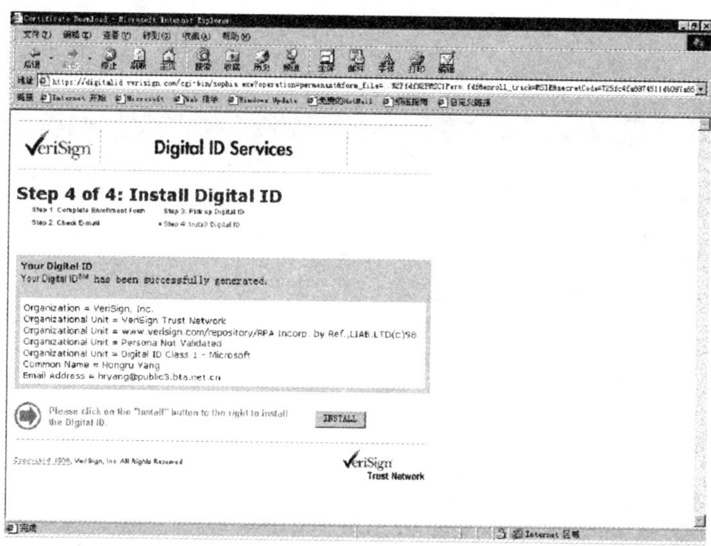

图 4.10　安装数字凭证

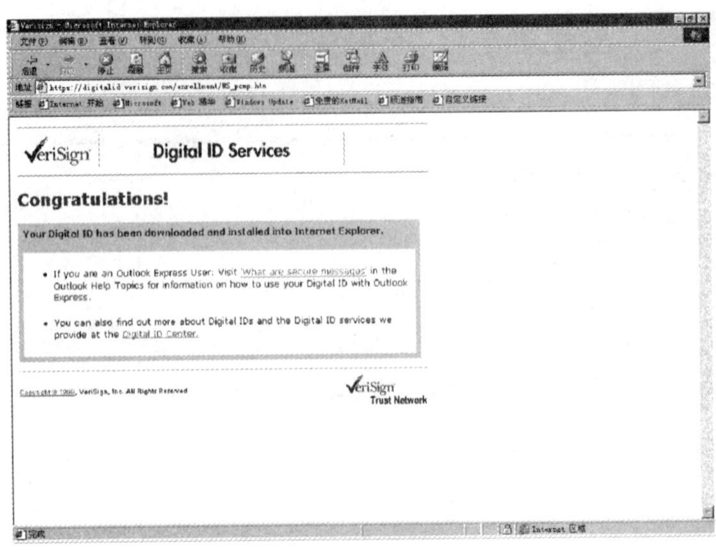

图 4.11　凭证申请成功

数字凭证的形式如图 4.12 所示。

数字凭证的部分信息是存储在计算机上的不能替换的非公开关键字。如果该非公开关键字丢失,将无法再发送已签名的邮件或读取具有该数字凭证的加密邮件。应该保留数字凭证的备份,以防包含该数字凭证的文件损坏或无法读取。要备份数字凭证,先运行 Internet Explorer,然后单击“查看” 菜单,再单击 “Internet”选项。单击“内容 ”选项卡,然后单击 “个人” 按钮。该页面上的 “导入” 和“导出 ”按钮可用来导入/装入和导出/备份数字凭证。

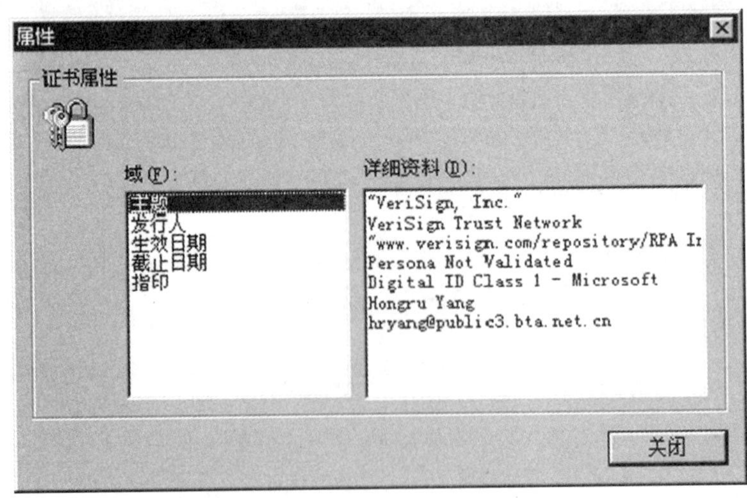

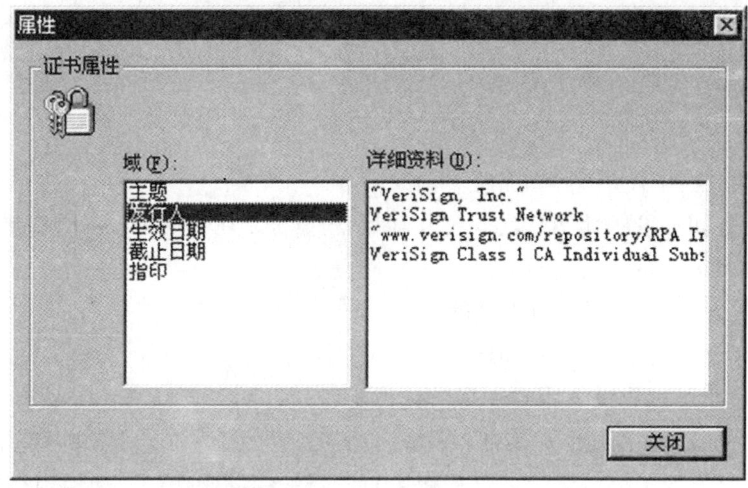

图 4.12 数字凭证

4.5 电子商务安全交易标准

近年来,金融界与信息业共同推出了多种有效的安全交易标准。目前,Internet 上有几种加密协议在使用,对应七层网络模型的每一层都提出了相应的协议。对应用层有 SET 协议、S-HTTP 协议、S/MIME 协议,对会话层有 SSL 协议。下面就来介绍这些安全协议。

4.5.1 安全超文本传输协议

安全超文本传输协议(S-HTTP)用密钥对来加密,以保障 Web 站点上的信息的安全。也就是说,S-HTTP 支持超文本传输协议(HTTP),为 Web 文档提供安全和鉴别,保证数据的安全。如果主页的 URL 为 https:// 开始,说明该页遵循安全超文本传输协议。例如,在前面申请数字凭证的过程中,VeriSign 的每个页面的 URL 为 https:// 开始,这就表示该站点的 Web 页面是安全的,能够保证申请人的个人信息、信用卡信息在 Web 站点上是安全的。

4.5.2 安全套接层协议

如果说 S-HTTP 保证了站点数据的安全,那么安全套接层协议(SSL,cecure sockets layer)则保证了 Web 站点之间通信信道的安全,面向网络协议栈的低层通道进行安全监控。该协议由 Netscape 公司提出,提供加密、认证服务和保证报文的完整性。SSL 被用于 Netscape 浏览器和 IE 浏览器。

SSL 是对计算机之间整个会话进行加密的协议。在 SSL 中,采用了公开密钥和私钥两种加密方式:

- 在建立连接过程中采用公开密钥;
- 在会话过程中使用专有密钥。

加密的类型和强度则在两端之间建立连接的过程中判断决定。在所有情况下,服务器通过以下方法向客户机证实自身:

- 给出包含公开密钥的、可验证的证明;
- 演示它能对用此公开密钥加密的报文进行解密。

有时,客户机可以提供表明它本身(用户)身份的证明。会话密钥是从客户机选择的数据中推导出来的,该数据用服务器的公开密钥加密。在每个 SSL 会话(其中客户机和服务器都被证实身份)中,要求服务器完成一次使用服务器私钥的操作和一次使用客户机公开密钥的操作。

4.5.3 安全多目的 Internet 邮件扩展协议

安全多目的 Internet 邮件扩展协议(S/MIME, secure multimedia Internet mail extensions)依靠密钥对保证电子邮件的安全传输。如在 Outlook Express 中使用该协议,应用数字证书。具体过程如下:

第一步: 向颁发数字凭证的公司,例如向 VeriSign 公司申请数字标识/凭证/证书。

第二步: 使用数字标识。

在发送签名邮件之前,必须使用要用的电子邮件账号的数字标识。为此,在 Outlook Express 中单击"工具" 菜单并单击"账号"。选择想使用标识的账号,单击"属性",然后单击"安全" 选项卡。选中"从以下地点发送安全邮件时使用数字标识"的复选框,如图 4.13 所示,然后单击"数字标识"按钮,如图 4.14 所示。选择与该账号有关的数字标识(只显示出与账号的电子邮件地址相同的邮件地址的数字标识)。

第三步: 发送安全电子邮件。

Outlook Express 中的安全电子邮件通过使用数字签名和加密对 Internet 通信提供保护。使用数字签名,可以在所发电子邮件上签署独特的标识,这样,接收方就可以确认谁是邮件的发送者,并且邮件在传送过程中未被篡改。对所发邮件进行加密有助于确保只有预定接收人员才能在传送过程中读取该邮件。

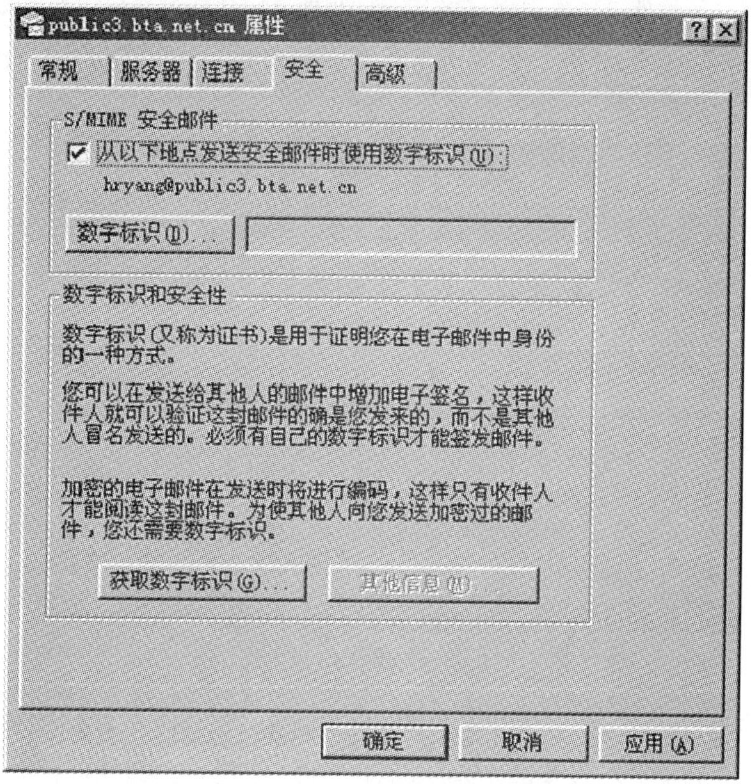

public3.bta.net.cn 属性

常规 | 服务器 | 连接 | 安全 | 高级

S/MIME 安全邮件

☑ 从以下地点发送安全邮件时使用数字标识(U):

hryang@public3.bta.net.cn

数字标识(I)...

数字标识和安全性

数字标识(又称为证书)是用于证明您在电子邮件中身份的一种方式。

您可以在发送给其他人的邮件中增加电子签名，这样收件人就可以验证这封邮件的确是您发来的，而不是其他人冒名发送的。必须有自己的数字标识才能签发邮件。

加密的电子邮件在发送时将进行编码，这样只有收件人才能阅读这封邮件。为使其他人向您发送加密过的邮件，您还需要数字标识。

获取数字标识(G)... 其他信息(M)...

确定 取消 应用(A)

图 4.13 选择使用数字标识的账号

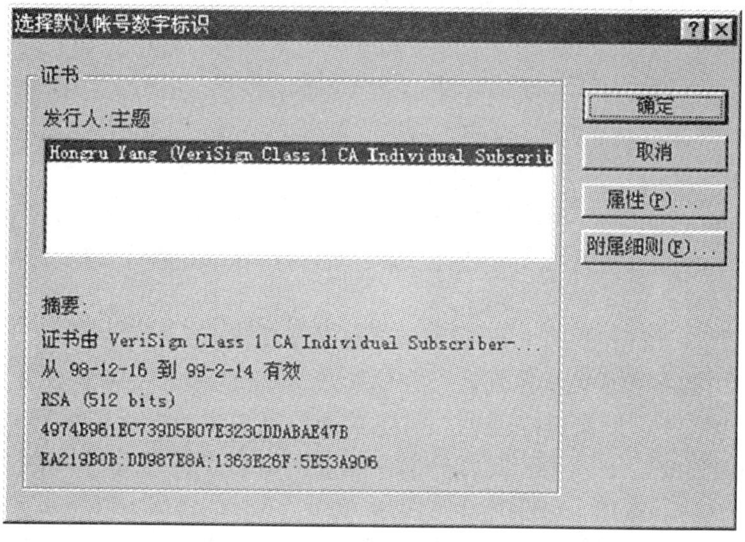

选择默认帐号数字标识

证书

发行人:主题

Hongru Yang (VeriSign Class 1 CA Individual Subscrib

确定

取消

属性(P)...

附属细则(F)...

摘要:

证书由 VeriSign Class 1 CA Individual Subscriber-...

从 98-12-16 到 99-2-14 有效

RSA (512 bits)

4974B961EC739D5B07E323CDDABAE47B

EA219B0B:DD987E8A:1363E26F:5E53A906

图 4.14 确定使用数字标识的账号

• 发送签名的邮件　　签名电子邮件允许收件人验证您的身份。要对某邮件进行数字签名，单击“工具”菜单，然后单击“数字签名”(或使用邮件工具条上的按钮)。要发送签名邮件，必须有自己的数字凭证，如图 4.15 所示。

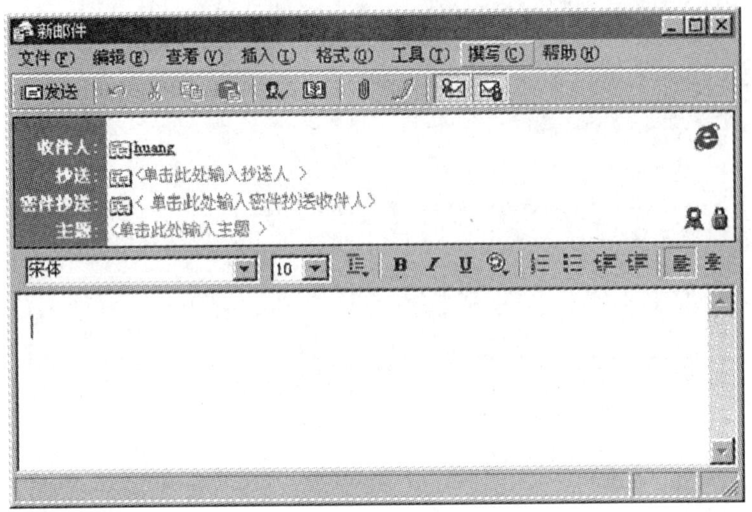

图 4.15　数字签名图标

• 接收签名的邮件　　来自其他人的已签名邮件允许接收者验证邮件的身份——该邮件是否由指定用户发送、在发送过程中是否已更改。已签名的邮件带有特定的已签名图标。如果接收到的已签名邮件出现问题(在 Outlook Express 安全警告中讲述)，则表明该邮件已被更改或来自其他发送人。

• 发送加密的邮件　　将某电子邮件加密会防止传输过程中有他人阅读邮件。要将电子邮件加密，需要有收件人的数字凭证。数字凭证必须是“通信簿”中所输入的那个数字凭证的一部分。要发送加密邮件，单击“ 工具” 菜单，然后单击 “加密” (或使用邮件工具栏上的按钮)。

• 接收加密的邮件　　当接收到加密的邮件时，完全有理由确认不会被其他任何人阅读。Outlook Express 自动解密电子邮件，但前提条件是已在接收端计算机上安装正确的数字签名，如图4.16所示。图 4.17 是加密的一个邮件。在图 4.16 中单击“继续”按钮后，自动解密电子邮件，如图 4.18 所示，图上有一把锁标识，其下面有一个下拉菜单。

• 将自己的数字凭证发送给别人　　他人必须知晓自己的数字凭证才能给自己发送加密邮件。要将数字凭证发送给他人，只要发送数字签名的电子邮件即可，Outlook Express 会自动包含你的数字凭证。要将一封签过名的邮件数字凭证添加到自己的 “通信簿”，可单击 “文件” 菜单，并单击 “属性”。单击 “安全” 选项卡并单击 “将数字标识添加到通信簿中” 按钮。最后，还可以更改数字凭证的可信状态。将某人的数字凭证添加到

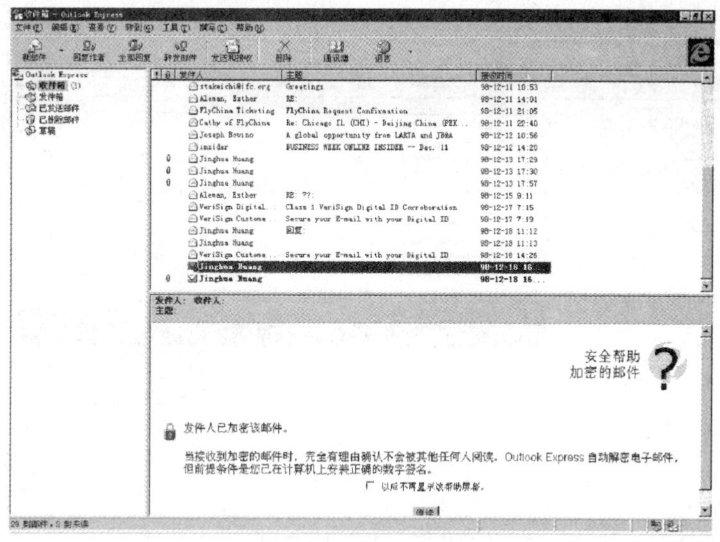

图 4.16　接收加密的邮件

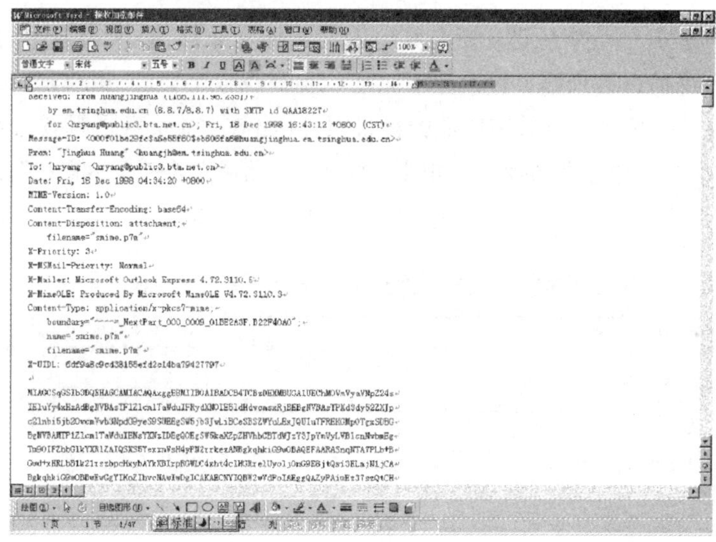

图 4.17　加密邮件原文示例

通信簿中时，与之相关的信任状态表明是否信任要给其发布数字凭证的个人、小组或公司。如果某数字凭证的所有者警告你，他或她怀疑数字凭证私人密钥已受到损害，你可以将信任状态更改为“明确不信任”。详细信息请参阅 Outlook Express 帮助信息索引中的“数字标识的信任状态”。

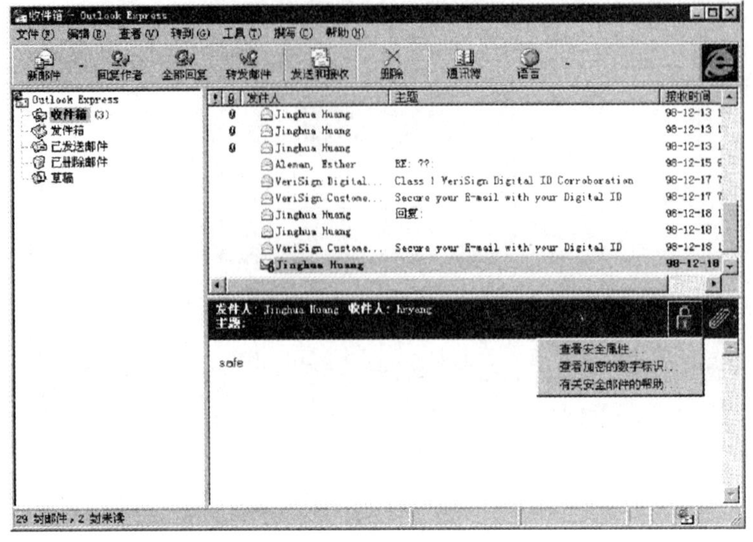

图 4.18　解密加密的邮件

此外,可以检索其他数字凭证。要向其他人发送加密邮件,必须知道他们的数字凭证。Outlook Express 允许通过目录服务检索数字凭证。要查找数字凭证,请单击"编辑" 菜单,然后单击 "查找用户"。选择带有数字凭证的目录服务(如 VeriSign 目录服务),在相应的搜索域中输入接收方名称或电子邮件地址,如图 4.19 所示,然后单击 "开始查找",结果如图4.20 所示。从结果窗格中选择列表,然后单击"添加到通讯簿"按钮。

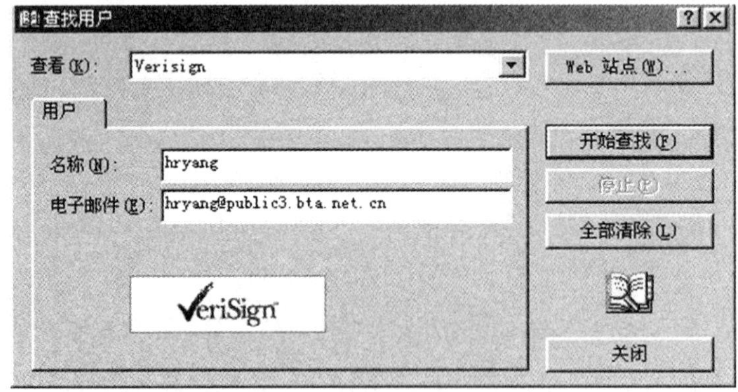

图 4.19　查找接收方的数字凭证

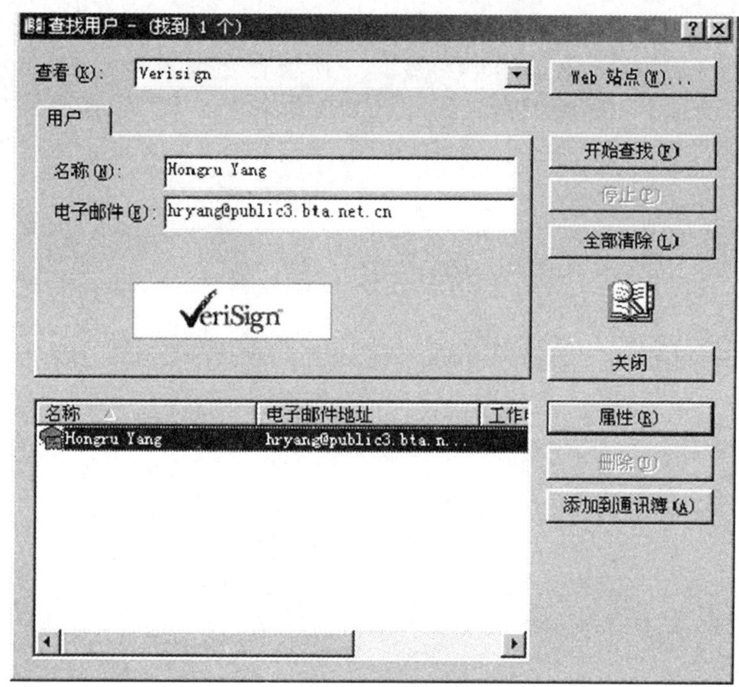

图 4.20　获得接收方数字凭证

4.5.4　安全电子交易协议

安全电子交易协议(SET,secure electronic transaction)是为了解决用户、商家和银行之间通过信用卡支付的交易而设计的。SET 包含多个部分,解决交易中不同阶段的问题。1995年,信用卡国际组织、信息服务商及网络安全团体等开始组成策略同盟,共同研究开发电子商务的安全交易。SET 在 1996 年 2 月由 VISA 和 MasterCard 提出,加入 SET 协议的包括微软、Netscape、GTE、IBM、SAIC、Terisa 和 VeriSign 等公司。SET 是基于来源于 RSA 数据安全的公共加密和身份确认技术,使用数字签名和持卡人证书,对持卡人的信用卡进行认证;使用数字签名和商户证书,对商户进行认证;使用加密技术确保交易数据的安全性;使用数字签名确保支付信息的完整性和各方对有关交易事项的不可否认性;使用双重签名保证购物信息和支付信息的私密性,使商户看不到持卡人的信用卡号。SET 有望成为未来电子商务的规范。

SET 交易分以下三个阶段进行:

- 购买请求阶段　　用户与商家确定所用支付方式的细节;
- 支付认定阶段　　商家与银行核实,随着交易的进展,他们将得到付款;

• 受款阶段　　商家向银行出示所有交易的细节,然后银行以适当方式转移货款。

用户只和第一阶段交易有关,银行与第二、三阶段有关,而商家与三个阶段都要发生关系。每个阶段都涉及到 RSA 对数据加密,以及 RSA 数字签名。因此,使用 SET 协议,在一次交易中要完成多次加密与解密操作。具体 SET 标准信息详见 www.visa.com。在下一章还要进一步介绍 SET 的应用。

思　考　题

1. 若加密算法和密钥如下:对原信息中的每个字母增加相同的字母数为 10。请回答下列问题:
   1) 密钥是多少?
   2) 若原信息是 Tsinghua,密文是什么?
   3) 若原信息是 Great,密文是什么?
   4) 如果字母数为 6,上述问题的答案是什么?
2. 对称密钥系统能解决安全控制需求中的哪几个安全问题?
3. 数字签名技术基于哪些基本的安全方法?能解决什么安全问题?
4. 个人数字证书有什么作用?服务器证书有什么作用?
5. 认证中心完成什么工作?
6. 请在首都在线认证中心申请个人数字证书,并使用它。
7. 查找两个有网上付款的商店,看看他们使用了什么安全协议?

第五章　电子商务支付工具

网上金融服务是电子商务的一部分,已经开始在世界范围内开展。网上金融服务包括了网上消费、家庭银行、个人理财、网上投资交易、网上保险等。这些金融服务的特点是通过网上支付工具及时进行电子支付与结算。从广义定义来说,网上支付是买卖双方在网上发生的一种资金交换。现在用户已经可以通过 Internet 看到数量无限的产品/服务,网上支付的目标就是发展有限数量的支付方式,如信用卡、电子支票、数字现金、智能卡等。这些方式可以广泛地为顾客、商家及银行所接受。由于支付是在公开的网上进行的,支付信息很容易遭到黑客的袭击,因此,要达到这样的目标,还必须保证支付工具的安全性。本章首先对电子支付的概念做简单介绍,然后介绍各种网上支付工具及产品。

5.1　电子支付的概念及发展

5.1.1　电子支付的定义

(1) 定义

电子支付是以金融电子化网络为基础,以商用电子化机具和各类交易卡为媒介,以计算机技术和通信技术为手段,将货币以电子数据(二进制数据)形式存储在银行的计算机系统中,并通过计算机网络系统以电子信息传递形式实现流通和支付。

(2) 特点

从上述定义我们可以看出,电子支付具有以下特点:

- 以计算机技术为支撑,进行储存、支付和流通;
- 集储蓄、信贷和非现金结算等多种功能为一体;
- 可广泛应用于生产、交换、分配和消费领域;
- 使用简便、安全、迅速、可靠;
- 电子支付通常要经过银行专用网络。

5.1.2　电子货币的发展

银行采用计算机等技术进行电子支付的形式有五种,分别代表着电子支付发展的不同阶段。

- 第一阶段是银行利用计算机处理银行之间的业务,办理清算;
- 第二阶段是银行计算机与其他机构计算机之间资金的结算,如代发工资等业务;
- 第三阶段是利用网络终端向客户提供各项银行服务,如客户在自动柜员机(ATM)上进行取、存款操作等;
- 第四阶段是利用银行销售点终端(POS)向客户提供自动的扣款服务,这是现阶段电子支付的主要方式;
- 第五阶段是最新发展阶段,电子支付可随时随地通过互联网络进行直接转账结算,形成电子商务环境。这是正在发展的形式,也将是下一世纪的主要电子支付方式。我们又称这一阶段的电子支付叫网上支付。网上支付的形式称为网上支付工具,主要有信用卡、数字现金、电子支票、智能卡等。下面将对它们做详细介绍。

5.2 信用卡支付方式

目前,基于信用卡的支付有四种类型:无安全措施的信用卡支付、通过第三方代理人的支付、简单信用卡加密、SET信用卡方式。

5.2.1 无安全措施的信用卡支付

买方通过网上从卖方订货,而信用卡信息通过电话、传真等非网上传送,或者信用卡信息在互联网上传送,但无任何安全措施,卖方与银行之间使用各自现有的银行商家专用网络授权来检查信用卡的真伪。这种支付方式具有以下特点:

- 由于卖方没有得到买方的签字,如果买方拒付或否认购买行为,卖方将承担一定的风险;
- 信用卡信息可以在线传送,但无安全措施,买方(即持卡人)将承担信用卡信息在传输过程中被盗取及卖方获得信用卡信息等风险。

5.2.2 通过第三方代理人的支付

改善信用卡事务处理安全性的一个途径就是在买方和卖方之间启用第三方代理,目的是使卖方看不到买方信用卡信息,避免信用卡信息在网上多次公开传输而导致的信用卡信息被窃取。

(1) 第三方代理人支付方式的原理

- 买方在线或离线在第三方代理人处开账号,第三方代理人持有买方信用卡号和账号;

• 买方用账号从卖方在线订货，即将账号传送给卖方；

• 卖方将买方账号提供给第三方代理人，第三方代理人验证账号信息，将验证信息返回给卖方；

• 卖方确定接收订货。

其过程如图 5.1 所示。

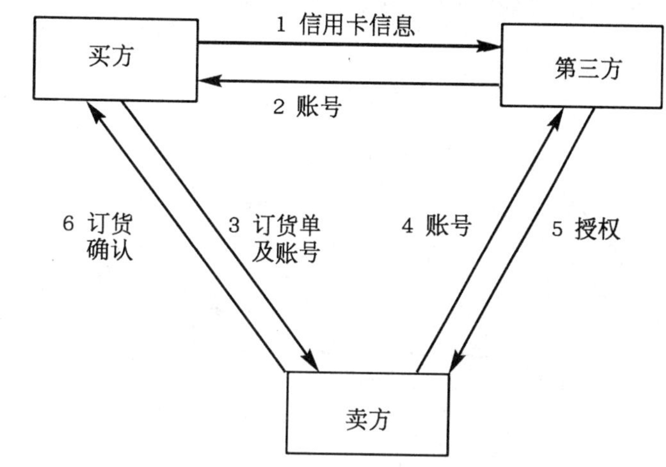

图 5.1 第三方代理人服务

(2) 第三方代理人服务的特点

• 支付是通过双方都信任的第三方完成的；

• 信用卡信息不在开放的网络上多次传送，买方有可能离线在第三方开设账号，这样买方没有信用卡信息被盗窃的风险；

• 卖方信任第三方，因此卖方也没有风险；

• 买卖双方预先获得第三方的某种协议，即买方在第三方处开设账号，卖方成为第三方的特约商户。

(3) 软件供应商解决方案

CyberCash(http://www.cybercash.com)提供了第三方代理人的解决方案。买方必须首先下载 CyberCash 软件，即“钱夹”(注：很多钱夹(Wallet)软件提供多种支付工具，里面包括信用卡、数字/电子现金、电子支票，打开钱夹可以选择其中的一种支付方式)。其软件使用步骤如下：

• 在建立钱夹过程中，买方将信用卡信息提供给第三方 CyberCash；

• 第三方 CyberCash 指定一个加密的代码代表信用卡号码，传送给买方；

• 当买方向接收 CyberCash 的卖方购物时，它只需简单地输入代码；

• 卖方将代码及购买价格传送给第三方 CyberCash；

• 第三方证实这一事务处理并将资金及购买商品的授权传送给卖方。

CyberCash 第三方代理软件具有如下特点：开设账号时信用卡信息通过网络传输；CyberCash 信用卡服务不向买卖双方额外收费，所有 CyberCash 费用都通过信用卡处理系统支付。

First Virtual(http://www.firstvirtual.com) 公司也提供第三方代理服务解决方案，FV 系统的过程如图 5.2 所示。

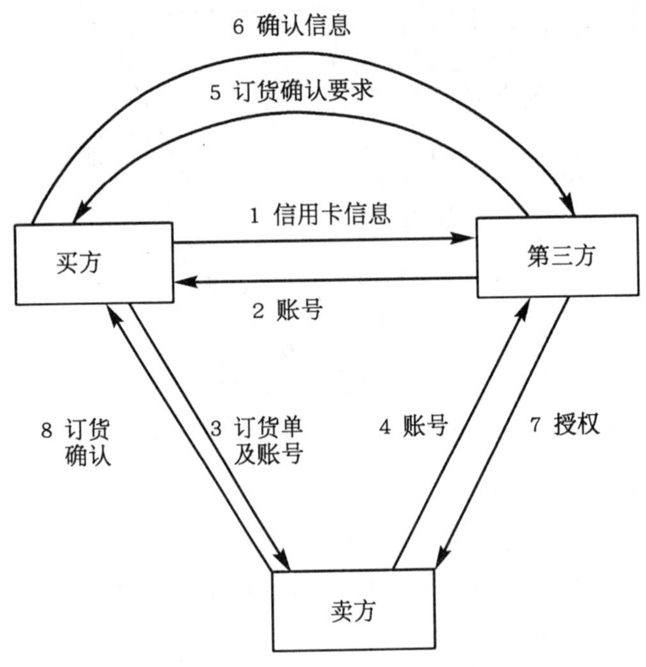

图 5.2　FV 第三方代理人服务

• 买方通过填写注册单，或通过语音电话向 First Virtual 提供他们的信用卡号码，申请 VirtualPIN，买方可以用它替代信用卡；

• 为了购买产品，顾客通过他的 FV 账号向卖方选购，这种购买可能以如下两种形式中的一种发生：买方自动授权卖方通过浏览器获得其 FV 账号并向买方送账单；买方自己把账户信息传过去；

• 卖方通过买方账号和 FV 支付系统服务器联系；

• FV 支付系统确认买方账号，并清点出相应资金；

• FV 支付服务器向买方发送一个电子信息，这条信息是自动 WWW 格式，或者只是一个简单的 E-mail。买方以下面三种方式中的一种做出反应：是的，我同意支付；不，我拒绝支

付;我从未发出过相关命令;

• 如果 FV 支付服务器获得了一个"同意"的信息,就通知卖方,卖方准备发货;

• FV 在收到购买完成的信息后在买方账户上记借,买方在收到产品/信息后,如果拒绝付款,可以终止他们的账户。

FV 第三方代理软件具有如下的特点:卖方在 FV 上注册一次性付费 10 美元,一次交易交费 0.29 美元以及 2% 的附加费,买方通过账户进行一次支付需要 1 美元的费用,每个买方的启动费用是 2 美元;整个系统也可以建立在现存的机制上以方便买卖双方,买方只需要一个电子邮箱和 First Virtual 账户即可,卖方无需具有计算机技能或者 Internet 销售服务器(warehouse server),而只需通过 FV 就可直接处理销售业务。

截止到 1996 年 3 月 30 日,已有 166 个国家的 3300 多商家和 21.5 万用户使用 FV 第三方代理系统。1997 年 3 月,FV 公司宣布该系统已拥有 35 万用户。

5.2.3 简单加密信用卡支付

(1) 简单加密信用卡模式原理

使用简单加密信用卡模式付费时,当信用卡信息被买方输入浏览器窗口或其他电子商务设备时,信用卡信息就被简单加密,安全地作为加密信息通过网络从买方向卖方传递。采用的加密协议有 SHTTP、SSL 等。

(2) CyberCash 公司简单加密信用卡解决方案

CyberCash 公司提供一种软件,其软件流程如图 5.3 所示。

• CyberCash 用户从 CyberCash 卖方订货后,通过电子钱包将信用卡信息加密后传给 CyberCash 卖方服务器;

• 卖方服务器验证接收到的信息的有效性和完整性后,将买方加密的信用卡信息传给第三方——CyberCash 服务器;

• 第三方——CyberCash 服务器验证卖方身份后,将买方加密的信用卡信息转移到非 Internet 的安全地方解密,然后将买方信用卡信息通过安全专网传送到卖方银行;

• 卖方银行通过与一般银行之间的电子通道从买方信用卡发卡行得到证实后,将结果传送给第三方——CyberCash 服务器,CyberCash 服务器通知卖方服务器交易完成或拒绝,卖方通知买方。

该软件的特点如下:

• 整个过程大约历时 15 秒至 20 秒;
• 加密的信用卡信息只有业务提供商或第三方机构能够识别;
• 由于购物时只需一个信用卡号,所以给用户带来了方便;
• 需要一系列的加密、授权、认证及相关信息传送,交易成本较高,所以对小额交易不

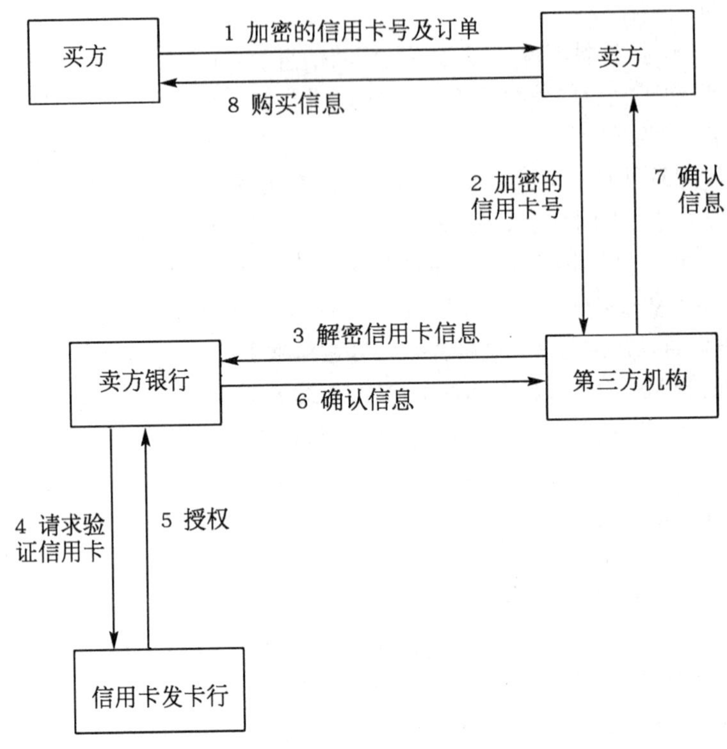

图 5.3 CyberCash 简单加密信用卡软件流程

适用;

• 交易过程中每进行一步,交易各方都以数字签名来确认身份,买方和卖方都需使用 CyberCash 软件;

• 签名是买方、卖方在注册系统时产生的,且本身不能修改;

• 加密技术使用工业标准,使用 56 位 DES 和 768 位 ~ 1024 位 RSA 公开密钥对产生数字签名。

CyberCash 支持多种信用卡,如 Visa Card、Master Card、American Express Card、Diners 和 Carte Blanche 等;已授权处理 CyberCash 的系统有 Global Payment System、First Data Corporation 和 VisaNet 等。

(3) IBM 公司简单加密信用卡解决方案

IBM 等公司也提供简单加密信用卡解决方案。使用 IBM 电子商务系统的有:Charles Schwab 股票公司(采用该系统后一年内的收入超过前 13 年的收入总和)、L. L. Beans(全美最大的邮购公司)、日本航空公司订票系统、日本富士银行、香港 AEON World 电子商场、瑞士铁路售票系统、中国商品交易中心的电子商务系统等。

5.2.4 安全电子交易 SET 信用卡支付

(1) SET 的目标

SET 要达到的最主要的目标是:

• 订单和个人账号信息在 Internet 上安全传输,保证网上传输的数据不被黑客窃取;

• 订单信息和个人账号信息的隔离。在将包括持卡人账号信息的订单送到卖方时,商家只能看到订货信息,而看不到持卡人的账户信息;

• 持卡人和商家相互认证,以确定通信双方的身份。一般由第三方机构负责为在线通信方双方提供信用担保;

• 要求软件遵循相同协议和消息格式,使不同厂家开发的软件具有兼容和互操作功能,并且可以运行在不同的硬件和操作系统平台上。

(2) SET 协议中的角色

SET 协议涉及的角色有:

持卡人　　在电子商务环境中,消费者和团体购买者通过计算机与卖方交流,持卡人通过由发卡机构颁发的付款卡(例如信用卡、借记卡)进行结算。在持卡人和卖方的会话中,SET 可以保证持卡人的个人账号信息不被泄漏。

发卡机构　　它是一个金融机构,为每一个建立了账户的顾客颁发付款卡。发卡机构根据不同品牌卡的规定和政策,保证对每一笔认证交易的付款。

卖方　　提供商品或服务,使用 SET 就可以保证持卡人个人信息的安全。接受卡支付的卖方必须和银行有关系。

银行　　在线交易的卖方在银行开立账号,并且处理支付卡的认证和支付。

支付网关　　是由银行操作的将 Internet 上的传输数据转换为金融机构内部数据的设备,或由指派的第三方处理卖方支付信息和顾客的支付指令。一般是几个商家和几个银行共用一个支付网关。

(3) SET 的安全技术

SET 使用的安全技术有对称密钥系统、公钥系统、消息摘要、数字签名、数字信封、双重签名、认证等技术。前面已介绍过对称密钥系统、公钥系统、消息摘要、数字签名,下面介绍数字信封、双重签名和认证等。

数字信封　　SET 依靠密码系统保证消息的可靠传输。在 SET 中,使用随机产生的对称密钥来加密数据,然后,将此对称密钥用接收者的公钥加密,称为消息的"数字信封",将其和数据一起送给接收者。接收者先用他的私钥解密数字信封,得到对称密钥,然后使用对称密钥解开数据。

双重签名　　将订单信息和个人账号信息分别进行数字签名,保证商家只能看到订货信息,而看不到持卡人的账户信息,并且银行只能看账户信息,而看不到订货信息。

在 SET 中,最主要的证书是持卡人证书、支付网关证书和商家证书。其他还有银行证书、发卡机构证书。商家、银行、发卡机构统称为商户。

持卡人证书　　它实际上是支付卡的一种电子化的表示。由于它是由金融机构以数字化形式签发的,因此不能随意改变。持卡人证书并不包括信用卡账号,取而代之的是用单向哈希算法根据账号等信息计算的 Hash 值。该值由证书发放者存储,绝不会被重复产生。当试图完成一笔支付时,Hash 值就会与支付授权请求中所包含的暗含账户号相比较。

商家证书　　做一个形象的比喻,商家证书就像是贴在商家收款台小窗上的付款卡贴画,表示它可以用什么卡来结算。它是由金融机构签发的,不能被随意改变。在 SET 环境中,一个商家至少应有一对证书与一个银行打交道。一个商家也可以有多对证书,表示它与多个银行有合作关系,可以接受多种付款方法。

证书是由认证中心发放的。认证中心的基本功能是发放和管理各种数字证书,具体功能如下:

- 用户向认证中心提出申请证书,并说明自己的身份。认证中心在验证用户身份后,遵循一定的准则,如保证所发证书的序号各不相同,不同实体所申请的证书的主体内容不一致,不同主体内容的证书所包含的公开密钥各不相同,向用户发放数字证书;
- 用户能够方便地查找各种证书以及已经撤销的证书;
- 能够根据用户请求或其他信息撤销用户的证书;
- 能够根据证书的有效期自动地撤销证书;
- 能够完成证书数据库的备份工作;
- 有效地保护证书和密钥服务器的安全,特别是认证中心的签名密钥不被非法使用。

根据功能的不同,SET 认证中心划分成不同的等级,不同的认证中心负责发放不同的证书。持卡人证书、商户证书、支付网关证书分别由持卡人认证中心、商户认证中心、支付网关认证中心颁发,而持卡人认证中心证书、商户认证中心证书和支付网关认证中心证书则由品牌认证中心或区域性认证中心颁发。品牌认证中心或区域性认证中心的证书由根认证中心颁发。如图 5.4 所示,SET 证书的验证采用如下的方法:交易双方通过出示由某 CA 签发的证书来证明自己的身份时,如果对签发证书的 CA 本身不信任,则继续验证 CA 的身份。依次类推,当验证到达相同的根认证中心时,就可以确信证书的有效性。

对于所有使用 SET 的实体来说,只有唯一的根 CA。该根 CA 使用一个定长位的密钥来签发每张品牌证书。由品牌 CA 或该层次结构中更低级别的 CA 所发放的证书,可能使用较短位的密钥进行签发。这反映了较低层次的 CA 所要求的较少的安全性。

在实际运作中,CA 也可由大家都信任的一方担当。例如,在客户、商家、银行三角关系中,客户使用的是由某个银行发的卡,而卖方又与此银行有业务关系(有账号)。在此情况下,客户和商家都信任该银行,可由该银行担当 CA 角色,接收、处理它的客户证书和商家证

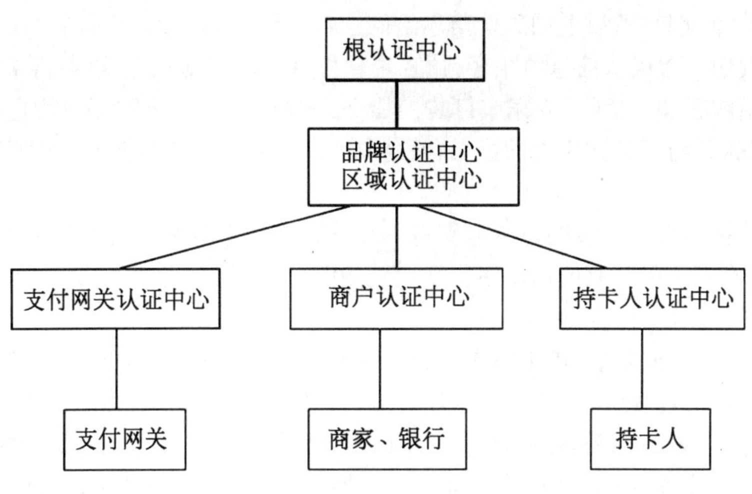

图 5.4　SET 认证中心层次结构

书的验证请求。又例如,对商家自己发行的购物卡,则可由商家自己担当 CA 角色。

(4) SET 的付款过程

SET 支付过程如图 5.5 所示。

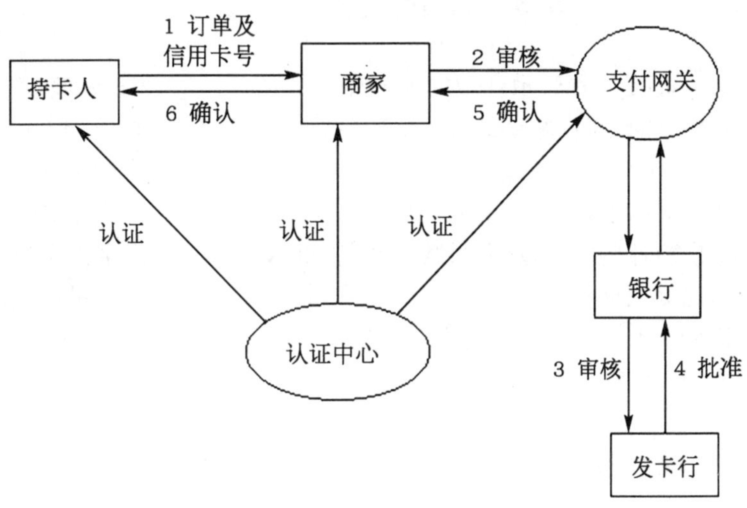

图 5.5　SET 支付过程

- 持卡人发送给商家一个完整的订单及要求付款的指令,在 SET 中,订单和付款指令由持卡人进行数字签名,同时利用双重签名技术保证商家看不到持卡人的账号信息;
- 商家接受订单后,向持卡人的金融机构请求支付认可,通过 Gateway 到银行,再到发

卡机构确认,批准交易,然后返回确认信息给商家;

• 商家发送订单确认信息给顾客,顾客端软件可记录交易日志,以备将来查询;

• 商家给顾客装运货物,或完成订购的服务,到此为止,一个购买过程已经结束,商家可以立即请求银行将钱从购物者的账号转移到商家账号,也可以等到某一时间,请求成批划账处理;

• 商家从持卡人的金融机构请求支付。在认证操作和支付操作中间一般会有一个时间间隔,例如,在每天的下班前请求银行结一天的账。

(5) 软件供应商

自从 SET 1.0 发布以来,IBM 率先在其电子商务套件 Commerce Point 中使用了 SET 规范,Commerce Point 目前已在全球很多地方应用。著名的 VeriFone 公司也提供了与 SET 兼容的电子商务套件(vWallet、vPOS、VGate),VGate 已经安装到了很多银行中,vPOS 也已在很多 Internet 在线商家得到应用。微软的 IE 4.0 已经加入了 SET 兼容的 MS Wallet(电子钱包),微软宣称将来要将其加入到 Windows 的核心中。除此之外,符合 SET 规范的产品还有:CyberCash、Globalset、TrinTech、Tellan、DigiCash、OpenMarket 等。符合 SET 规范的产品会越来越多,SET 也必将会成为未来电子商务的基础。

5.3 数字现金支付方式

数字现金(E-cash)是一种表示现金的加密序列数,它可以用来表示现实中各种金额的币值。随着基于纸张的经济向数字经济的转变,数字现金将成为主宰。电子或数字现金带来了纸币在安全和隐私性方面所没有的计算机化的便利。数字现金的丰富性开辟了一个全新的市场和应用。数字现金正在尝试取代纸币作为网上支付的主要手段之一。尽管电子支付系统已经经过了 30 年的发展,现金仍然是最主要的支付手段。现金仍作为一种主要支付形式的原因是:现金是可转让的,是一种法定货币,是有所有权属性的,可以被任何人持有或使用而不需要银行账户,对接受方来说不存在风险。数字现金具有现金的属性,所以,必然成为网上支付的一种工具。

5.3.1 数字现金的属性

数字现金有以下四个属性。

(1) 货币价值

数字现金必须有一定的现金、银行授权的信用或银行证明的现金支票进行支持。当数字现金被一家银行产生并被另一家所接受时不能存在任何不兼容性问题。如果失去了银行的支持,数字现金会有一定风险,可能存在支持资金不足的问题。

(2) 可交换性

数字现金可以与纸币、商品/服务、网上信用卡、银行账户存储金额、支票或负债等进行互换。一般倾向于数字现金在一家银行使用。事实上,不是所有的买方会使用同一家银行的数字现金,他们甚至不使用同一个国家的银行的数字现金。因而,数字现金就面临多银行的广泛使用问题。

(3) 可存储性

可存储性将允许用户在家庭、办公室或途中对存储在一个计算机的外存、IC 卡,或者其他更易于传输的标准或特殊用途的设备中的数字现金进行存储和检索。数字现金的存储是从银行账户中提取一定数量的数字现金,存入上述设备中。由于在计算机上产生或存储现金,因此伪造现金非常容易,最好将现金存入一个不可修改的专用设备。这种设备应该有一个友好的用户界面以有助于通过 password 或其他方式的身份验证,以及对于卡内信息的浏览显示。

(4) 重复性

必须防止数字现金的复制和重复使用(double-spending)。因为买方可能用同一个数字现金在不同国家、地区的网上商店同时购物,这就造成数字现金的重复使用。一般的数字现金系统会建立事后(post-fact)检测和惩罚。

5.3.2 数字现金的应用过程

数字现金的应用过程分五步。

(1) 购买 E-cash

买方在数字现金发布银行开 E-cash 账号并购买 E-cash。

要从网上的货币服务器(或银行)购买数字现金,首先要在该银行建立一个账户,将足够资金存入该账户以支持今后的支付。目前,多数数字现金系统要求买方在一家网上银行上拥有一个账户。这种要求对于全球性和多种现金交易非常严格,买方应该能够在国内获得服务并进行国外支付,但需要建立网上银行组织,作为一个票据交换所。

(2) 存储 E-cash

使用 PC E-cash 终端软件从 E-cash 银行取出一定数量的E-cash存在硬盘上。

一旦账户被建立起来,买方就可以使用数字现金软件产生一个随机数,它是银行使用私钥进行了数字签名的随机数,通常少于 100 美元作为货币,再把货币发回给买方。这样,它就有效了。

(3) 用 E-cash 购买商品或服务

买方向接收 E-cash 的卖方订货,用卖方的公钥加密E-cash后,传送给卖方。

(4) 资金清算

接收 E-cash 的卖方与 E-cash 发放银行之间进行清算，E-cash 银行将买方购买商品的钱支付给卖方。这时可能有两种支付方式：双方的和三方的。双方支付方式是涉及两方，即买卖双方。在交易中卖方用银行的公共密钥检验数字现金的数字签名，如果对于支付满意，卖方就把数字货币存入它的机器，随后再通过 E-cash 银行将相应面值的金额转入账户。所谓三方支付方式，是在交易中，数字现金被发给卖方，卖方迅速把它直接发给发行数字现金的银行，银行检验货币的有效性，并确认它没有被重复使用，将它转入卖方账户。在许多情况下，双方交易是不可行的，因为可能存在重复使用的问题。为了检验是否重复使用，银行将从卖方获得的数字现金与已经使用数字现金数据库进行比较。像纸币一样，数字现金通过一个序列号进行标识。为了检验重复使用，数字现金将以某种全球同一标识的形式注册。但是，这种检验方式十分费时费力，尤其是对于小额支付。

(5) 确认订单

卖方获得付款后，向买方发送订单确认信息。

三方数字现金支付过程如图 5.6 所示。

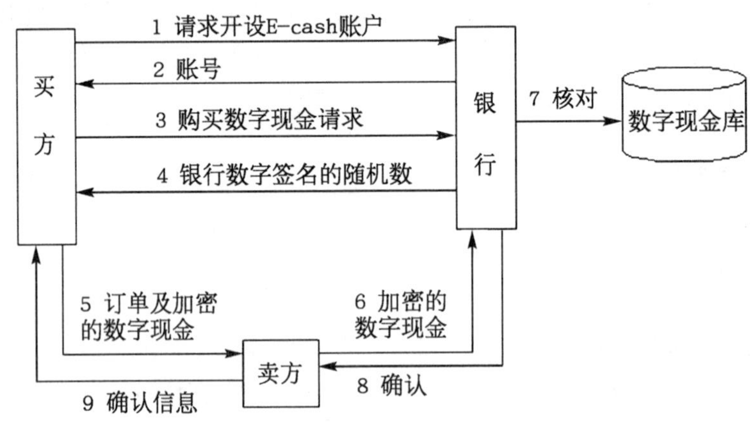

图 5.6　三方数字现金支付过程

5.3.3　数字现金支付方式的特点

数字现金支付方式具有以下特点：

- 银行和卖方之间应有协议和授权关系；
- 买方、卖方和 E-cash 银行都需使用 E-cash 软件；
- 因为数字现金可以申请到非常小的面额，所以数字现金适用于小的交易量(minipayment)；
- 身份验证是由 E-cash 本身完成的，E-cash 银行在发放E-cash时使用了数字签名，卖方在每次交易中，将 E-cash 传送给E-cash银行，由 E-cash 银行验证买方支持的 E-cash 是否有效(伪造或使用过等)；

• E-cash 银行负责买方和卖方之间资金的转移；

• 具有现金特点，可以存、取、转让；

• 这种方式比较安全，买卖双方都无法伪造银行的数字签名，而且双方都可以确信支付是有效的，因为每一方都知道银行的公共密钥，银行避免受到欺骗，卖方由于拥有合法的货币避免了银行拒绝兑现，顾客避免了隐私权受到侵犯；

• E-cash 与普通钱一样会丢失，如果买方的硬盘出现故障并且没有备份的话，数字现金就会丢失，就像丢失钞票一样。

5.3.4 软件供应商

在数字现金市场，提供解决方案的公司有 DigiCash、CyberCash 和 IBM 等。

(1) IBM

IBM 的 Mini-pay 系统提供了一种 E-cash 模式。该产品使用 RSA 公共密钥数字签名，交易各方的身份认证是通过证书来完成的，电子货币的证书当天有效。该产品主要用于网上的小额交易。

(2) DigiCash

DigiCash 公司(http://www.digicash.com)的产品名为 ecash，它提供了一种无条件匿名 E-cash 模式的系统。主要特点是通过数字记录现金，集中控制和管理现金，是一种足够安全的系统。使用该系统发布 E-cash 的银行有十多家，包括 Mark Twain、Eunet、Deutsche、Advance 等世界著名银行。在使用 ecash 时，买方和卖方必须在发放 ecash 的银行建立一个账户。银行向他们提供"Purse"软件，用于管理和传送 ecash。然后，资金被从常规账户输入到 Purse 软件上，并在被支出以前存储在买方的内置硬盘上。

(3) CyberCash

CyberCash 可提供用于小额数字现金事务的服务 CyberCoin。在资金传输方面，CyberCoin 与 DigiCash 相似，资金被从常规银行账户上传输给 CyberCoin 钱夹，然后，买方就能用这些钱进行各种事务处理。

与 CyberCash 提供的信用卡服务不同，CyberCoin 的费用必须由商家来支付。建立费用为 995 美元，每次事务处理的费用为 10 美分加上事务价值的 4%，每个月的最低费用是 25 美元。

DigiCash 的 ecash 和 CyebrCash 的 CyberCoin 都能帮助商家在处理事务时赢利，哪怕销售额只有 25 美分。但数字现金也有麻烦。与信用卡相比，只有极少的地方接收数字现金。

(4) Netcash

Netcash (http://www.isi.edu)是可记录的、匿名的数字现金支付系统。其主要特点是设置分级货币服务器来验证和管理数字现金,比较安全。

(5) Modex

Modex(http://www.modex.com)是欧洲使用的,以智能卡为电子钱包的数字现金系统。可以应用于多种用途,具有信息存储、电子钱包、安全密码锁等功能,安全可靠。

5.4 电子支票支付方式

比起前两种电子支付方式,电子支票的出现和开发是较晚的。电子支票使得买方不必使用写在纸上的支票,而是用写在屏幕上的支票进行支付活动。电子支票几乎和纸质支票有着同样的功能。一个账户的开户人可以在网络上生成一个电子支票,其中包含支付人姓名、支付人金融机构名称、支付人账户名、被支付人姓名、支票金额。最后,像纸质支票一样,电子支票需要经过数字签名,被支付人数字签名背书,使用数字凭证确认支付者/被支付者身份、支付银行以及账户,金融机构就可以使用签过名和认证过的电子支票进行账户存储了。

5.4.1 电子支票应用过程

电子支票的应用过程如图 5.7 所示。

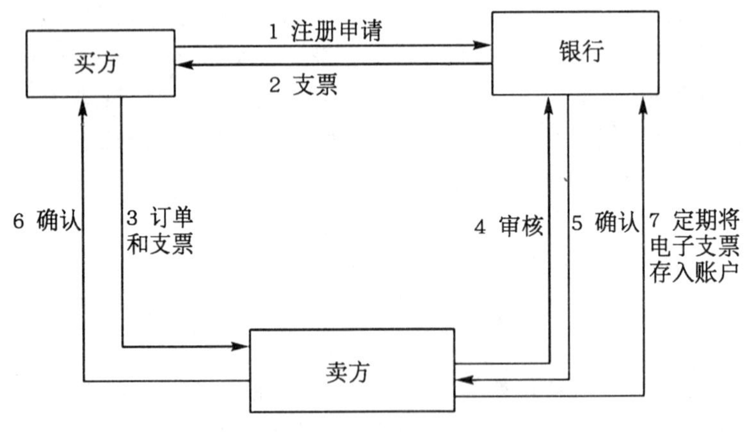

图 5.7 电子支票支付过程

(1) 购买电子支票

买方首先必须在提供电子支票服务的银行注册,开具电子支票。注册时可能需要输入信用卡和银行账户信息以支持开设支票。电子支票应具有银行的数字签名。

(2) 电子支票付款

一旦注册,买方就可以和产品/服务出售者取得联系。买方用自己的私钥在电子支票上进行数字签名,用卖方的公钥加密电子支票,使用 E-mail 或其他传递手段向卖方进行支付;只有卖方可以收到用卖方公钥加密的电子支票,用买方的公钥确认买方的数字签名后,可以向银行进一步认证电子支票,之后即可发货给买方。

(3) 清算

卖方定期将电子支票存到银行,支票允许转账。

5.4.2 电子支票支付的特点

电子支票支付具有以下的特点:

- 电子支票与传统支票工作方式相同,易于理解和接受;
- 加密的电子支票使它们比基于公共密钥加密的数字现金更易于流通,买卖双方的银行只要用公共密钥认证确认支票即可,数字签名也可以被自动验证;
- 电子支票适于各种市场,可以很容易地与 EDI 应用结合,推动 EDI 基础上的电子订货和支付;
- 第三方金融服务者不仅可以从交易双方处抽取固定交易费用或按一定比例抽取费用,它还可以作为银行身份,提供存款账目,且电子支票存款账户很可能是无利率的,因此给第三方金融机构带来了收益;
- 电子支票技术将公共网络连入金融支付和银行清算网络。

CyberCash 可提供一种名为 PayNow 的电子支票服务。

5.5 其他金融工具

其他网上支付工具包括智能卡、负债卡(debit card)、电子化收益传递卡(EBT, electronic benefits transfer card)。

5.5.1 智能卡

(1) 智能卡的概念

智能卡(smartcard)类似信用卡,但卡上不是磁条,而是计算机芯片和小的存储器。在智能芯片上将用户信息和电子货币存储起来,该卡可以用来购买产品/服务,存储信息等。

(2) 智能卡上的信息

智能卡上一般存储以下几种信息:

• 用户的身份信息；
• 用户的绝对位置；
• 用户的相对位置以及相对于其他装置和物体的方位；
• 特定的环境参数，如光、噪声、热量和湿度；
• 用户的生理状况和其他生物统计信息；
• 特定的计时参数，如某一事件发生的频率或用户采取某种行动需要多长时间才能完成；
• 特定的运动参数，如速度、加速度、物理姿态和跟踪信息；
• 用户持有的货币信息。

(3) 智能卡的应用范围

• 电子支付，如智能卡用于电话付费，代替信用卡；
• 电子识别，如能够控制对大楼房间或系统的访问，如计算机或收银机；
• 数字存储，即一种必须适时存储和查询数据的应用，如存储和查询病历，目标跟踪信息或处理验证信息。

例如，Olivetti 有源标记系统(active badge system)应用定位数据查找某座楼宇中的工作人员，以执行诸如通知或确定谁在使用某个特殊房间等功能。再例如，自动出纳机可以重新配置其适合个人应用的用户接口，用这种接口代替密码输入，用户可以在走动中给出他需要出示的内容。如客运系统可以感知用户是谁，要去什么地方，用户要做的事情就是乘车，这是一种“电子车票”，因为它知道用户上车和出发地点，并相应地为用户记账。

(4) 智能卡的优点

• 对于用户来说，智能卡提供了一种便利的方法。智能卡消除了某种应用系统可能对用户造成不利影响的各种情况，它能为用户“记忆”某些信息，并以用户的名义提供这种信息。某种应用本身能够配置成适合某个用户的需要，而不是用户去学习和适应这种应用。使用智能卡就再也不用记住个人识别号码(密码)，例如，打电话、取现金、支付。无需记住个人识别号码是一大优点。

• 降低了现金处理的支出以及被欺诈的可能性，提供了优良的保密性能。使用智能卡，用户不需要携带现金，就可以实现像信用卡一样的功能，而保密性能高于信用卡。因此，智能卡在网上支付系统中作用重大。

(5) 智能卡标准

智能卡作为网上的支付工具已经有了以下的标准：

• Open Card Frame Work 标准　　这是由 IBM、Oracle、Sun、Netscape 等支持的一种基于网络计算机(NC)的标准；
• PCSC(个人计算机智能卡)Workgroup Standard　　这是由微软公司制定的标准；
• Java Card API 标准　　由 Sun 提出，花旗银行、Visa、第一联合银行和 VeriFone 等组织

支持。

5.5.2 负债卡

电子交易中增长最迅速的要属负债卡的POS交易,它用于POS机和ATM机,代替现金、支票和信用卡的支付。用户通过POS交易终端刷卡,终端读入用户信息,随后用户输入个人身份号PIN(personal identification number),终端将交易通过ATM网络传回用户所在银行求得确认用户的命令。一旦接受后,资金就被从用户银行传入了卖方银行。

所有交易都是在银行系统内部发生,支付过程非常安全。而且为了系统的完整性,向卖方提供服务的第三方也会受到监控组织的监督。用户和卖方都拥有银行账户,支付信息都在银行系统内部的支付系统中传递。身份确认是通过使用PIN号的数字签名进行的。另外,PIN是以加密形式在系统中传输的,不会受到入侵。

5.5.3 电子化收益传递卡

负债卡的一个扩展用途是电子化收益传送卡(EBT)。用支票、现金、信用卡预先购买具有一定价值的EBT卡。EBT使用负债卡向没有银行账户的个人进行收益的电子分配。在EBT系统中,持卡者像使用负债卡一样以电子化方式获得服务:只要通过刷卡机(card-reading)刷一下卡并输入PIN号即可,随后持卡者就可以进行购物或者获得现金了。持卡者可以在现有网络中POS设备和ATM机上使用EBT。

EBT有许多优势:

- 比信用卡、负债卡成本更低,用完后可丢弃;
- 更方便,可以提供免费的用户服务和对于各种问题的多方支持;
- 更安全(不会被偷窃)。由于电子化存储形式允许随用随取,持卡者通过PIN和卡控制所有对收益的获取,一旦偷窃发生,可以迅速通过免费电话将卡作废,再申请一张新卡;
- 对零售商更方便,消除了时间支出,消除了支票等的使用,也减少了被偷窃、诈骗的可能性;
- 政府方便地通过监控系统对收益使用进行记录。

5.6 网上支付工具的管理

- 网上支付系统的发展是关系到下一世纪国家经济建设、宏观控制管理以及国际金融合作的大事。信用卡、数字现金、电子支票、智能卡的发行、管理及技术保障有特殊要求;
- 中央银行应规范网上支付工具,并进行严格的管理和协调,建立对网上支付工具的自动化监控和管理的体系；

• 集中力量研究、制定与网上支付有关的规范、政策和法律，明确定义与支付工具相关方(消费者、商家、银行和操作者)的权利和义务，并可明确作为法律判决的依据；

• 研究开发信用卡、数字现金、电子支票、智能卡的安全技术保障和管理的方法及设备，防止盗窃活动和伪造活动；

• 建设全国统一管理的数字认证中心，确认参加电子商务活动人员(消费者、商家、银行、工商税务、政府管理部门)的合法身份，保障电子交易安全可靠；

• 建立完善的信用卡、数字现金、电子支票、智能卡的发行、交易流量的监测与统计机制，保障网上支付系统的工作；

• 网上支付工具系统必须向国家中央银行汇报货币政策要求的有关信息；

• 数字现金、信用卡、电子支票、智能卡等跨国使用的处理；

• 金融专用网络可逐步改造过渡成为公共网络，由此扩展金融服务方式和领域，可在原有的银行卡系统的基础上进行扩展改造，发展公共网络信用卡、智能卡、电子支票支付系统。

思　考　题

1. 什么叫电子支付？电子支付有几种形式？
2. 什么是数字现金？数字现金在什么情况下使用？
3. 买方用数字现金向卖方付款时，是否采用了加密方法？应该用什么方法加密？
4. 信用卡支付有几种支付方式？
5. 电子支票在什么情况下使用？
6. 如何保证电子支票的真实性？
7. 在网上查找两个使用网上付款的例子，说明他们用了哪种付款方式，对用户有何要求。

第六章　网上零售

在前面的几章中,我们围绕电子商务框架,介绍了电子商务网络层、多媒体信息发布层、一般业务服务层的基本内容。从本章开始,将要介绍电子商务应用层的主要内容。由于电子商务应用领域的不同,在本书中主要介绍三个领域:网上零售、网上银行和网上广告。

网上营销是企业通过 Internet 销售产品。当企业向个人销售产品时,这就是网上零售。本章要介绍的就是这方面的内容。关于企业向企业销售产品,本书将在第九章——“电子商务应用系统的开发”中介绍。

网上购物是电子商务应用很重要的一个方面,也是电子商务应用最普遍,发展最快、最成功的领域之一。在过去的两年间,世界上 Internet 购物取得了令人瞩目的进展。1996 年,美国 Internet 购物金额为 7.1 亿美元,与美国社会零售总额 25 000 多亿美元相比,虽然微不足道,但网络购物的发展速度却是远非后者可比的。美国零售总额的年均增长率仅为 5% 上下,而 Internet 购物额的增长幅度比前者高出 10 倍,甚至更多。1997 年,美国 Internet 购物金额增达 20 亿美元,比上一年猛增了 2.6 倍。1998 年 6 月,美国权威预测公司预测 1998 年、1999 年和 2000 年,将分别剧增为 58 亿美元、99 亿美元和 156 亿美元。也就是说,1996 年至 2000 年 ,美国网络购物金额将增长 20 多倍,平均每年翻一番还有余。但是,在 1998 年末,实际网上购物的发展超出了预测。1998 年网上零售额约为 130 亿美元,比预期增长速度要快得多。我国 1996 年春,在杭州新华书店创办了第一家网上书店。1998 年 6 月,北京翠微大厦开办了第一家网上商场,随后西单商场、世都百货、燕莎友谊商城也相继开办了网上商城。

在本章中,我们将要介绍网上零售的基本概念、网上零售发展的动因、网上零售业战略模型,最后,我们来剖析网上书店的案例。

6.1　网上零售的概念

网上零售指的是个人通过 Internet 购买商品或享受服务。购买者可浏览网上商品目录,比较、选择满意的商品或服务,通过 Internet 下订单,通过网上付款或离线付款、卖方处理订单、网上送货或离线送货,完成整个网上购物过程。整个网上购物过程和环境如图 6.1 所示。

在网上可以买到各种各样的商品和享受服务,例如,图书、录音带、录像带、CD 盘、计算机软硬件、食品、杂货、服装、烟酒、汽车、鲜花、礼品、旅游安排、保险和投资、机票、火车票等。

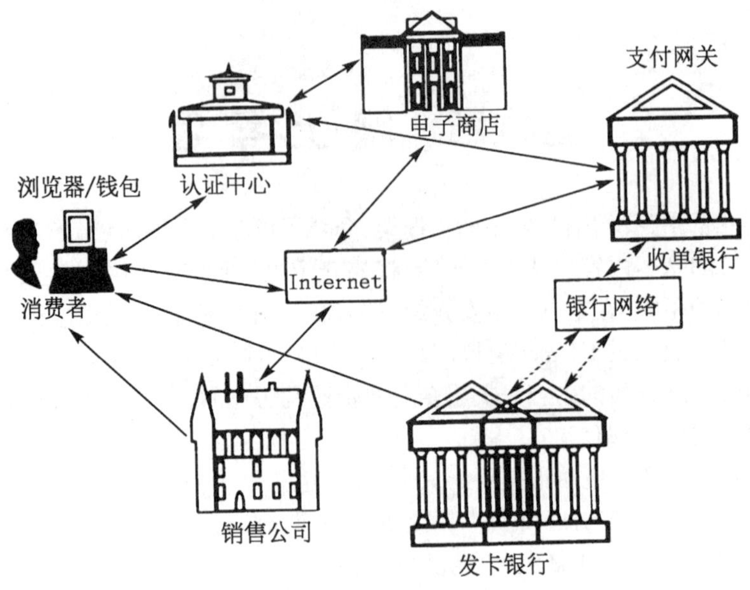

图 6.1　网上零售图解

6.2　网上零售发展的动因

网上零售业发展之快,原因是多方面的:传统零售商店本身存在的问题、网上零售的特点、消费行为的改变、上网条件的改善、网上支付安全性的提高等。

1. 传统零售业存在的问题

- 零售业过剩　　传统零售商店的店铺遍地开花,竞争激烈;
- 零售业对空间的抱怨声四起　　传统零售需要巨大库存来摆放商品;
- 收益下降　　零售业的效益有下降的趋势;
- 人员随着店面的扩大增多　　需要售货员进行导购。

网上零售消除了时间和空间的限制,无需考虑物理上的存储空间问题、人员问题、物理店面的成本,只需解决服务器容量问题。

2. 消费行为的改变

- 某些用户消费行为从注重品牌转向最低价格　　例如,购买机票,在航空公司服务质量都有所提高的条件下,人们会挑选最便宜的机票;
- 消费者用于购物的时间呈下降趋势　　消费者不愿意花大量的时间去购物,而是将时间用于其他的休闲；

• 消费者希望享受高质量的服务　　在传统购物中会遇到交通安全问题、商场安全问题、礼貌服务问题、产品信息问题，到收款台排队、支付、打包，再把商品带回家等烦琐的购物过程。

网上零售为消费者选择最低价格的商品和服务提供了可能，只需点击鼠标即可完成购物，减少了购物时间，也免去了购物中心的嘈杂、拥挤，使消费者享受悠闲自在、随心所欲的高质量的服务。

3. 网上销售的特点

- 购物时间随意安排，24 小时，无节假日；
- 打破地区、国界的限制，可以购买全世界的商品；
- 网上商店可为人们提供更广泛的商品和服务；
- 在网上最流行、最时髦的商品很少会出现缺货的情况；
- 技术的提高提供了比传统零售业更多的方便和信息，容易搜寻商品信息。

4. 上网条件的进步

• 上网人数的增加　　1997 年全世界上网的家庭为 2000 万，1998 年为 2700 万，1999 年预计 3500 万，2000 年将达到 4200 万。截止 1998 年底，我国互联网用户已达 210 万，比 1997 年底的 62 万翻了两倍还多，其中 87%的用户有上网购物的需求，为网上零售的发展提供了广阔的前景；

• 网络安全技术的提高　　使消费者对网上支付信任程度有了显著提高，从以前的七成网友对在网络上使用信用卡有疑虑，降到了如今的三成。

6.3　网上零售业的战略模型

传统零售业与网上零售业商业战略模型既有区别，又有联系。它们的商业战略模型的比较如表 6.1 所示。

表 6.1　传统零售业与网上零售业商业战略的比较

传统零售业	网上零售业
销售什么	分析适合网上零售的产品/服务
潜在的顾客	分析网上购物顾客的类型、需求
购买过程	商业企业的订单处理过程，从用户角度来看购物过程

续表

传统零售业	网上零售业
付款方式	网上购物的支付手段
售前服务	提供网上产品目录,网上广告宣传、推销
售后服务	网上收集顾客的信息反馈,提供在线产品使用指南
定价	网上商品定价,分析用户愿意为获得方便而支付的价位
货价的摆放	软件界面问题,即网上页面的布局
进货	与供应商的联系,网上商店的后台支持
送货	数字商品网上送货,网上货物跟踪
刺激需求	市场渗透性问题:用户欢迎网上渠道吗? 这种系统需要多久才能吸引足够的用户而获得收益?

下面我们就来介绍网上零售业战略模型的主要组成部分。

6.3.1 网上零售商品/服务的种类

(1) 提供网上零售服务的企业的种类

网上零售商店可能由以下的几类企业开办:

• 经营着离线商店的零售商　经营离线商店的零售商们有物理上的店面,网上零售作为他们开拓市场的一条渠道。他们并不靠网上销售生存。许多零售商店,如美国的 Wal-Mart、Macy 等几乎全部有自己的网上零售网站。中国的许多大商场、购物中心已经开始网上零售,例如,北京翠微大厦、上海书城(www.bookmall.com.cn)、西单商场(www.xdsc.com.cn)、北京图书大厦等。

• 目录(Catalog)零售商　目录零售商就是通过电话、电视进行销售的零售商。他们通过电话订货,一般承诺 48 小时送货,可销售各种商品。他们的销售方式逐渐接近网上销售方式,只是不能提供网上灵活交互式的图像,客户对商品没有形象上的感觉。

• 没有离线商店的虚拟零售商　这类虚拟零售商是电子商务的产物。他们没有物理上的店面,网上销售是他们唯一的销售方式,他们靠网上销售生存。这类零售商在美国和其他发达国家迅速崛起,如美国 Electronic Newstand, Amazon.com、E * Trade Securities。Amazon.com 目前已成为销售量最大的书店。E * Trade Securities 是一个股票交易虚拟经纪商(brokerage)。他建立了一个股票买卖站点,所带来的影响是巨大的:站点运营两个月后,美国的 10% 股票买卖通过 Web 进行。通过 Web 进行股票交易的优势在于收费低廉,对每一笔股票买卖,E * Trade Securities 仅收费 15 美元,比离线的股票经纪人收取的费用低得多,极大地动摇了他们的市场。完全可以由证券交易所有席位的企业或个人(或与他们有联系的企业个人)开设 Web 站点,股民可以随时查阅信息并进行买卖。

• 商品制造商　　商品的制造商采取网上直销的方式销售其产品,不仅给顾客带来了价格优势上的好处及商品客户化,而且减少了制造商库存的积压。例如,Dell 计算机制造商是商品制造商进行网上销售最成功的例子。采用分销方式的销售商在开设网上零售业务的同时必须处理好与分销商的关系。

• 网络购物服务公司　　这种公司专门为多家商品销售企业开展网上售货服务。例如,美国 Autoweb.com 汽车网络购物服务公司,吸收了 2400 家汽车经销商为会员,它视各汽车经销商会员的销售规模每年收取他们(2500 ~ 4000)美元不等的会费。AOL(www.aol.com)是一家 Internet 服务提供商,它也提供网上零售。它吸收了 115 家(截止 1998 年 12 月 22 日)商店为会员。在 AOL 的网上商店里,首先按类划分商品,进入每类后,再选择不同的商店。此外 Yahoo! 也提供网上零售的服务,但是,在商品的分类和与会员商店的链接上与 AOL 有些不同。

(2) 网上零售商店的种类

按商品种类可将网上零售商店分为综合类和专门类两种。

综合类的网上零售商店销售多种商品,例如美国 Sears、Wal-Mart、JC-Penny、Macy。这种综合类网上零售商店多是由经营离线商店的企业和目录零售商建立的。

专门类的网上零售商店仅销售适合网上销售的商品,例如,网上书店、光盘店、鲜花/礼品店、酒店。这种专门类网上零售商店风险小,所销售的商品符合网络的特点。这类网上商店多是一些没有离线商店的虚拟商和商品的制造商建立的。

(3) 适合网上零售的商品

我们通过网上销售的一些商品的预测值,看一看适合网上销售的商品。表 6.2 为网上商品的预测值。

为什么这些商品适合网上销售呢? 电脑及相关产品之所以成为网络经商中最热门的商品,是因为电脑的挑选性不是特别强,购买者文化水平高,对电脑性能比较了解,也知道自己需要什么样的电脑,成交率高,退货率又较低。Dell 公司是美国开辟网上电脑销售的先行者。1996 年 7 月,Dell 公司开始上网,这一着当时并没有引起多大关注,Dell 公司自己也未大力宣传。但是,半年后,当 Dell 公司公布销售业绩为日销售额高达 100 万美元,且以 20% 的速度逐月增长时,在美国电脑业却产生了很大轰动。又过了半年,1997 年 10 月,Dell 公司又一次令美国同行们大吃一惊,其网上电脑销售业绩提高到每天 300 万美元。凭借网络和邮购,Dell 公司迅速成长为世界第三大个人电脑公司。

软件销售者可以借助网络来发布试用版本的软件,让消费者试用,然后在一定的期限内提供服务,如果消费者满意就会购买。另外,软件的交付是最简单的,通过网络就可以完成。书籍、杂志、录音/录像带、光盘的销售商可以通过网络提供简介、片段,使消费者了解其内容

表 6.2　网上销售商品的预测值

类别	1998(百万美元)	2000(百万美元)
旅游	2091	4500 *
PC 硬件	1816	5000 *
礼物/花卉	219	500 *
食品/饮料	30 *（1996 年）	250 *
书籍	216	900 *
软件	173	900 *
汽车	250 *（1996 年）	1500 *
音乐制品	81	450 *
服装	71	400

*　引自 1998 年 9 月 21 日,《计算机世界》。

后再订购,没有过多的售后服务、退货问题。鲜花、礼品销售商借助网络跨时间、跨地区的特点,消费者不用排队,可以在任何时间请销售者将礼品送达接受礼品的用户。

6.3.2　网上顾客类型

网上顾客首先是上网者,所以网上零售商必须关注上网者的类型,其次是网上顾客的类型和他们的购买行为。

(1) 上网者的类型

首先我们看一看美国上网者的特点,如表 6.3 所示。

表 6.3　美国上网者特点

平均年龄	33 岁
大学文化	57%
家庭平均收入	5.9 万美元
未婚	59%
已婚	41%
18 岁以下	34%

注：引自 1998 年 12 月 21 日《计算机世界》。

我国上网者特点如表 6.4 所示。

表 6.4　我国上网者特点

未婚	64%
男性	86%

用户的年龄段	15 以下	16 ~ 20	21 ~ 25	26 ~ 30	31 ~ 35	36 ~ 40	41 ~ 50	50 以上
百分比%	0.7	9.4	41.3	27.1	11.3	4.9	4	1.3

上网者地域分布	北京	广东	江苏	浙江	上海
百分比%	23.93	20.93	5.31	4.63	4.34

用户的文化程度	中专及中专以下	大专 ~ 大本	硕士	博士
百分比%	11	77	10	2

用户的行业分布	科研	教育	国家党政机关	厂矿企业	金融保险	社会服务业	卫生体育社会福利业	计算机业	邮电通信业	学生	新闻媒体	文艺娱乐业	其他行业
百分比%	6.4	6.2	8.1	11.9	6	3.6	1.9	17.4	8.7	16.4	2.1	0.5	10.8

用户的家庭人均月收入	400 元以下	400 元 ~ 1000 元	1000 元 ~ 2000 元	2000 元以上
百分比%	5	37	33	25
用户每周上网的时间	1 小时以内	1 ~ 5 小时	5 ~ 10 小时	10 小时以上
百分比%	4	31	29	36

注：来自 1998 年 12 月中国互联网络中心的统计。

据 IDG 预测，1999 年上网者有以下的变化。

• 普通大众将在网上购物　　到 1999 年底，三分之一美国家庭将上网，其中的一半会在网上购物。这样，对于美国的企业来说，没有上网及没有网上经营策略将会直接影响其收益。在美国，从 1999 年开始，虚拟市场成为现实。

• 妇女成为网上多数　　在 1998 年，妇女占网上人口由 43%升至 48%，在 1999 年，妇女将超过 50%。这一点对于网上经济非常重要，需要了解妇女与男性在上网时的区别：她们会寻找不同的网上目标；她们上网的时间较少；她们是大多数家庭购物计划的主要决定者。

• 大多数网络用户将生活在美国之外　　在 1999 年，其他国家的用户将超过 51%。

(2) 网上顾客的类型

网上顾客可分为三类：

• 冲动型用户　　迅速购买产品；

• 有耐心的用户　　在进行了某些比较后进行购买；

• 分析型用户　在做出购买决策前要进行大量的调查。

市场调查者数年来将购物行为分为两种。第一种是功利型，购物行为是为了达到某种目的和完成某种任务；第二种是快乐型，购物是因为可以从中感到乐趣。功利型行为通常与合理推理和相关任务联系在一起，这就意味着产品购买是有针对性的和要求效率的。通常功利型购物会受到网上系统更多的关注。快乐型反映了购物的娱乐性，增长的刺激因素，高度参与性，可以体会的自由度，快乐的满足，以及对于现实的逃避，而购买是整个购物过程的附带品。衡量来自快乐的利益甚至比衡量来自任务完成的利益还要难。购物的快乐性在网上环境考虑得还不够充分。通过虚拟现实技术可以提供一定快乐性。

(3) 购物类型

一般将购物类型分为四种。

• 专门计划型购物　需求在进入网上商店前已经确定，购物者购买预计的商品；

• 一般计划型购物　需求在进入网上商店前已经确定，但是购物者在店内根据商品的制造商，确定满意的商品；

• 提醒购物　网上商店的影响带来了顾客的需求，如网上的广告、促销活动带来了用户的需求；

• 完全无计划购物　进入网上商店前毫无目的。

网上商店在分析了消费者的特点、购买行为后，就要有针对性地设计网上商店的功能。例如，针对计划性购买，就要提供方便的商品目录检索；针对一般计划性购买，就要宣传商品的质量、品牌、商品的图片；针对提醒购买行为，就要做好网上促销广告。

6.3.3　网上销售模型

网上销售模型包括以下两个方面：

从零售商角度的销售模型：如何处理顾客订单的过程。

从顾客角度的销售模型：顾客购买商品或获得服务过程中的一系列活动。

1. 零售商的销售模型

对于零售商销售过程来说，实际上就是订单处理过程。典型的订单处理过程包括七项活动。具体的细节对于不同的商品和服务会有所不同，如图 6.2 所示。

• 订单计划和订单产生　订单计划由距离顾客最远的产品计划部门提出，包括计划的开销费用、雇用人员数、库存数量。而靠近顾客的销售部和市场部，则提出销售预测供产品计划部门参考。因此，计划部门与市场部或销售部的通信是非常重要的，通信的缺乏将使库存的产品与真正的需求大大脱节。

订单计划导致了订单产生。订单在网上可以以多种方式产生：发布广告和向顾客发送

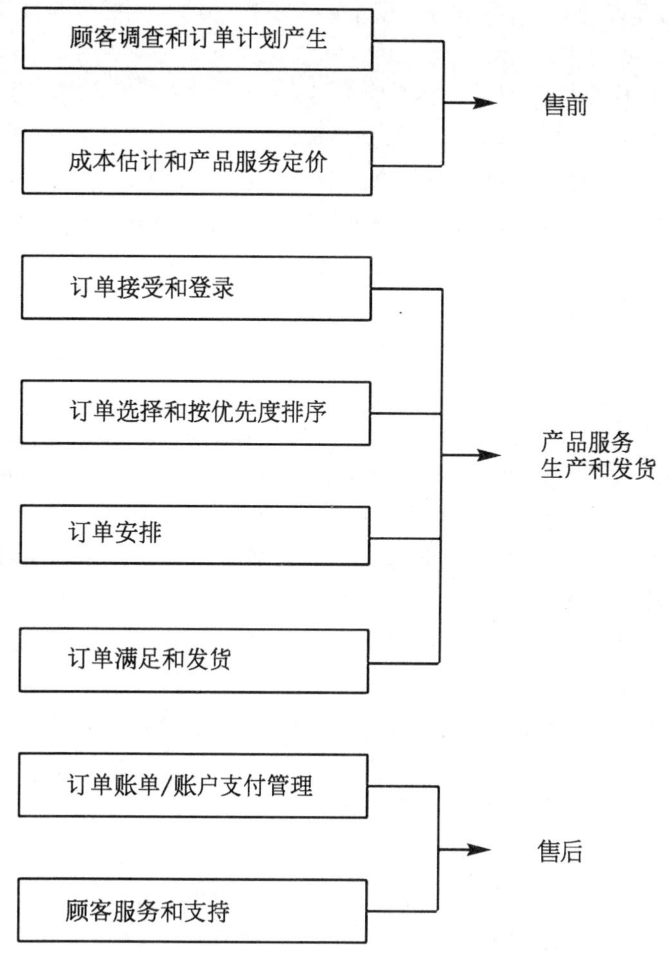

图 6.2 零售商角度的销售模型

个人 E-mail。

• 报价　　价格是顾客和企业能力之间的桥梁。好的价格战略可以减少总利润的压力,基于订单进行定价是最受顾客欢迎的。

• 订单接受和登录　　经过一个可接受的产品报价后,顾客可以在网页上填写订单,订单传送到服务器端,进行订单登录,再进入内部销售服务或者顾客联络等部门。

订单登录需要将订单获得系统和库存数据库集成。通常,当顾客进入一个 Web 网页并进行订货时,他们的订单应该被送往顾客服务代表(可以是智能代理),顾客服务代表确认订单正确性并检验各种库存水平是否满足订单。如果商品在库存中,企业必须向顾客发货并从可获得的库存中将该商品数量减少。如果商品不在库存中,即当顾客订购的商品已经售光时，必须立即通知顾客，而不是在数日后留下一个下次继续沿用的票根或者请稍候再定购的通知。

• 订单选择和按优先度排序　顾客服务代表通常也负责选择应接受哪些订单，婉拒哪些订单。实际上，不是所有的顾客订单都是平等地产生的，一些订单对于企业来说价值更大。理想的订单应符合企业能力并提供健全的收益。这些订单属于“漂亮的生意”，它们体现了一种顾客需求的集中和更高的顾客满意度，这些反过来将提高顾客忠诚度。

订单排序对企业获利是非常重要的，也就是说，决定哪些订单应该更快地执行。这些决策通常不是由制定企业战略的顶层行政人员来完成，而是由完全不知道战略是什么的顾客服务人员完成的。他们决定哪些订单何时满足，他们通常还决定哪些订单永远也不会满足。总之，订单选择和按优先度排序在电子商务中和传统的商业中是一样重要的。

• 订单安排　在订单安排阶段，被排序的订单被送入一个真正的生产或运作过程。这一工作非常难，因为不同的功能部门，如销售、营销、顾客服务、运作或者生产部门，可能有着彼此冲突的目标、薪资系统和组织需要：生产人员寻求最小的设备转换；营销和顾客服务人员要求对于特殊顾客采取特殊的服务；如果生产人员将市场作为不可变动的，营销及顾客服务人员将完全被排除出去。

• 订单满足和发货　由于商品的特点不同，订单满足和发货变得越来越复杂。订单满足涉及到多功能和地点的不同：一份订单中不同部分的产品可能在不同的制造地点产生，并在另一地点组装；或者订单中的产品可能在A处制造，在B处存货，而在C处组装。工作越复杂，整个企业中所需的协作就越多；而所需协作越多，订单可能发生的延迟就越多。

订单满足在顾客眼中正变得越来越重要。网上零售面临的问题是：如何满足订单和发货。解决的方法是，存储产品的仓库和运输产品的运输工具将发生戏剧性的改变。

零售和制造企业已经预计到了运输和发货方面需求的改变。联邦快递(FedEx)将自己区别于一个单纯的运输公司，而成为一个发货企业。FedEx提供了一个新的服务——联邦快递后勤服务。其目的是从外部援助网上零售商的电子市场、仓储和运输服务，消除在运输过程中不必要的路径。以计算机制造商为例，它们的系统——主板、电源、打印机和显示器——都在不同的地点制造。FedEx要做的就是将所有部件从它们的原产地运到顾客家里或者商店，而无需先集合订单或者将货物存储到仓库中。FedEx将跟踪产品运输以使所有部件能同时到达目的地。

• 订单账单和账户/支付管理　在订单已经满足和发货之后，账单通常被财务人员处理，他们的工作是有效地发出账单并迅速收回来。

2. 顾客的购买模型

用户的商业模式由三个阶段组成：购买前的准备、购买过程、售后交互。

(1) 购买前的准备阶段

顾客购买前的准备活动包括在广大的信息空间中寻找满足需求的产品集，并且根据特性对比，缩小产品范围等。

购买前的信息搜集分为顾客个人搜集和企业采购的集团搜集。他们的特点是不同的。

顾客搜集定义为顾客为获取与购买决策相关的信息付出的努力。多数顾客都关注产品特点的比较和价格的比较这两个方面。例如，Peapod 经营网上杂货商品，它可以提供商品不同营养成分的比较。Internet 使价格比较变得更加容易。所谓的“智能代理（intelligent agents）”技术是一种搜索软件，它使寻找最低价格的商品十分容易。网上机票售票商（例如，飞华公司，www.flychina.com）一般都提供最低机票价格的信息。尽管价格促销会获得顾客关注，但是使零售商很难再把价格升回去。零售商认识到了这一点，因此，一般尽量避免价格战。同样，在网上市场，零售商也要避免短期的价格战，这种战争对于整个行业都是不利的。它所带来的趋势就是企业将基于成本定价，而不是基于产品对于顾客的价值定价。

企业搜集定义为企业为了适应外部变化——如新供应者，新产品和新服务——而采取的举措。企业搜集过程是由市场特征和企业当前购买条件决定的。一些因素妨碍了企业搜集过程，例如，一些企业的采购者通常由于以前的采购经验和一些经销商有着很强的联系，这些经销商对于采购者从其他更好的货源进货就是一种障碍。因为一方面转换供货渠道存在较大的转换成本，另一方面经销商可能会间接地切断采购者对于其他信息的获取。市场中的信息变化率对于企业信息搜集有着额外的要求。对于采购者来说，快速的变化对于深入的信息搜集可能成为一种障碍。企业应该通过限制搜集过程的时间来对快速的信息变化做出反应。

(2) 购买过程

购买过程包括确定购买活动相关的信息流和文档，如商品的价格、可得性、交付时间、支付方式，即不断往购物清单/购物车中添加商品、付款、接收发票的过程。

在离线世界中有许多购买商业模式，同样，各网上商店的商业模式也不同。通常，一个简单的商业模式如下：

- 买方与经销商联系以购买一种产品/服务，这种对话可以在网上通过 Web 或 E-mail 进行，也可以通过直接对话和电话，离线完成；
- 经销商报价；
- 买卖双方可能协商；
- 如果成功，买方用加密形式，包括数字签名向经销商支付；
- 经销商与其账单服务单位联系，以确认加密支付细节；
- 账单服务单位（在 SET 协议中相当于支付网关）将支付细节解密，查询买方账户或者信用，并将所需款提出来（账单服务单位需要与买方银行联系）；
- 账单服务单位允许经销商发送商品，并向经销商发一条信息，提供交易细节作为商品记录；

• 确认资金到位后，经销商向买方发货，或者在信息购买中，提供密钥允许用户对文件解密；

• 收到产品后，买方签署并发送收据，经销商随后通知账单服务单位结束交易；

• 在交易环节的最后，买方收到一个交易清单，买方可以拒绝某些交易或对于付款提出质疑。

(3) 售后服务

售后服务阶段包括用户服务和对于用户意见、退货和产品缺陷的解决。售后服务对企业获利起重要的作用，影响用户满意度和企业数年的受益。一旦发生退款、争执和其他服务问题，就会影响零售商的管理费用、运输费用、用户关系。据统计，每一次顾客退回一个商品或为了一次购买发生争执，零售商都要为此付出 25 美元至 50 美元的代价。怎样才能最好地解决网上售后服务的问题呢？如果用户能获得全部交易记录，零售企业的售后服务与市场运作、内部产品开发、质量保证部门连接时，争执的问题会迎刃而解。但是，目前大多数网上零售商将他们的商业过程设计为一个方向的商业流：从外部供应到用户。这意味着所有退货和索赔与这个商业流是逆向的，会带来后勤方面的混乱、交易的混乱和用户的不满。

6.3.4 网上商品定价

网上商品定价对网上企业非常重要，一般有以下几个方面制约网上商品的定价。

(1) 价格战略

目前网上商品定价的方法并没有一个统一的规律，五花八门，什么样的定价战略都有。基本上有三种定价战略：低价战略、等价战略和高价战略。低价战略是零售商宣称自己的商品价格比物理店面里的商品低廉，甚至最低价。例如 amazon.com 商品的定价比物理店面上的商品价格低 30%左右。低价策略的目的是宣传企业的形象，扩大企业的知名度，而在短期内是不可能赢利的。一般来说，虚拟零售商会采取低价战略。经营离线商店的企业为了拓展网上市场，推动网上购物的发展，也会对网上销售的商品打折。等价战略是网上商品的价格与物理店面里的商品的价格等同。一般来说，在网上购物条件不成熟的条件下，零售商为了尝试网上零售的经验，会采取等价的战略，做到不陪也不赚的平衡。例如，西单商场的网上购物服务，就是采取等价的战略。高价战略是网上商品或服务的价格高于物理店面里商品或服务的价格。一般来说，采取高价战略的销售企业或零售商在网上提供了高附加值的服务，如顾客个人化定制、专家推荐购买方案等。例如，美国一家杂货、药品网上销售商，可以为顾客提供营养配方的采购方案。

(2) 顾客需求

在定价时，除了要根据已经制定的定价战略外，还要考虑顾客可以提出的特别的需求，如商品的特殊的颜色、规格，或者需要迅速的发货。为了满足这些顾客化的需求，企业需要考虑基于订单的定价。基于每一个订单水平的定价都依赖于对于每一个订单顾客的了解和满足每一个订单的成本。最好是建立一个系统,使企业基于订单的价值和成本定价。

(3) 企业各部门的协调

通常定价决策是一种政策上的妥协,而不是对于连贯战略的深思熟虑。这种政策上的妥协发生在工程师、会计师、进行全面定价的管理者和真正报价的销售代表之间。一方面,财务部门非常希望价格可以抵消成本支出并获得目标利润。另一方面,销售和营销人员则希望价格可以足够低以达到他们的销售目标。因此,定价有时要考虑不同部门的目的。

(4) 有效的数据分析

价格变动对销售量的影响是很大的。对数据进行充分的分析,可以使零售商制定价格计划。通过使用趋势分析工具和数据,零售商可以更好地估计价格计划的结果,并可以分析潜在的、可消除的多余库存。产品跟踪可以为调整商品价格提供指导,也就是从购买到销售期间跟踪商品价格并浏览轨迹曲线。

6.3.5 网上销售企业的收益模式

经营网上销售的企业其收益模式是不同的,一般有三种收益模式:收取服务费、会员制、扩大销售额。

(1) 收取服务费

网上购物的顾客,除了要按商品价格付费外,还要向网上商店付一定的服务费。例如,Peapod 公司的会员要交纳实际购买商品的费用,再加上每月的服务费和每次订货 5 美元,再加上订货量的 5%的服务费。尽管顾客要交纳服务费,他们一般都愿意在该网站上购买商品。原因有以下几点:第一,顾客感觉方便;第二,顾客可以使用 Peapod 提供的优惠券,节约了资金;第三,顾客可以通过比较,购买商品;第四,顾客可以减少计划外购物,获得自己真正需要的东西(据统计,在物理食品店购物,80%的购物是计划外的);第五,节约了顾客的时间。美国网上酒店的收益模式,是通过抽取每次销售中的一定比例的服务费来赚钱。因为在美国,酒的销售是受到限制的,网上酒店可以代销,成本价必须交给生产商或得到授权的经销商。

(2) 会员制

前面讲的网络购物服务公司一般采取会员制,按不同的方式收取会员的会费。一般有两种方式: 按时间,如年、月、季收取固定的会费;按会员的实际销售规模,按比例收取会费。

(3) 降低价格,扩大销售量

网上销售商提供低价格的商品或服务,为的是扩大销售量。例如 amazon.com 公司,旅行社代售机票在吸引更多用户的同时降低机票成本。

6.3.6 网上销售界面

网上销售包括三个不同的界面：顾客和零售商界面、零售商和供应商界面、零售商管理界面。

(1) 顾客和零售商界面

顾客和零售商界面是网上商店的布局，由一系列的网页组成，管理着营销、销售和顾客服务界面。该界面一般包括以下的功能：

• 商店运作　　包括物理店面中所具有的功能，如商品分类、价格管理/标签、交款方式选择；

• 顾客服务　　包括电子营销、流水线交款台、产品可视化、礼品登记、雇员培训、店内购物跟踪、电话/订单登录帮助、顾客服务中心。

在顾客和零售商界面中，电子商务将网上订单表与后台系统联系起来，提供每一种产品销售的精确数据。创建一个消费者真正满意的虚拟商场并不容易，虚拟商场必须对消费者价值观产生影响。为了在很大程度上改变消费者行为，虚拟零售商必须提供更好的、更迅速的、更便宜的、或者更有娱乐性的购物环境。

商店布局还依赖于用户界面的复杂程度。一些研究小组正致力于为商店的每一个产品制作 3-D 图像。他们发现顾客希望寻找熟悉的东西。他们希望网上商店的布局和今天的商店一样，有通道和货架，并且商品都摆在上面，顾客在屏幕上走过这些通道，从货架上捡起货物，把它翻过去阅读标签并寻找特定的产品，把它放回货架或者放进购物篮中。另一个用户可能在虚拟商店中做的事就是把他们自己放到图像中去，就像看录像一样。实际上，Levi's 已经利用技术允许购物者看到他们穿上商店提供的衣服什么样而无需真的试穿了。

(2) 零售商和供应商界面

这一界面包括一系列功能可以将产品有效地从供应商直接送至顾客手中。这一界面的目标是提供高水平的服务，同时，最小化存货水平并减少浪费(过期食品)或使商品价格最低(过季商品的销售)。零售商和供应商界面还包括在全面考虑下的决策，涉及到优化存货数量和存放地点，以及随后的订货、存储和发货。通常包括下面的功能：

- 购买　　决定订货量，向供应商发订单并与其通信；
- 存货管理　　决定每一个存货点的正确存货量；
- 存货控制　　跟踪产品运输和存储；
- 存货运输　　接受、检查、保存、挑选和丢弃产品；
- 发货　　计划和管理仓库以及运输队的运作。

(3) 零售商管理界面

这一界面是一系列用于计划、控制组织内部所有商业过程的系统，例如，财务、会计和人力资源管理。一些特殊的功能包括：

- 商业情报和商品计划　包括目录管理、经销商收益分析、计算最低价计划、促销计划/分析和空间管理；
- 微观营销　包括广告分析、目标市场、地理信息系统(GIS)、促销有效性、顾客目录管理和忠诚度；
- 品牌管理　包括充分的产品介绍、包装和设计、促销计划/分析和广告。

6.3.7　网上购物存在的问题

刺激网上购物是网上零售业战略模型的最后一个元素，必须分析网上购物存在的问题和原因，才能克服它们，从而刺激网上购物的发展。网上购物还不完善，不会取代传统的购物方式，只是对传统购物方式的补充。我国 CNNIC 1998 年底对中国网民上网购物的心态做了调查，结果如表 6.5 所示。

表 6.5　中国网民对网上购物的态度

在条件成熟的情况下，希望网上购物	占 87%
在条件成熟的情况下，也不希望网上购物	占 13%
网上购物需要法律及技术上对安全的保证，而目前还很不完善	占 65%
网上购物没有如信用卡等可靠的付款方式	占 50%
担心售货方的产品或服务质量	占 57%
可以在网上购买一些书、磁带等小东西，对于电器等大件还是在网上查阅信息，到商店去购买	占 40%
在网上购物可以很容易地查阅产品的信息，有利于消费者比较、选择	占 34%
网上购物无论何种商品，都宁可自己亲自去购物	占 7%

有些调查公司调查了消费者为什么不愿意网上购物，结果如表 6.6 所示。这些数据反映了网上购物存在的问题。特别是我国比美国网上购物存在更多的难题，如：传统的消费意识和消费习惯问题、网上购物安全问题、付款问题、网络的接入率相对较低等。目前，我国多数网上销售采用网上订购、邮局汇款，这并不是完整的网上购物。安全问题在国际上已经有了解决方案，前面第四、五章已讲述，关键是如何把它们应用到零售商店的服务器上。

表 6.6　拒绝网上购物的原因

担心黑客攻击	21%
产品缺乏	16%
不能观察商品	15%
需透露个人信息	13%
站点设计不佳	8%
公司信誉	6%
担心钱、货丢失	6%

注：引自 1998 年 12 月 21 日《计算机世界》

6.4　案　　例

亚马逊书店(amazon.com bookstore)是世界上销售量最大的书店。它可以提供 310 万册图书目录,比全球任何一家书店的存书要多 15 倍以上。而实现这一切既不需要庞大的建筑,又不需要众多的工作人员,亚马逊书店的 1600 名员工人均销售额 37.5 万美元,比全球最大的拥有 2.7 万名员工的 Barnes & Noble 图书公司要高 3 倍以上。这一切的实现,电子商务在其中所起的作用十分关键。

在美国,Computerworld 与 Delahaye Group 曾共同发起评定 Web 网上最佳商店的活动,由一些 Internet 评测专家依据几个主要条件,如订货是否方便、产品介绍是否充分、浏览是否方便等,对每个网点打分。评比实行记分制:5 分最好,1 分最差。并且将各种商店进行分类。

书店类的得胜者是很有名气的美国的亚马逊书店。该书店曾经首先创办了联机书籍浏览业务,今天仍然居领先地位。该网点容易理解,搜索机制相当有效,速度很快。提供清楚的分类目录,最佳销售商名目录,还提供大量的购物建议。该网点在评比中获得了 4.7 分的好成绩。亚马逊书店的商业活动主要表现为营销活动和服务活动。它工作的中心就是要吸引顾客购买它的商品,并同时树立企业良好的形象。

下面就让我们来看看这个零售网站的商业战略和提供的功能。

1. 页面布置(Site-map)

该公司的页面布置非常合理,其 Site-map 如图 6.3 所示。例如,在其书籍销售页面中,整个页面主要分为三列,左边一列是当日的礼物介绍和一些进入其他页面的快速链接,中间一列是一系列主题分明的广告和最佳书籍简介以及购物指南,右边一列是其他两个主页(音乐类和影视类)的最新动态和产品排行榜。这种菜单和页面布置方式,使得产品分类清晰,

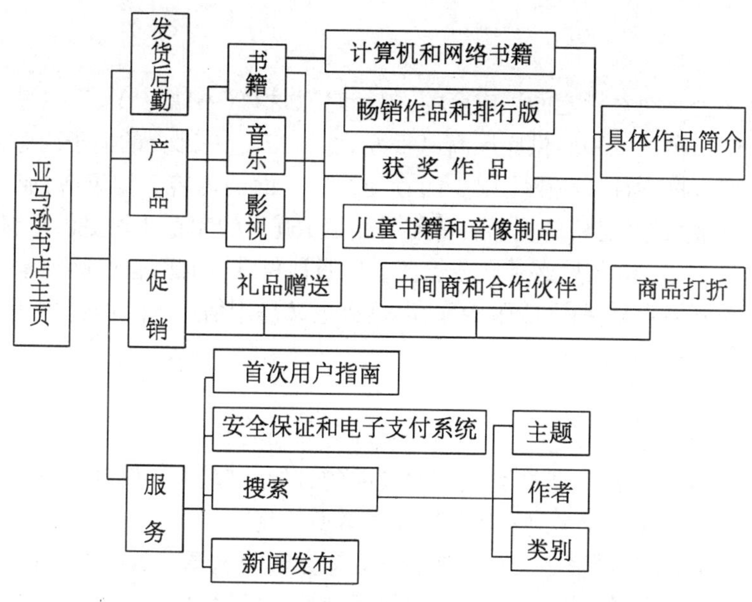

图 6.3 Amazon 网页的 Site-map

便于用户购买。同时，不同类别和主页之间又有相互交叉，有助于公司对多种产品的推销。另外，在每个页面左上角最显眼的地方都放置了 Search 功能按钮，使得用户能够方便查询和购买。

2. 运作活动

由于亚马逊书店是一家书籍和电子音像产品的零售业公司，它本身并不涉及产品的生产，所以，从它的网页中很少能够看到涉及生产作业价值活动的部分。值得注意的是，我们仍旧可以从其网页上看到产品的客户化职能。它是如何运作的呢？如果你要在 amazon.com 站点买一本书并再次访问该站点，屏幕上会出现欢迎你回访的内容。通过分析你的当前购买习惯及你已做出的对其他书的估量，屏幕上将建议你购买几种你可能喜欢的新书。而且系统能记住你的个人信息，这样，以后再要买书，就不用输入个人信息，只需输入顾客号，用鼠标点击就能买书了。

3. 购买过程

进入亚马逊书店站点之后，首先顾客可以通过各种检索手段找到自己想要买的书；把它放入手推车中；然后可以选择继续或付款(check-out)；在手推车屏幕中，顾客还可以任意删减已选中的书；挑选完毕之后进入付款主页，在这里顾客可以选择付款方式；如果是礼品还可以附上赠言，甚至还可以选择礼品包装纸；最后，可以选择交货方式和地点。

4. 进货

进货通常是企业面对特定的供应商的，包括对原材料（书籍、CD 等）的搬运、质量检查、仓储、库存管理、车辆调度和向供应厂商退货等等。由于这一部分的电子商务主要面向供应商和公司的内部事物，所以，在网上很少能看到这一方面的内容。据了解，亚马逊书店的进货比传统书店有很大的优势，传统书店一般要配足 160 天的库存才能提供足够的购书选择，而进来的图书 45 天至 90 天后必须向分销商或出版社付款，因此，自己必须承担 4 个月的图书成本。而亚马逊书店只保留 15 天的库存，且买主又是用信用卡立即付款，因此，手中总有 1 个月左右的免息流动资金。

5. 发货

发货是在顾客购买了商品之后，公司对商品的订货处理、库存管理、发送货物、车辆调度等等。这一部分的功能在亚马逊书店的网页上有所体现。

在运输管理中，亚马逊书店会给顾客多种运输方法的选择。对于不同的运输方法，货物运输需要的时间和运费是不同的，顾客可以灵活地选择所需要的运输方式。

至于其他的库存管理和车辆调度等其他的发货后勤功能则无需客户再操心，属于公司的内部管理。可以推想，在公司的电子商务的内部系统（Intranet）中，是一定有这一重要的部分的。不过，对于我们顾客来说，这些部分我们是看不到的。

6. 电子支付

亚马逊书店提供了多种支付方式，目前有信用卡支付、离线支票支付。它在安全保证上是怎么做的呢？在亚马逊书店的主页中，有专门的对其安全可靠性的说明页，它对电子支付系统做了 100%的保证：

Safe Technology: Our secure server software (SSL) is the industry standard and among the best software available today for secure commerce transactions. It encrypts all of your personal information including credit card number, name, and address, so that it cannot be read as the information travels over the Internet.

（安全技术：我们的安全服务软件是符合工业标准并且是现今安全商贸交易软件中最好的一个，它对你的所有的个人信息进行加密，包括信用卡账号、姓名、地址等等，因此，这些信息在 Internet 网上传送时都是不可读的。）

有了这些保证，如果顾客还是不能放心使用，又怎么办呢？该公司还提供了另外一种方法：

Still don't want to use your credit card on the Internet?

No problem. Just fill out our order form online. Enter only your card's last five digits and its expiration date. Once you have fully submitted your order, you will be prompted with a phone number that you can use to call in the rest of your card number.

(还是不想用信用卡吗?

没问题,只要你填一张在线表,填入你的信用卡的最后五位数字和它的到期日,一旦你提交了你的订单,你就会被提供一个电话号码,你能打此电话告诉我们你的信用卡的其余号码 。)

可见,亚马逊书店在使用户订货方便和安全上下了不少的功夫。

7. 经营销售

亚马逊书店的营销活动在其网页中体现得最为充分。营销活动,特别是其促销活动的大部分几乎均有涉及。亚马逊书店在营销方面的投资也令人注目:现在,亚马逊书店每收入1美元就要拿出24美分搞营销,拉顾客,而传统的零售商店则仅花4美分就够了。

(1) 产品策略

亚马逊书店根据所售商品的种类不同,分为三大类:书籍(BOOK)、音乐(MUSIC)和影视产品(VIDEO),每一类都设置了专门的页面,同时,在各个页面中也很容易看到其他几个页面的内容和消息,它将书店中不同的商品进行分类,并对不同的电子商品实行不同的营销对策和促销手段。

(2) 定价策略

亚马逊书店采用了折扣价格策略。所谓折扣价格策略是指企业为了刺激消费者增加购买而在商品原价格上给予一定的回扣。它通过扩大销量来弥补折扣费用和增加利润。亚马逊书店对大多数商品都给予了相当数量的回扣。例如,在音乐类商品中,书店承诺:"You'll enjoy everyday savings of up to 40% on CDs, including up to 30% off Amazon.com's 100 best-selling CDs.(对CD类给40%的折扣,其中包括对畅销CD的30%的回扣)。"

(3) 促销策略

前面已经提过,常见的促销方式,也即企业和顾客以及公众沟通的工具主要有四种。它们分别是广告、人员推销、公共关系和营业推广。在亚马逊书店的网页中,除了人员推销外,其余部分都有体现。

• 多媒体广告和新闻　　广告是营销中所包含的一项重要的价值活动,它作为企业同目标顾客和公众沟通的四种主要工具之一,具有高度的公开性和强烈的渗透性,它可以迅速地把信息传递给顾客,有助于人们了解商品和扩大销售。逛书店的享受并不一定在于是否有足够的钱来买想要的书,而在于挑选书的过程。手里捧着书,看着精美的封面,读着简介往往是购书的一大乐趣。在亚马逊书店的主页上,除了不能直接捧到书外,这种乐趣并不会减少。精美的多媒体图片,明了的内容简介和权威人士的书评都可以使人有身临其境的感觉。广告的位置也很合理,首先是当天的最佳书,而后是最近的畅销书介绍,还有读书俱乐部的推荐书,以及著名作者的近期书籍等等。不仅在亚马逊书店的网页上有大量的多媒体广告,而且在其他相关网络站点上也经常可以看到它的广告,例如,在Yahoo! 上搜索书籍网站时就可以看到亚马逊书店的广告。

该书店的广告还有一大特点就在于其动态实时性。每天都更换的广告版面使得顾客能够了解到最新的出版物和最权威的评论。不但广告每天更换,还可以从“Check out the Amazon.com Hot 100. Updated hourly!”中读到每小时都在更换的消息。

• 营业推广　营业推广是鼓励消费者增加购买和提高中间商交易效益的又一种促进销售的策略。营业推广中常又可分为消费者的营业推广和中间商的交易推广两种。

交易推广主要是制造商针对中间商采用的促销策略。例如,免费向首次或大额购买的零售商、批发商提供一定数量的产品;组织销售竞赛并奖励购货领先的中间商等等。在这方面亚马逊书店是怎么做的呢?亚马逊书店千方百计地推销自己的网点,不断寻求合作伙伴(associate)。由于有许多的合作伙伴和中间商,使得顾客进入其网点的方便程度和购物机会都大大增加,它甚至慷慨地做出了如下的承诺:

Earn Generous Referral Fees—up to 15%

Amazon.com pays you 15 percent on more than 400,000 titles and 5 percent on more than 1.1 million additional in-print titles, CDs, videos, and other products. Unlike many other Associates-style programs, we do not require our Associates to meet sales quotas in order to receive referral fees. We pay 15% for sales of qualifying books you link to individually and 5% on all other qualifying items regardless of how much you sell.

(大意为:只要你成为亚马逊书店的合作伙伴,那么由贵网点售出的书,不管是否达到一定的配额,亚马逊书店将支付给你15%的介绍费。)

这是其他合作型伙伴关系中很少见的。目前,亚马逊书店的合作伙伴已经有很多,从其网页上的下面这段话“In fact, five of the six most visited Web sites are already Amazon.com Associates. Yahoo! and Excite are marketing products from their Web sites. So are AOL.com, Geocities, Netscape, and tens of thousands of other sites both large and small.”中,我们可以得知:包括Yahoo!和Excite在内的五个最经常被访问的站点已经成为亚马逊书店的合作伙伴,另外还有成千上万的大小站点也是亚马逊书店的合作伙伴。

消费者营业推广的主要目的是鼓励顾客购买产品,亚马逊书店专门设置了一个gift页面为大人和小孩都准备了各式各样的礼物。这实际上是价值活动中促销策略的营业推广活动。它通过向各个年龄层的顾客提供赠券或者精美小礼品的方法吸引顾客长期购买本商店的商品。另外,亚马逊书店还为长期购买其商品的顾客给予优惠,这也是一种营业推广的措施。

• 公共关系　所谓公共关系,其基本目标是在公众中树立良好的形象,谋求公众对企业的理解、信任、好感和合作,并获得共同的利益。开展公共关系是企业营销活动中的必不可少的重要环节。公共关系的内容十分广泛,主要包括以下几方面:第一,努力处理好和新闻界的关系;第二,做好企业的信息沟通;第三,和立法者、政府官员处理好关系;第四,咨询和处理公众的意见。在亚马逊书店的很多地方也体现了这一促销手段。

首先,是处理好企业和公众的关系。例如,亚马逊书店专门的礼品页面,为网上购物的顾客(包括大人和小孩)提供小礼品(这既属于一种营业推广活动,也属于一种公共关系活动);再有,是做好企业和公众之间的信息沟通,它虚心听取、搜集各类公众以及有关中间商对本企业和其商品、服务的反映,并向他们和企业的内部职工提供企业的情况,经常沟通信息;公司还专门为首次上该书店网的顾客提供一个页面,为顾客提供各种网上使用办法的说明,帮助顾客尽快熟悉,这也是一种搞好公共关系的方法。

8. 售前售后服务

(1) 搜索引擎

一家书店,如果将其所有书籍和音像产品都一一列出,是没有必要而且也是无意义的,对用户来说也是很不方便的。因此,设置搜索引擎和导航器以方便用户的购买就成为书店的一项必不可少的技术措施。在这一点上,亚马逊书店的主页就做得很不错,它提供了各种各样的全方位的搜索方式,有对书名的搜索、对主题的搜索、对关键字的搜索和对作者的搜索,同时还提供了一系列的如畅销书目、得奖音乐、最卖座的影片等等的导航器,而且在书店的任何一个页面中都提供了这样的搜索装置,方便用户进行搜索,引导用户进行选购。这实际上也是一种技术服务,归结为售前服务中的一种。

(2) 顾客的技术问题解答

除了搜索服务之外,书店还提供了对顾客的常见技术问题的解答这项服务。例如,公司专门提供了一个 FAQ(Frequently Asked Questions) 页面,回答用户经常提出的一些问题。例如,如何进行网上的电子支付? 对于运输费用顾客需要支付多少? 如何订购脱销书? 等等。而且,如果你个人有特殊问题,公司还会专门为你解答。(If you didn't find the answer to your question on this page, please send e-mail to info@amazon.com and we will respond to you personally.)

(3) 用户反馈

亚马逊书店的网点提供了电子邮件、调查表等获取用户对其商务站点的反馈。用户反馈既是售后服务,也是经营销售中的市场分析和预测的依据。电子邮件中往往有顾客对商品的意见和建议。书店一方面解决用户的意见,这实际上是一种售后服务活动;另一方面,也可以从电子邮件中获取大量有用的市场信息,常常可以作为指导今后公司各项经营策略的基础,这实际上是一种市场分析和预测活动。另外,它也经常邀请用户在网上填写一些调查表,并用一些免费软件、礼品或是某项服务来鼓励用户发来反馈的电子邮件。

(4) 读者论坛

亚马逊书店的网点还提供了一个类似于 BBS 的读者论坛,这个服务项目的作用是很大的。企业商务站点中开设读者论坛的主要目的是吸引客户了解市场动态和引导消费市场。在读者论坛中可以开展热门话题讨论。以一些热门话题,甚至是极端话题引起公众兴趣,引导和刺激消费市场。同时,可以开办网上俱乐部,通过俱乐部稳定原有的客户群,吸引新的客户群。通过对公众话题和兴趣的分析把握市场需求动向,从而经销用户感兴趣的书籍和音像产品。

思 考 题

1. 试比较 AOL 与 Yahoo! 网上购物搜索商品的区别?
2. 网上零售发展的原因有哪些?
3. 网上零售涉及哪些部门?
4. 虚拟零售店的商业模型是什么?
5. 最新的界面技术是什么?
6. 网上定价的依据是什么?
7. 试分析一个购物网站的商业战略模型。

第七章　网 上 银 行

网上银行是随着 Internet 的发展而出现的重要的电子商务活动。上网用户可以通过网上银行管理个人的资金,进行购物或投资。数据表明,1997 年美国网上银行的数量增长超过 30%。全世界最大的 100 家银行中,10% 以上已经开设了 Web 站点,各银行互联网点合计数量一年增加了 90%。可以访问 http://www.bankweb.com 站点,查看在互联网上设立站点的银行的情况。截止到 1997 年 3 月,Internet 上已经有 140 个以上金融服务器为用户提供网上信息服务。更重要的是,这些站点的功能也在迅速扩展。权威人士称,网上银行将逐渐取代传统银行的储蓄点或分理处,成为银行业务的主流。由于世界各国大的银行都把目光转向网上银行的发展,各家网络银行纷纷上线,使得银行间的竞争愈来愈激烈。有人预言,Internet 网络将会改变银行的排行榜。在网络银行的世界中,银行的规模不能再以分行数、网点数、人员数衡量。甚至有专家发出警告,在 2000 年前未能开展网上银行服务的银行,将面临被迫出局的危险。万事达国际组织认为:Internet 的广泛流行是一个有力的证明,它表示技术进步正使得传统银行固定销售点的交易方式转变为随时随地的交易方式。还有一份分析报告指出:Internet 无疑将会在很短的时间内成为优越传递金融信息的极好渠道。最终,所有银行都将出现在网上,并且大多数银行将在三年内拥有能进行大部分传统银行事务处理的高级 Web 网点。究竟什么是网上银行?是什么原因促使它发展得如此之快?它在整个电子商务中占据什么地位?网上银行能为客户提供什么服务?本章就来回答这些问题。

7.1　网上银行的概念

1. 网上银行的定义

网上银行利用 Internet 和 Intranet 技术,为客户提供综合、统一、安全、实时的银行服务,包括提供对私、对公的各种零售和批发的全方位银行业务,还可以为客户提供跨国的支付与清算等其他的贸易、非贸易的银行业务服务。

2. 网上银行的特征

网上银行又称网络银行、在线银行,是信息革命贡献给金融电子化领域的最新创意。从上面的定义看,它具有以下的特征:

• 依托迅猛发展的计算机和计算机网络与通信技术，利用渗透到全球每个角落的互联网；

• 突破了银行传统的业务操作模式，摒弃了银行由店堂前台接柜开始的传统服务流程，把银行的业务直接在互联网上推出；

• 个人用户不仅可以通过网上银行查询存折账户、信用卡账户中的余额及交易情况，还可以通过网络自动定期交纳各种社会服务项目的费用，进行网络购物；

• 企业集团用户不仅可以查询本公司和集团子公司账户的余额、汇款、交易信息，并且能够在网上进行电子贸易；

• 网上银行还提供网上支票报失、查询服务，维护金融秩序，最大限度减少国家、企业的经济损失；

• 网上银行服务采用了多种先进技术来保证交易的安全，不仅用户、商户和银行三者的利益能够得到保障，而且随着银行业务的网络化，商业罪犯将更难以找到可乘之机。

7.2 网上银行发展的动因

网上银行的迅速发展可归结为它是银行电子化服务的必然趋势，受到客户的认同，可以降低银行的运营成本，扩大银行业务范围，是电子商务活动必不可少的组成部分等原因。

1. 网上银行是家庭银行发展的必然趋势

银行电子化服务发展经历了三个阶段。

第一个阶段，从1970年至1979年，这是电话银行发展的阶段。早在1970年，美国许多大银行投入巨资研究和开发电话银行，提出了家庭银行的概念。所谓家庭银行，就是让客户在家里或随时随地享受银行柜台式的服务。在70年代，家庭银行的模式是电话银行。我国某些大银行，如中国银行，在90年代也推出了部分电话服务业务。通过电话银行，客户可以查询账户余额、资金转移(transfer funds)、付账单。如中国银行的长城卡电话服务可以使持卡人通过电话，随时查询账户的余额、近期交易记录，拨打299完成电信费代缴。但是，这种方式有其缺点，客户没有视觉上的验证，语音的速度不能控制。在80年代，美国的银行曾考虑通过有线电视线路发展家庭银行，以解决视觉上问题。但是，有线电视的线路大多是单向传输信号，不像电话线是双向传输信号，因此，这一幻想也是不现实的。

第二阶段，从1980年至1989年，这是PC家庭银行发展的阶段。80年代初，在美国随着PC机的普及，用户需求的推动，以及银行对于失去市场份额的惧怕，银行对家庭银行技术进行了大规模投资。经过与计算机软硬件企业、电信行业和其他企业的协作，先后出现了两种家庭银行模式。一种是银行自己为客户提供专用的银行接口软件，安装在客户家里的PC机上，客户通过连接在PC机上的调制解调器连入银行的家庭服务主机，银行成为通向客户账户的电子网关，客户可以在账户之间转移资金或者直接对收款方的账户进行支付，如图7.1所示。采用这种模式的主要银行有CitiBank、Chase Manhattan、Chemical、Manufacturers Hanover。另一种模式是客户在PC机上安装专门开发家庭银行软件的公司提供的商用软件，并通过这种公司的服务与银行相连，获得银行的联机服务，如图7.2所示。较著名的商用个人财务软件是Intuit公司的Quicken、微软公司的Microsoft Money和Bank of America的MECA。前一种模式存在的问题比较多，如费用高、使用不方便等，很快就被淘汰了，这些银行逐渐采用第二种方式。

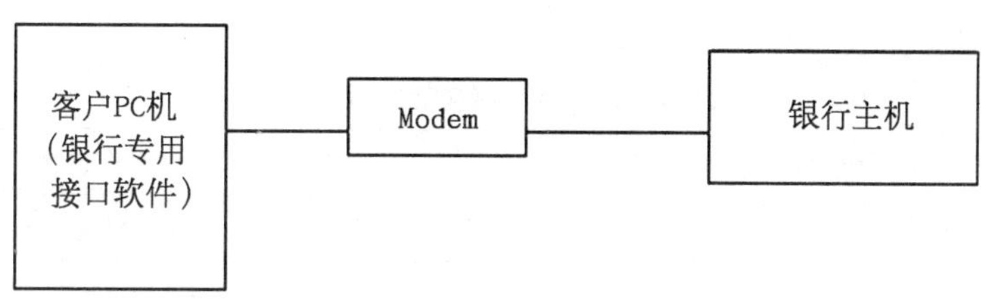

图7.1 银行专用软件家庭银行模式

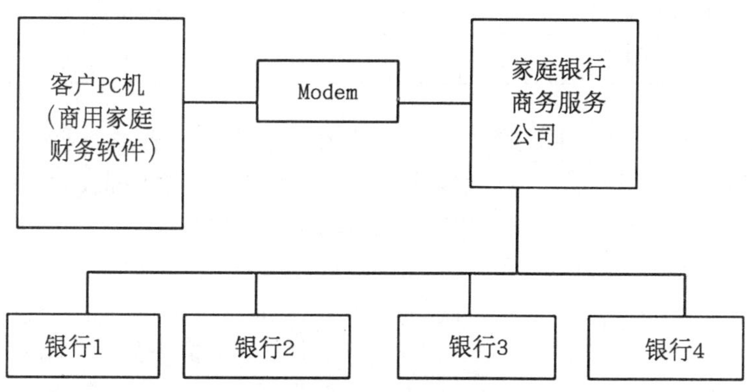

图7.2 商用软件家庭银行模式

第三阶段，从1990年至今，这是网上银行发展的阶段。90年代，随着Internet的发展，各种家庭银行的模式逐渐被网上银行(Internet银行)所代替。商业家庭银行软件公司不断推出符合Internet发展的个人财务软件。Intuit公司和微软公司都推出了基于Internet的新版本。第一家网上银行于1995年10月在美国诞生了。网上银行的强大功能和潜在的优越性，远远胜过电话银行、PC家庭银行，无需固定场所、自动柜员机(ATM)和其他家庭银行所带来的昂贵费用，管理与维护方便，客户可以在自己的计算机网络终端上解决自己的银行服务需求。据Forrester研究公司调查，全世界1995年享受网上银行服务的家庭数目是80万，1997年则是450万，预计2002年将达到1810万。

2. 网上银行受到客户的认同

网上银行的客户可以不受时间、空间的限制,在家里、旅途和跨国界享受每周 7 天、每天 24 小时的服务,从而使网上银行有了广泛的市场,赢得了客户,推动了网上银行的发展。

3. 网上银行可以降低银行的运营成本

据国外统计资料显示,银行通过各种服务手段完成每笔交易所花的费用情况对比如表 7.1 所示。

表 7.1 银行各种服务方式成本对比

银行服务手段	银行完成每笔交易的成本
营业点	1.07 美元
电话银行	0.54 美元
ATM	0.27 美元
PC 机专用网络	0.15 美元
网上银行	0.01 美元

从上述对比中可以看出,网上银行的服务费用最低,甚至比普通营业点的营业费用要低 100 倍。这主要是由于其采用开放技术和软件,使开发和维护费用都极大地降低了。

网上银行不局限于银行业务大厅内,其雇员也比传统银行少得多,而且可以减少固定网点数量,降低经营成本。据统计,网上银行的经营成本相当于经营收入的 15% ~ 20%,而传统银行的经营成本则占收入的 60%。此外,开办一个 Internet 银行所需的成本只有 100 万美元,因为所有必要的软件都是现成的。相比之下,建立一个传统的银行分行需要的成本是 150 万美元至 200 万美元,外加每年的附加经营成本 35 万美元至 50 万美元。因此,网上银行显然是传统银行业务网的一种极其经济合算的潜代系统,这无疑预示着未来银行电子化发展的方向。

4. 开展网上业务促进银行业务的发展

银行为网上交易提供了支付结算服务,扩大了银行传统的业务范围,各种支付工具如信用卡、IC 卡、电子支票、数字现金、智能卡的使用,极大地促进了银行支付系统的发展。目前开展网上业务的银行都是大的、成功的传统银行,这些银行开拓网上业务不但不会对现有的传统业务构成冲击,反而会进一步推动其向前发展。在我国,电子商务的兴起不仅使各家银行面临空前的激烈竞争,市场重新划分,陈旧的服务不能适应网络时代的要求,同时也为银行提供了前所未有的发展空间,网上银行也许是"未来之路"。

5. 网上银行在电子商务中的地位

网上银行在电子商务整体框架中是必不可少的重要组成部分,是电子商务开展的必要条件。无论是对于传统的交易,还是新兴的电子商务,资金的支付都是完成交易的重要环节。所不同的是,电子商务强调支付过程和支付手段的电子化。我们知道,商务交易过程分为两个环节:交易环节和支付结算环节,而支付结算环节是由支付网关、收单银行、发卡银行等金融专用网络组成的,也就是说,银行作为电子化支付和结算的最终执行者,起着连接买卖双方的纽带作用。网上银行所提供的电子支付服务是电子商务中最关键要素和最高层次,直接关系到电子商务的发展前景。从这个意义上讲,随着电子商务的发展,网上银行的发展亦是必然趋势。

6. 网上银行安全、认证技术的进步

网络、安全、认证技术的进步是网上银行顺利全面发展的技术保证。银行被认为是安全、保密要求最高的行业,要让银行公开在网络上,必须做好安全防范措施。防火墙技术,SET、S-HTTP、SSL 等各种安全协议和认证中心为网上银行的发展提供了安全的保障。

7.3 网上银行的功能

7.3.1 商业银行业务功能

要搞清网上银行的功能,首先要搞清传统商业银行的业务范围。商业银行的业务包括五类:零售、国内批发、全球批发、投资和信托。

- 银行零售业务　　面向个人和团体的储蓄,对个人的贷款、汇兑。
- 银行国内批发业务　　国内银行间的交易(如拆借)、银行间的资金往来(结算和清算)。
- 全球批发业务　　国际间银行业务。
- 银行投资业务　　向企业贷款。
- 银行信托业务　　资金的代管和运作。

7.3.2 网上银行的功能

处于网络世界中的银行,其电子化的应用包括六个方面:办公自动化系统、客户服务支持系统、业务处理系统、信息发布系统、支付系统和网上银行系统,如图 7.3 所示。所以,我们看到网上银行只是银行电子化的一个方面,网上银行的发展受到银行内部网的制约。

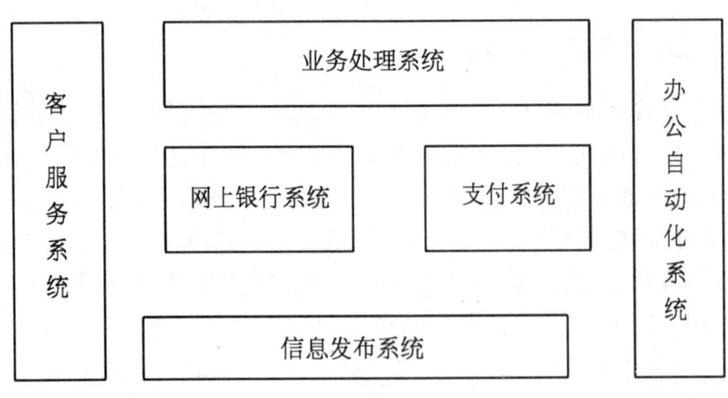

图 7.3　银行电子化系统的划分

网上银行的功能一般包括银行业务项目、信息发布以及商务服务。

1. 银行业务项目

银行业务项目主要包括：个人银行、对公业务(企业银行)、信用卡业务、多种付款方式、国际业务、信贷及特色服务等功能。

• 个人银行业务　　个人银行业务包括网上开户、清户、账户余额查询、交易明细查询、利息的查询、电子转账、票据兑现等。

• 网上信用卡业务　　网上信用卡业务包括网上信用卡申办,查询信用卡账单,银行主动向持卡人发送电子邮件、信用卡授权和清算。例如,若用户已经上网,那么可通过网络提出申办意向,这样可大大方便客户,缩短从申请到领卡的时间;持卡人也可以通过网络查询用卡明细;如果银行存有持卡人 E-mail 地址,那么银行每月可向他们提供对账单,不仅让客户更快地收到信息,而且提高了银行工作效率,节约了纸张;银行在网上还可以对特约商户进行信用卡业务授权、清算,传送黑名单,紧急止付名单等。

• 对公业务　　对公业务包括集团查看账户余额和历史业务情况,不同账户间划转资金,核对账户,电子支付雇员工资,将账户信息输出到空白表格,了解支票利益情况,打印显示各种报告和报表,如每日资产负债表、余额汇总表、详细业务记录表、付出支票报表、银行明细表、历史平均数表。

• 其他付款方式　　提供数字现金、电子支票、IC 卡、智能卡付款方式。

• 国际业务　　国际业务包括经网上进行的资金汇入、汇出。

• 信贷　　个人和企业在网上查询贷款利率,申请贷款,银行根据以往信用记录决定贷款。

• 特色服务　　特色服务依每个网上银行的服务而不同。常见的特色服务有提供免费下载金融管理软件,利用 Internet 网络向客户直接促销新的金融商品,并以此寻找潜在客户。例如,美国花旗银行一个月约有几百人通过互联网络索取各种金融商品的简介,并留下年龄、职业、家庭状况等个人资料,而这些资料将是银行宝贵的财产。

2. 商务服务

商务服务包括:投资理财、资本市场、政府服务等功能。

银行通过网上投资理财服务,更好地体现以客户为中心的服务策略。投资理财可以有两种方式。一种是客户主动型,客户可以对客户的账户及交易信息、汇率、利率、股价、期货、金价、基金等理财信息(金融信息)进行查询,使用或下载银行的分析软件帮助客户分析,按自己需要进行处理,能满足自己的各种特殊需求。目前,市场上已经出现专用的个人理财软件包产品,如 Quicken、Microsoft Money 和 Managing Your Money 等,还有支持股票交易、外汇买卖、期货交易、黄金买卖等的分析软件。网上理财现在在国内刚刚起步,很多实质性业务都没有开展。国内现在比较成形的网上理财业务是网上证券交易。另一种方式是银行主动型,银行可以把客户服务作为一个有续进程,由专人跟踪,进行理财分析,提供符合其经济状况的理财建议、计划及相应的金融服务。在最近十年中投资已成为全美发展最快的行业,如共同基金、养老金。1989 年以来,银行储蓄增长了 8%,而共同基金则增长了 63%。潜力巨大的投资服务可望获得进一步增长。这种增长要求的一个主要原因是战后的人口激增,1948 年到 1963 年间仅美国平均每年都有 440 万婴儿出生。今天人口老化,这些老人拥有储蓄和收入,并需要金融方面的建议、顾问和产品。仅这两种人在美国组成了超过 1 亿美元的投资产品潜在用户市场。

3. 信息发布

信息发布包括:国际市场外汇行情、对公利率、储蓄利率、汇率、国际金融信息、证券行情、银行信息等功能。

目前,网上银行实现的功能主要是信用卡、个人银行、对公业务等客户与银行间关系较密切的部分。

7.4 网上银行使用的技术方法

网上银行实现使用的主要技术方法是在 Internet 上建立网上银行的服务器, Internet 与银行核心业务处理和客户信息数据库连接在一起,给网上的用户提供以下几种与银行通信的机制:基于浏览器的访问、电子邮件、对话区、讨论组、基于 Web 的电话 。

1. 基于浏览器的访问

基于浏览器的访问是目前最普遍的方式,能满足超过80%的用户需要,其原理是WWW与客户自助服务相结合。关于WWW技术,我们前面已经介绍很多了。

2. 电子邮件

电子邮件是一种比较通用的方式。在使用电子邮件的系统中,要解决以下几个问题:

- 电子邮件的标准;
- 图像处理方法;
- 决定是否使用特定的电子邮件工具;
- 决定是否使用加密/授权;
- 接收、分发并处理电子邮件的方法;
- 使用共享邮箱及个人邮箱的规则;
- 确定是否接纳电子邮件作为合法的文件。

3. 对话区

对话区提供客户与银行的实时讨论,使用对话区方式需要解决以下问题:

- 建立对话日志、稽核和服务质量控制系统;
- 建立有关知识库,帮助用户解决常见问题。

4. 讨论组

讨论组为客户提供就某些话题交流信息,是客户间通信的一种手段,是公共的或限于某些用户组的,并非一对一的问答,银行并不需要回答所有问题。网上银行应尽可能维持一个用户论坛,建立有关话题,监控发来的信息,为客户与银行、客户与客户间建立一个沟通渠道。在讨论组的运用上,银行要注意:

- 选择合适的话题;
- 有效地对论坛进行监控;
- 适度参加讨论,加以引导。

5. Web电话

基于Web的电话提供了在Internet上进行电话交谈功能。但是,银行必须解决以下的问题:

- 把Internet电话与通常的电话中心结合在一起;
- 建立通信日志、录音功能等安全机制;

• 保证服务质量控制。

7.5 网上银行模式

网上银行的模式包括两个方面的内容,一个是指网上银行的运行机制,另一个是指网上银行的业务模式。

1. 网上银行的运行机制

从网上银行的运行机制上讲有两种模式。一种是完全依赖于 Internet 网发展起来的全新电子银行。这类银行的几乎所有银行业务交易都依靠互联网进行。1995 年 10 月,美国在 Internet 网上成立了全球第一家网上银行——安全第一网络银行(SFNB,Security First Network Bank)。它通过 Internet 网络提供全球范围的金融服务。尽管 SFNB 在亚特兰大有一实际存在的办公室,但主要业务是网上经营。这家网上银行向客户提供的是全新的服务手段,客户足不出户便可进行开户、存款、取款、转账、付款等业务。相信还会有更多的没有店门的虚拟银行诞生。另一种模式是指现在传统银行运用公共 Internet,开展传统的银行业务交易处理服务,通过其发展家庭银行、企业银行等服务。在美国的前 50 家银行中,目前已有大部分银行允许客户通过 WWW 访问其网址,查看自己的账户信息。部分银行还提供网上存钱转账业务。我国也有中国银行、招商银行在网上实现了部分业务。

2. 网上银行的业务模式

从目前网上银行业务发展方面看,有三种模式。第一种模式,把网上银行所针对的客户群设定为零售客户,把网上银行作为银行零售业务柜台的延伸,达到 24 小时不间断服务的效果,并节省银行的成本。美国的花旗银行(CitiBank)和美洲银行(Bank of America)等都有成功的经验可供借鉴。第二种模式,网上银行以批发业务为主,即在网上处理银行间的交易(如拆借)、银行间的资金往来(结算和清算)。第三种模式,是前两种的结合,即网上银行包括两个方面的业务。应该说,各种方式各有其道理,关键要看金融机构对其准备要推出的网上银行业务的市场定位和服务内容。例如,当零售客户群的基本素质比较低,并且网络接入率低,可以考虑第二种模式。无论是零售业务还是批发业务,网上银行这种方式都有用武之地,关键看银行如何来包装和推销自己。未来全功能的网上银行应采取的是第三种模式。

7.6 网上银行发展战略

要发展网上银行,应考虑以下几方面的因素。

7.6.1 网上银行与银行发展总体战略

银行取得电子商务成功的关键在于把信息转变成市场洞察力。为了生存，银行必须从战略的高度去管理、分析和运用信息，把电子商务变成现实是需要远见的。为此，银行必须考虑以网上银行战略为基础的发展策略，必须重新制定业务原则，并决定如何在网络环境下参与竞争，确定是基于客户为中心的发展，还是以产品为中心的发展。此外，银行应当建立自身的科技发展计划，并把这些计划纳入基于网上银行中心的战略和战术计划中。

7.6.2 银行组织的调整

在高度竞争的网络环境中，一家银行要想发展不仅需要快速进入市场，而且需要主动和反应迅速的行动。银行必须调整和改革组织机构和企业文化，使之能适应崭新、灵活的网络世界。

7.6.3 网上银行供应链上的供应商、客户

在发达国家，银行已不仅仅是资金的守护机构，严格限制着客户对于银行产品服务的选择，更重要的是作为金融产品的网关，向各类产品，包括金融产品提供部门的通道，这些部门包括保险公司、娱乐公司、旅游公司、投资管理公司、股票交易市场、政府税收部门。银行作为一个网关，向客户提供连接全世界任何地方服务者的途径。网上银行能更好地起到客户和其他金融产品中介人的作用。它通过 Internet 把其供应商、贸易伙伴和客户联系在一起，以此获得部分收入，如图 7.4 所示。有些网上银行链接旅行社、宾馆，如果这些旅行社、宾馆从该网上银行得到了客户，那么网上银行就会向他们收取一定的介绍费，相当于网上银行为他们做了广告，收取他们的广告费。例如，在 SFNB 的网页中的 PERKS 功能，提供了某些保险公司、网上商店的超级链接，SFNB 起到了金融产品网关、中介人的作用。中国银行的网页上则链接了其特约商户，如世纪互联网络公司、瑞得在线等。网上银行必须注意不能为了获得广告费，随便将不相干的企业链接到自己的网页上，降低了网页的质量，应选择真正存在于供应链上的供应商和销售商。

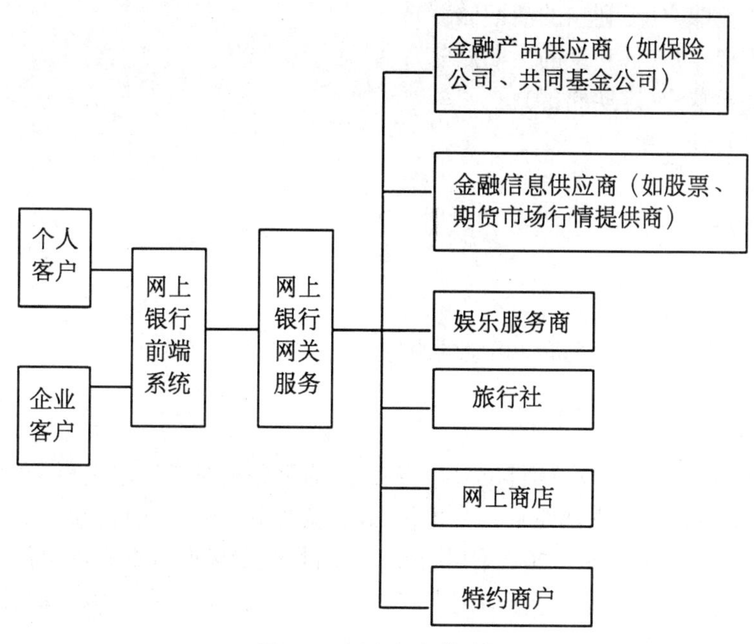

图 7.4　网上银行供应链

7.6.4　网上银行的客户定位

建立网上银行必须解决面向哪一类客户的问题。一般有以下几类客户:某区域的个人、企业,全国范围的个人、企业,世界范围的个人、企业。只有确定了客户的类型才能决定为此类客户提供哪些银行产品,确定网上银行具有的功能。客户类型的确定是由银行本身的优势决定的。对于国际型大银行,一般网上银行的客户是全国范围,甚至世界范围的企业和个人。例如,美国花旗银行的网上银行的客户是全美,甚至全世界的个人和企业。目前中国银行的网上银行的客户是全国范围的个人,这些人必须是长城卡的持有者,而这些人属于高收入阶层,也可以说是网络使用的先驱者。招商银行的客户是某地区的个人和企业。对于初期上网的银行可以从面向少部分客户开始试点,逐渐扩大客户范围。

7.6.5　网上银行产品、价格的定位

1. 产品定位

由于产品和服务在网络环境中的商品化,网上银行必须把他们的产品有形化,建立新的增值点,管理和保护自己的品牌。一般网上银行的产品与离线银行的产品相同,有以下几种:

- 基本支票账户(无利息的活期储蓄);
- 利息支票账户(低利息的活期储蓄);
- 基本储蓄账户(定期储蓄);
- 大额可转让存单;
- 信用卡;
- 货币市场;
- 贷款;
- 旅行支票。

围绕这些产品,网上银行提供相应的服务:

- 开设、关闭账户;
- 存、贷利率公布;
- 收费项目公布　　收费项目是指有些账户的服务按银行规定是免费的,有些是收费的。例如,SFNB 规定基本支票账户每月提供 20 次免费电子账单支付,超过 20 次就要收费,而利息支票账户可以获得高于 20 次的电子账单支付,收费标准可查看收费信息公布;
- 显示对账单(各种账户包括信用卡账户)　　对账单包括一个客户的各种账户余额、每种账户下的交易明细;
- 转账　　客户可以在自己开设的不同账户之间转账;
- 电子账单支付　　客户通过网上银行付账单,代替手写支票付账单,如以前每月交电话费是写一张支票给电话公司,或打电话给在一家开设了本人信用卡账户的银行,电话交费。现在,可以在网上银行填写交费表,完成电子账单支付;
- 向客户主动发送服务电子邮件。

2. 价格定位

与产品内容相联系的是产品的价格。前面已经看到,不同的产品有不同的利率和收费,也就是价格。价格可以说是吸引客户的重要原因。例如,历史上,家庭银行服务的实施和操作都非常昂贵,而用户很少愿意向这种服务每月支付超过 10 美元至 15 美元,有统计数字表明,在北美,从 1986 年以来 PC 拥有者就对家庭银行抱有兴趣,但是,他们对于价格很敏感,当价格升到每月 10 美元以上时客户兴趣就大大降低。客户总是希望把钱存到高利率、低收费的银行。在美国不同银行的利率是有差异的,尽管这种差异很小,SFNB 声称它的利率最高而收费最低。

7.6.6　吸引客户和保持客户

网上银行必须采取措施吸引和保留客户。例如,为客户提供优惠的产品,使客户操作界面简单和方便,提供客户感兴趣的金融信息和在线问题解答。这些网上银行的功能都是短期吸引客户的办法,在网上银行建立初期要达到的目标。从网上银行发展的长期策略看,真正吸引客户的方法是帮助客户管理和控制资金。这才是吸引客户、保持客户对银行的忠诚度的最终的策略。为此,要做好以下几个方面的工作:

• 认识到采取一定支出长期维护用户忠诚度的重要性,也就是必须认识到在网络世界里服务一个客户与服务 100000 个客户成本上没有差别;

• 让客户逐渐熟悉网上操作而获得银行的服务,这种熟悉使得客户对新增加的服务感兴趣;

• 提供集成服务,发展个人理财业务、信托业务,帮助客户分析资金如何更好地利用、再投资。

7.6.7 网上银行的开发模式

一个银行要确定其网上银行前端软件和后端软件的开发,也就是采取哪种开发模式。一般有两种模式:其一,选择商用网上银行软件,如 Intuit 的 Quicken,微软的 Microsoft Money,IBM 的网上银行产品;其二,银行在银行软件公司的帮助下,合作开发。

第一种模式的优势是开发周期短,速度快,经济和方便。缺点是受商用软件公司的制约性太大,存在让其他组织控制界面的危险性,一旦用户安装了微软和 Intuit 的软件,那么换银行比换软件还来得容易。因为对于用户来说所有银行都是一样的,每一个银行都无法与其他银行区分开来,无法提供新的产品,无法向用户建立自己的品牌效应。另一个缺点是,这些商用软件公司(如 Intuit 和微软)会成为前面所说的供应链上的网关,控制了银行自主选择商户,也就是说,软件公司将决定银行对于供应链中的业务合作伙伴的选择。所以,一个精明的金融产品供应商,如保险公司,宁愿和软件公司协商也不愿和银行协商。与软件公司签订协议意味着它可以与许多银行(使用了软件公司网上银行产品)的用户建立联系,而和其中一家银行签订协议意味着它只可以和这一家银行的用户建立联系。

第二种模式的优势是培养了银行内部自己的软件专家,银行可以随时应付环境和用户的变化。缺点是银行不擅长用户软件的开发,他们没有像软件专家那样的资源来持续地支持开发。

在开发模式上,银行可以部署三个战略:

• 将大量资金投入建立银行信息体系结构、技术结构和网上银行产品,并从根本上转变银行对用户零售服务的方式;

• 在网上银行供应链中寻求合作者,为客户提供价格适中的最好服务;

• 从产品导向模式转变到客户导向模式,目标是向不断增长的用户提供更大的方便和以用户为核心的服务来提高用户忠诚度。

7.6.8 网上银行后端的支持

开发前端界面固然重要,后台的操作和系统的重组也很重要。

由于网上银行的后台系统一般是批处理形式,使后台处理缺乏实时性,对于用户需求满足上出现漏洞。例如,在前端用信用卡网上付款,但是几秒钟后,去查看网上银行信用卡账户,一般并没有这笔交易,因为对账户的维护不是实时的。

后台结构的复杂性在于大型银行里的每一个功能模块都在独立的主机系统中。在电子商务中,银行不得不将存储在主机数据库中的信息集成起来。这种集成也许需要对数据库设计和机构进行根本性的修改。

7.6.9 网上银行的关键元素——安全、标准

为了保护 IT 投资并确保灵活而有效地与外部组织打交道,网上银行应采用通用的标准、安全方式和后台接口等,并且与商业战略密切配合。

迄今为止,尽管网上银行热闹非凡,但实际的网上交易却少得可怜,甚至连最基本的跨行转账都无法通过网上银行进行,其主要的原因是互联网络的安全问题。由于实际网上交易都可能引来网络入侵者,不管是盗窃还是更改电子资金资料,对于信用重于一切的银行,都是极大的风险。尽管许多网上银行在自己的网页中宣称其安全性是多么多么地高,使用了诸如 SSL 的安全协议,绝不透露客户个人的隐私等等,但网络消费者对网上交易安全仍存在着疑虑。因此,如何确保交易(首先是通过网上付款结账)安全和为个人保密(隐私),仍然是发展网上银行需要克服的最大障碍。

网上银行可以采取防火墙、虚拟保险箱和其他加密、保密技术来保护自己,保护客户的利益不受损害。可以结合银行的管理层面,按任务要求,层层设墙,分级授权;站在整个网络安全运作的高度,从每个安全环节入手做网络安全的控制和管理;结合网络防病毒一并考虑;从网络运作的实时、动态上测试,让网络不断承受着攻击,让网络的防护措施不断加强。但是,网上银行的安全必须做到魔高一尺,道高一丈,做到被攻击—保护—再被攻击—再加强保护。安全技术可以说是无止境的。

7.7 网上银行案例

1. 安全第一网络银行

安全第一网络银行是网上第一家银行。在进入网络之前,Cardinal Bancshares——拥有

SFNB 的公司——于 1994 年 9 月向 OTS(Office of Thrift Supervision)申请批准其下属公司(位于肯塔基州的 Pineville 第一联邦储蓄银行)转变商业计划,增加 Internet 银行的经营业务,并申请将银行的名称改为 SFNB。OTS 在对安全体系进行了一番慎重的考察和详尽的分析之后,于 1995 年 3 月 8 日批准其成立。SFNB 终于在 1995 年 10 月 18 日正式上网。其主页地址是 http://www.sfnb.com,如图 7.5 所示。

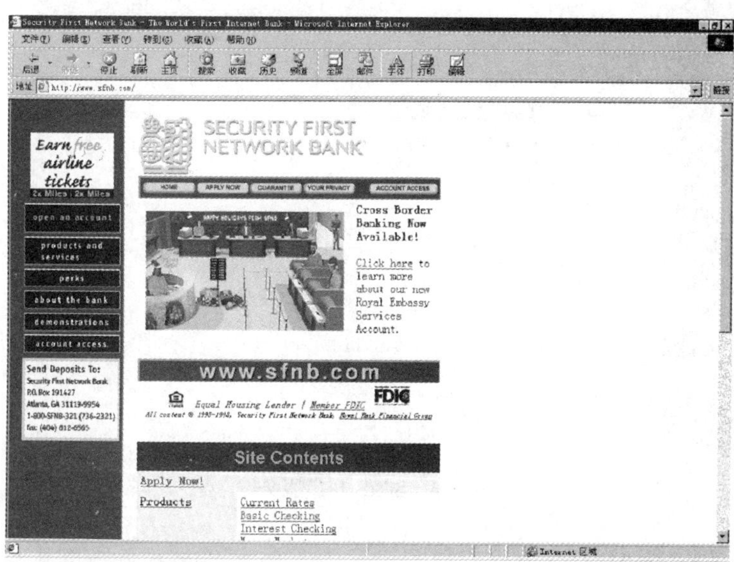

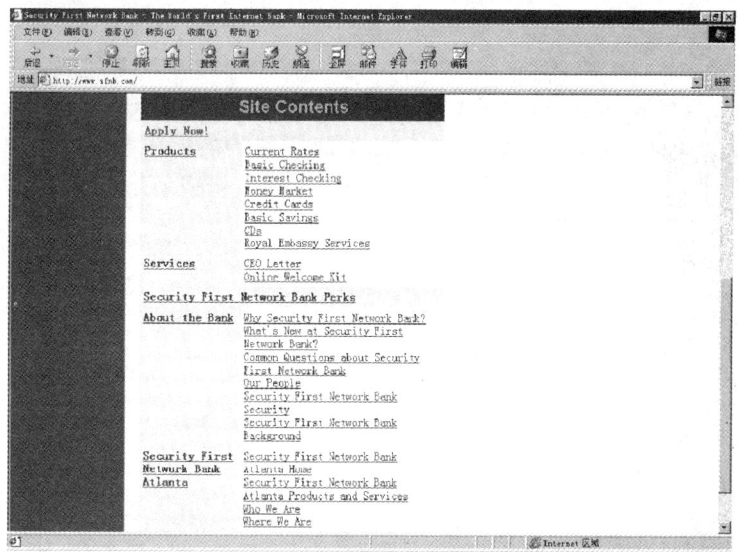

图 7.5　SFNB 主页

主页上的左边显示网上银行提供的六大类服务：

• 开户(Open an account)　新客户按照规定的步骤，在网上填表，申请开设账户，如图 7.6 所示。

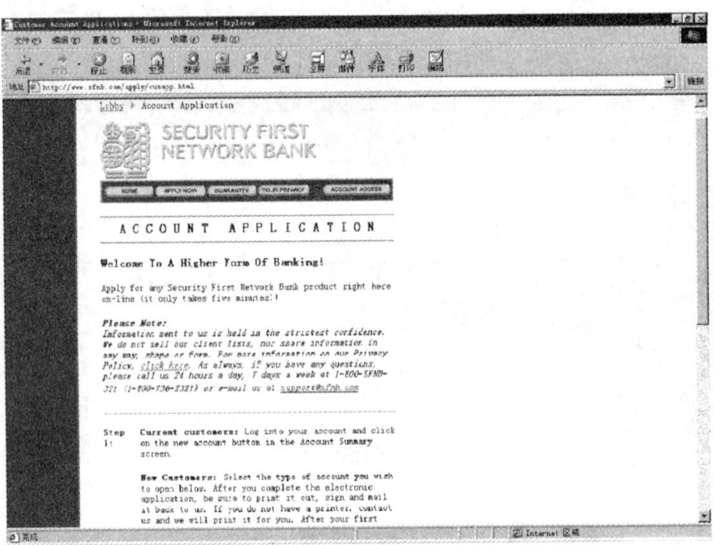

图 7.6　SFNB 开户服务

• 产品和服务介绍(products and services)　介绍各种网上产品和服务，如现行利率、基本支票业务、利息支票业务等，如图 7.7 所示。

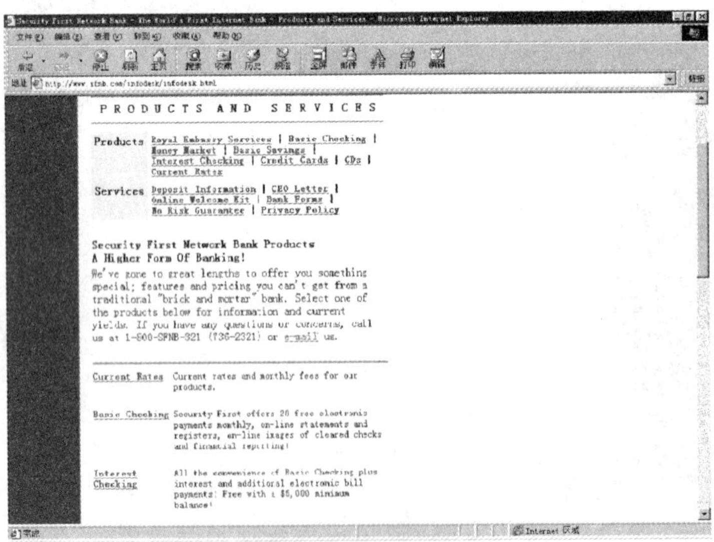

图 7.7　SFNB 产品介绍

• 连接的站点(perks)　　提供一些客户可能感兴趣的站点,如使用该银行支付工具的网上商店,如图 7.8 所示。

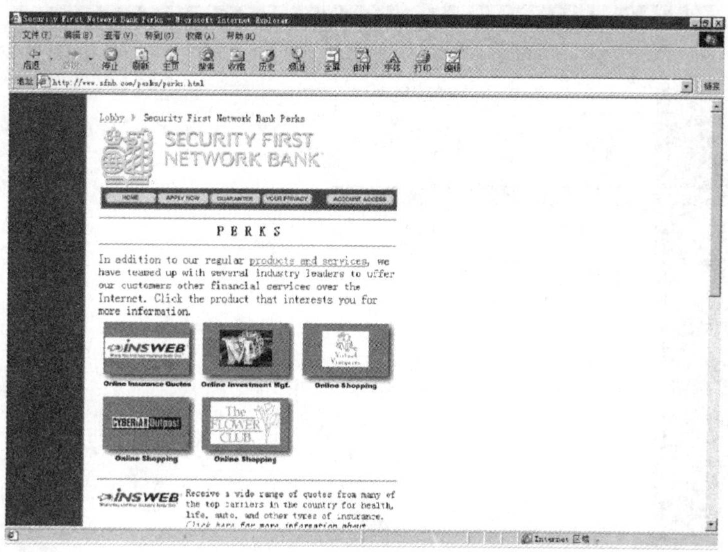

图 7.8　SFNB 链接的其他产品

• 关于银行(about the bank)　　介绍该银行的基本信息,如图 7.9 所示。

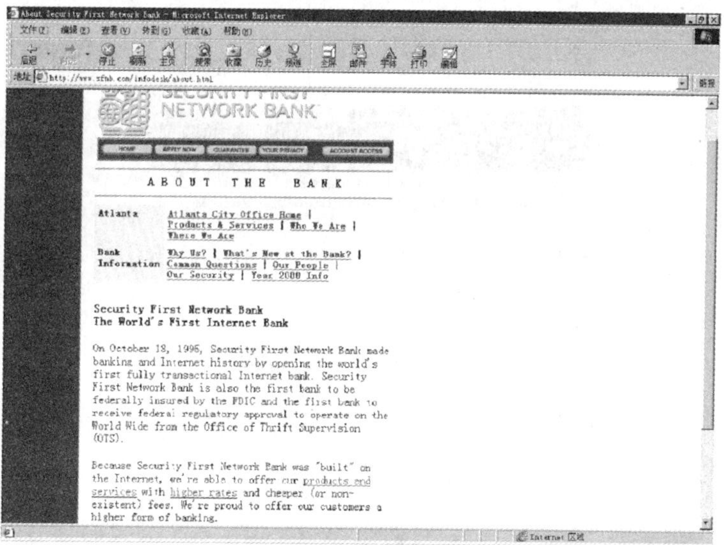

图 7.9　SFNB 介绍

• 服务的演示版(demonstrations)　　提供进入账户服务后的主要窗口、服务的格式,如图 7.10 所示。

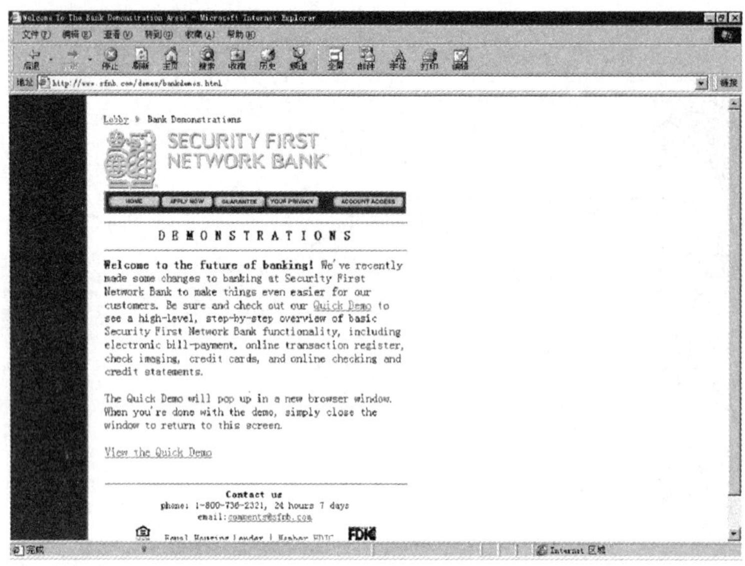

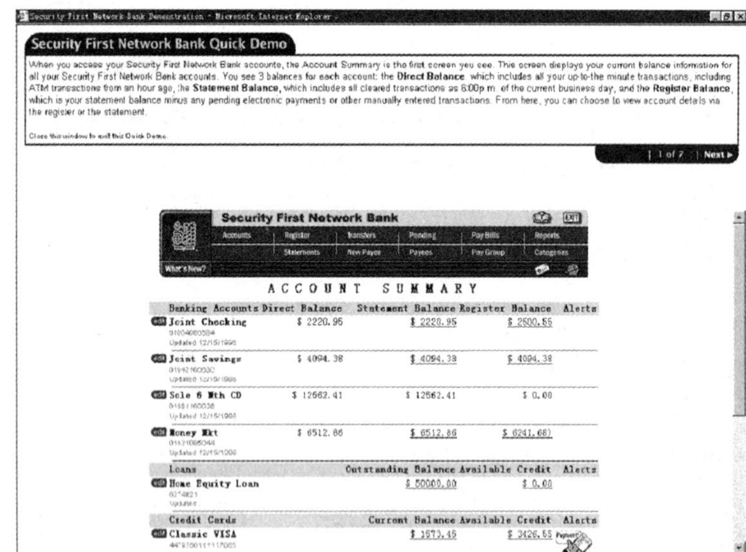

图 7.10　SFNB 演示

• 进入账户服务(account access)　　输入账号和密码进入账户服务,如图 7.11 所示。

该网上银行的产品有:

现行利率(current rate)　　产品的现行利率和月费用;

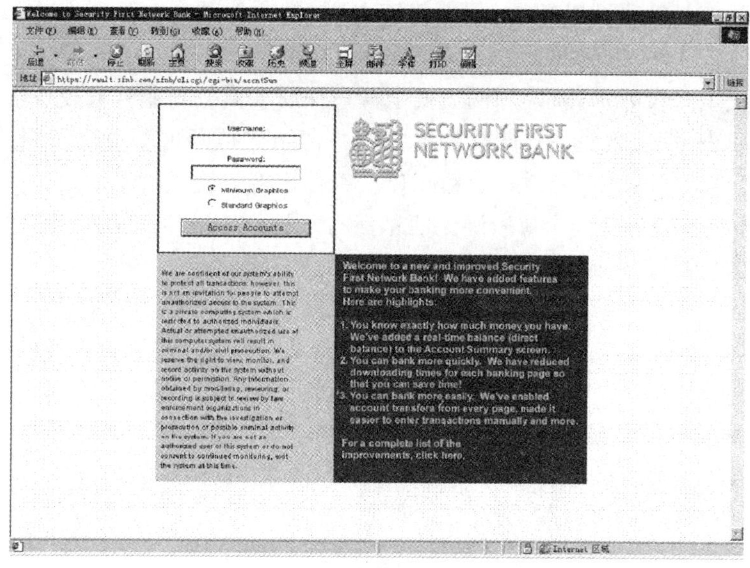

图 7.11　SFNB 进入账户服务

基本支票业务(basic checking)　每月提供 20 次免费电子支付,联机对账单/明细表(statements)和注册登记,联机的已结算支票记录、金融报告;

利息支票业务(interest checking)　在基本支票业务的基础上,此类账户可获得利息并可获得额外的电子账单支付服务。只要此类账户的余额保持在 5000 美元以上,上述服务均可免费;

货币市场(money market)　提供一些最高的货币市场利率,将货币投资在 SFNB 的货币市场,赚取利息,然后当需支付时,划转资金到支票账户;

信用卡(credit card)　SFNB 向预先经过核查符合条件的顾客发行 Visa Classic 和 Visa Gold 卡,显示信用卡账户对账单,提供网上信用卡付款方式;

基本储蓄业务(basic savings)　定期储蓄业务,此类账户按利率获得利息,只要满足最低账户余额要求,客户免交月费;

大额可转让业务 CDs(Certificates of Deposit)　开设此类账户,客户可以获得高额利息。

SFNB 提供的服务有:

存款信息　迅速轻松地得到客户所需要的在 SFNB 账户上的存款信息;

总裁的信　描述了一个季度更改一次的银行总的描述;

网上服务欢迎工具　对第一次在银行开设账户的客户,提示如何存取账户、付款、查询余额;

SFNB 在线表单　网上填写该表单订购存款单和信封,建立 ACH 存款,再订购支票和改变客户地址信息;

无风险保证　　解释 SFNB 如何保证每笔交易 100%无风险；

隐私政策　　了解 SFNB 的保护个人隐私的政策。

一旦客户决定开设账户，就使用网上安全开户注册表向银行服务器发送加密信息，并用打印机打出开户表，签上名字后连同存款支票一并寄给银行即可。银行使用开户表提供的信息，确认账户信息并为客户开设一个新账户。银行按客户提供的地址发送一个邮包，包括用户名和 Password、账户号、个人身份确认信息、一张银行卡、IC 卡或者携带一个私人密钥和认证的软盘。客户可以用银行卡在银行的提款机上提款或存款、付账。

SFNB 由两部分组成：第一部分是信息服务器，向这一领域的潜在客户介绍银行及其服务；第二部分是银行服务器，装有真正的银行应用。每一次客户向银行发送的交易信息都经过编码以使信息在网络上传送过程中受到保护。银行服务器接受交易，对信息解码，并进行相应服务。信息服务器和银行服务器都是 HP9000 的 715 服务器。这种服务器作为银行的主要 Web 服务器，并且运行银行的应用客户软件。数据库服务器是 HP9000 的 K200 服务器，装有独立的处理器和一些通信设备。

2. 中国银行

中国银行(http://www.bank-of-china.com)是全球第 15 大银行，从 1996 年起投入网上银行的专项开发，并建立了自己的网站。1998 年 3 月 6 日下午 3:30，中国银行的第一笔 Internet 网上电子交易成功，某位客户通过中国银行的网上银行服务，从中国银行的网上商户购买了 10 小时的上网机时。从主页(如图 7.12 所示)中可以看到网站提供今日牌价、概况、业

图 7.12　中国银行网上主页

务概览、海内外机构、国际业务、信用卡、金融热点、新闻、网上银行服务等功能，分别如图7.13、图7.14、图7.15、图7.16所示，其中大部分是提供信息，只有“网上银行服务”是通过Internet获得银行的在线服务。

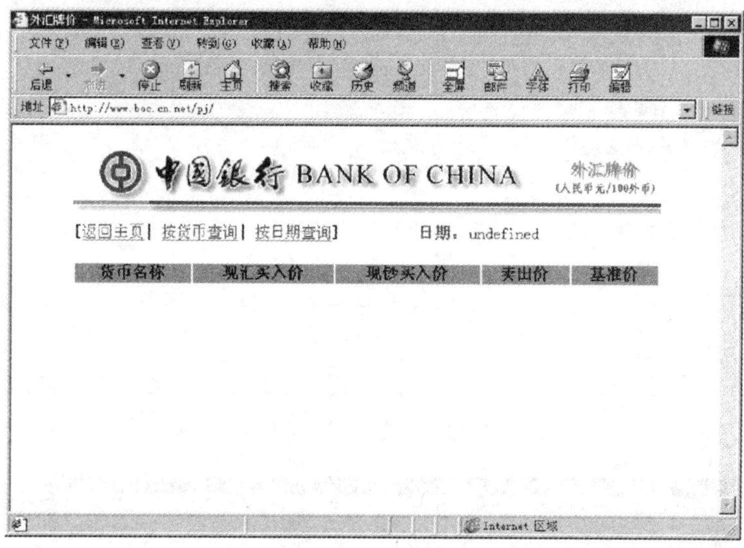

图 7.13　外汇牌价

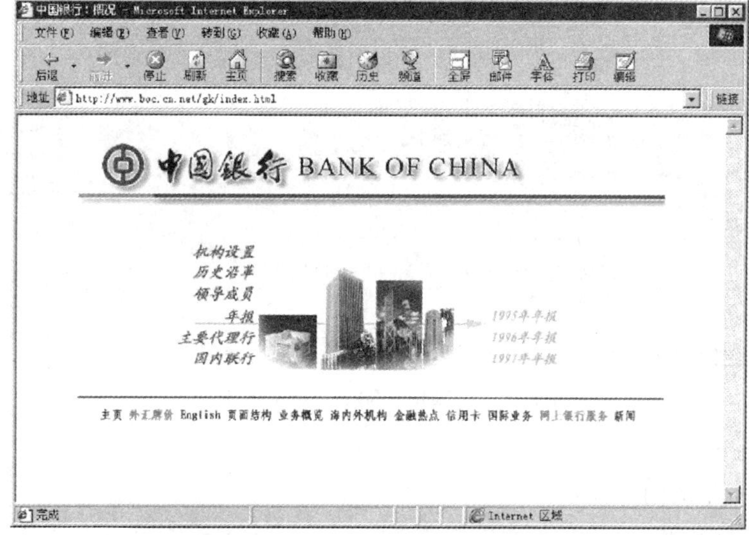

图 7.14　中国银行概况介绍

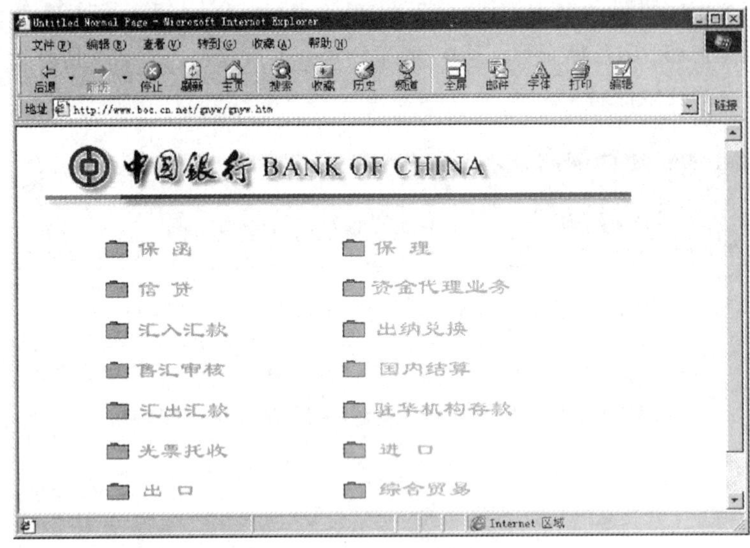

图 7.15　中国银行业务概览

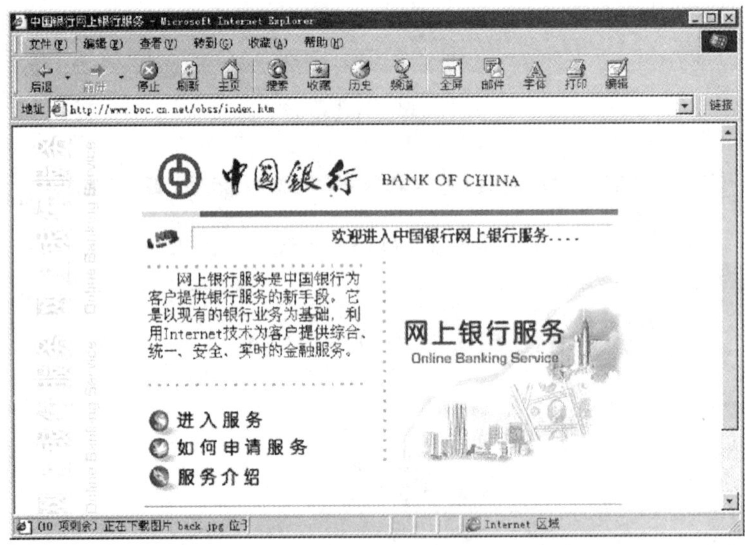

图 7.16　中国银行网上银行服务主页

中国银行提供的网上服务有：

- 服务项目介绍　　在使用有关服务之前，首先查阅有关服务项目介绍；
- 服务申请流程　　为顺利完成申请服务程序，需了解中国银行网上银行服务的服务申请流程，然后根据具体情况进行服务申请；

• 进入服务　　如图 7.17 所示，在进入服务之前，必须获得用户账号和密码，并在浏览器上安装 CA 认证软件。具体的网上服务有：

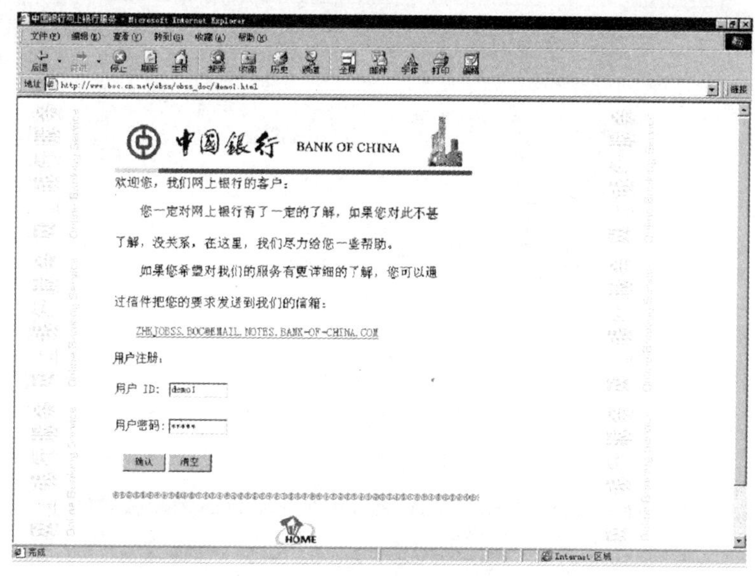

图 7.17　进入网上服务

信用卡服务　　对持卡人可以查询长城卡账户余额及交易情况，并对银行指定的商户交费。对商户在使用这项服务开展网上购物时，首先应与当地分行信用卡部签订有关协议成为商户；其次，商户应有自己的订购系统，可以向网上客户展示商品并能够下订单，订单必须包含订单号一项，这是商户向客户发放货物的依据；最后，商户在收到来自银行的客户已付费的通知后应向客户发货（持卡人将订单交给网上银行，由银行通知商家购买过程有效）。目前，商户的系统不需与银行的系统建立连接。目前，特约商户有世纪互联通信技术有限公司、瑞得集团瑞得在线、瀛海威、中国光盘超市、中华慈善总会等。信用卡服务如图 7.18、图 7.19、图7.20、图 7.21 所示。

企业集团服务　　查阅本公司和集团子公司账户余额、汇款、交易信息。该项服务的具体范围视具体情况而定。

对公账户实时查询服务　　实时查询本公司对公账户余额、交易历史信息。

代收费服务　　主要对象是中国银行长城卡的持有人，他们申请了网上服务，需定期交纳各种社会服务的费用。该项服务目前提供代交北京电报局的 Internet 网络使用费。

国际收支申报服务　　向外管局进行对公汇入汇款申报，此项服务目前首先在中国银行总行提供。

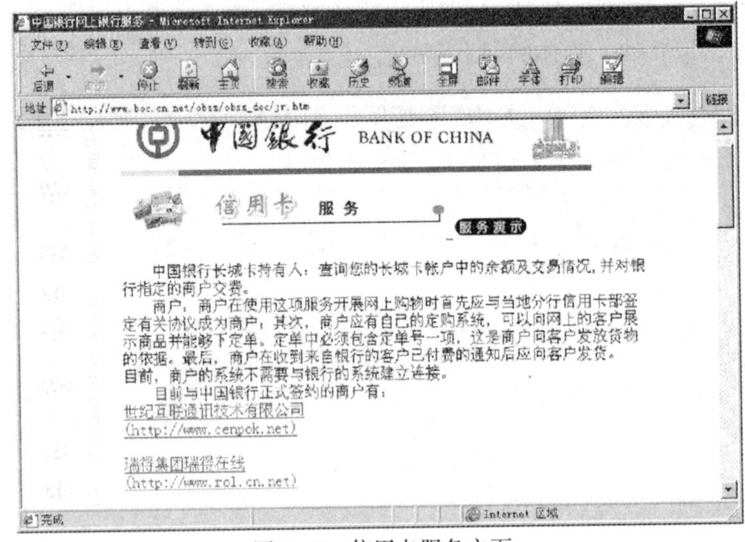

图 7.18　信用卡服务主页

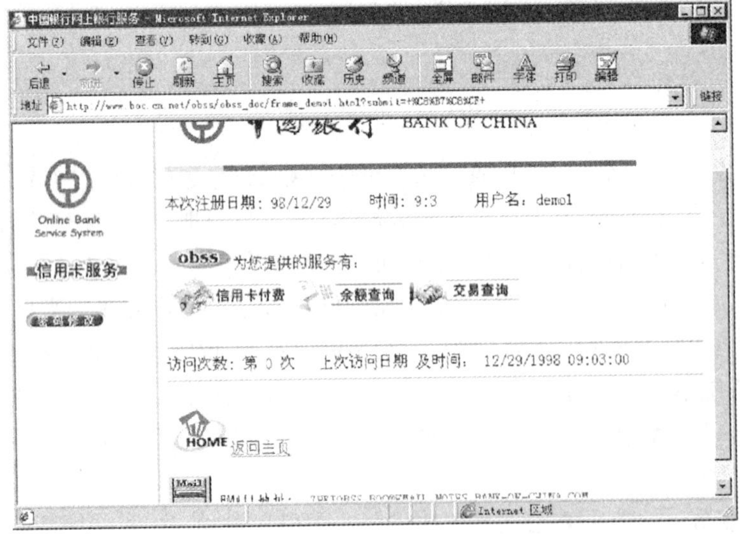

图 7.19　信用卡服务各功能选择

进行网上交易的用户，首先必须拥有中国银行的长城信用卡，然后进入网上银行服务申请流程页面，在网上填写网上银行服务申请表，中国银行的管理机构在检测其合法性后以电子邮件形式通知客户到中国银行某分行信用卡部办理确认手续，之后客户将通过 E-mail 接收到认证信息(CA)，并在自己计算机上安装 CA 认证软件。安装了 CA 的客户具备了网上交易的条件,就可以进入商家站点选购商品,将订单交给网上银行,由银行通知商家购买过程有效。

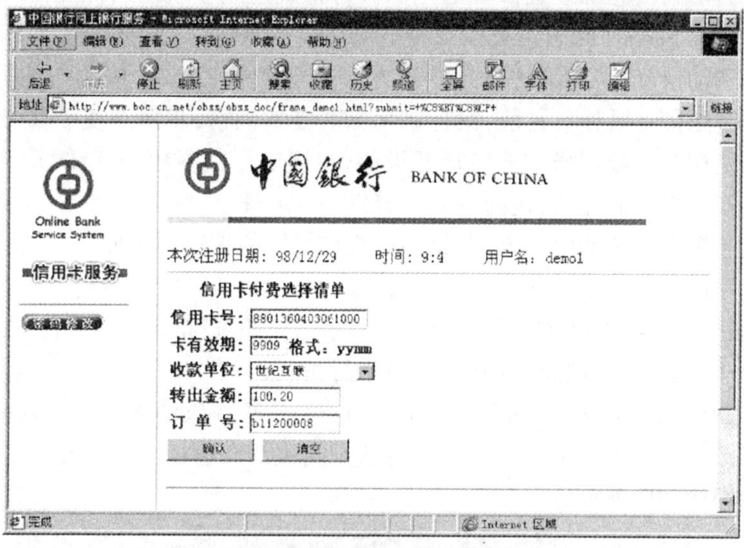

图 7.20 信用卡对商户付费

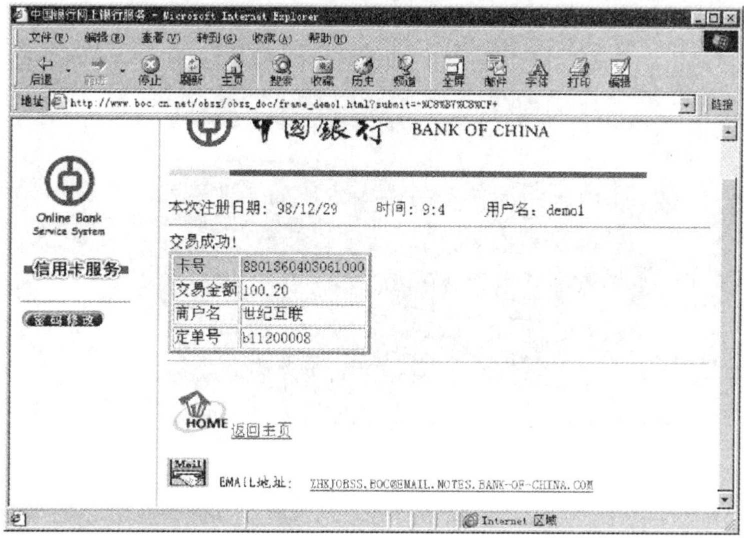

图 7.21 交易查询

3. 深圳招商银行

1997 年 2 月 28 日，总部设在深圳的招商银行正式建立互联网站(http://www.cmb.com.cn)，推出招商银行 Internet 网上主页以及网上银行业务，使客户"足不出户"就能即时查询其在银行的账务变动情况，动态了解当天银行的利率，了解外汇汇率、股市行情等变动情况，并可以享受各种金融信息服务。目前，银行采用 SSL 技术加密，将所有交易数据均加密传输；网上购物专户是在"一卡通"账户下另行开设的，并规定了其限额为 2000 元，对"一卡通"账户的安全不会产生太大的冲击；还向网上商家发放 SSL 证书，在销售和支付两方面设置安全保护。它改变了银行传统的服务方式，是现行银行系统的扩充和延伸。

主页显示网站提供如下的服务："招银天地"、"招银频道"、"个人银行"、"企业银行"、"网上支付"、"金融信息"，如图 7.22 所示。其中的"招银天地"、"招银频道"介绍本银行的概况、服务范围、客户情况；"金融信息"及时提供股市行情、银行利率、汇率、国际金融信息；"个人银行"、"企业银行"、"网上支付"三个系统是目前招商银行提供的网上银行的核心服务，使客户不再受限于银行的地理环境、上班时间，突破空间距离和物体媒介的限制，足不出户就可以享受到招商银行的服务。

图 7.22 招商银行主页

(1) 个人银行

个人银行以方便、快捷、安全的方式处理客户个人账务，适用于个人和家庭。客户只要在招商银行开立了普通存折或"一卡通"账户，即可通过 Internet 网查询其账户余额、当天交易和历史交易等信息，并可获得修改账户密码等服务，如图 7.23 所示。图 7.24 是普通存折

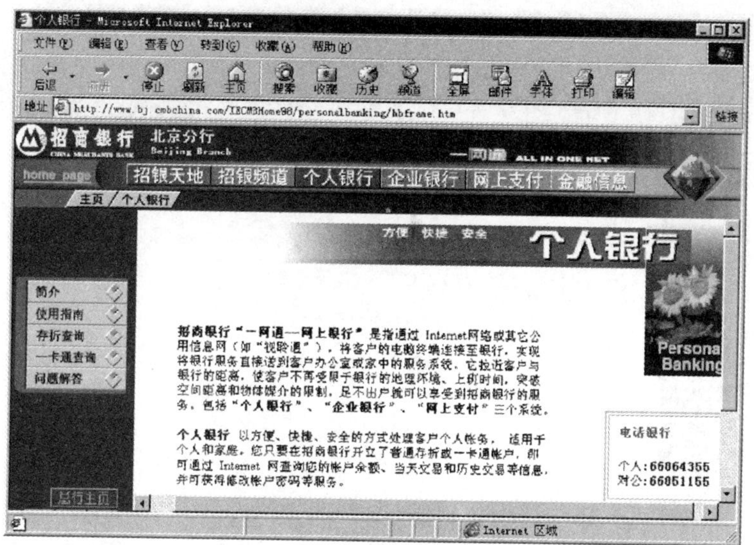

图 7.23 个人银行服务主页

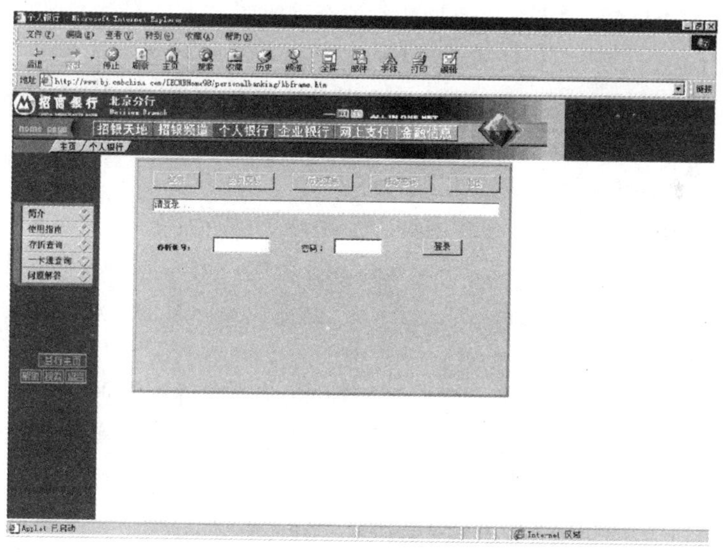

图 7.24 普通存折查询

查询,图 7.25 是一卡通查询。目前系统还不完善,没有全国统一的网址,用户必须分别从各地区的"各分行网址"进入网上银行。例如,在北京分行开设存折和"一卡通"账户的用户必须从招商银行北京分行的网站进入获得个人银行的服务。用户使用的浏览器必须支持 Java,因为存折和一卡通查询服务是用 Java 程序实现的。存折账户查询时,输入 10 位账号和 6

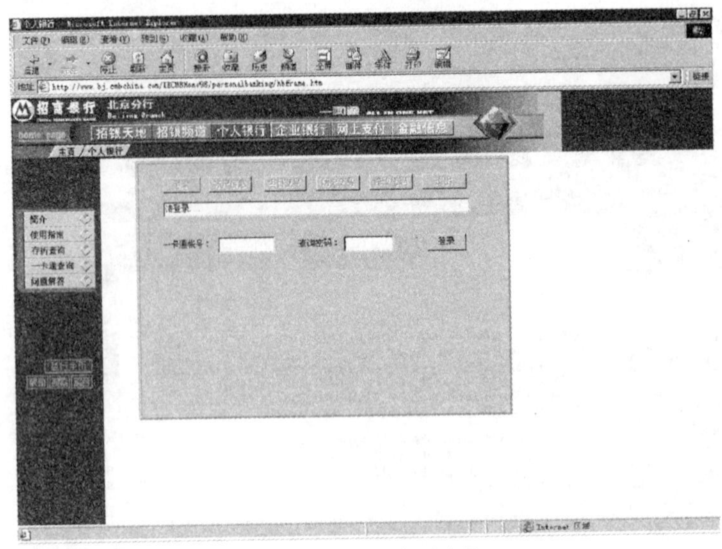

图 7.25　一卡通查询

位密码,一卡通账户查询时,输入 8 位卡号和 6 位查询密码。

(2) 企业银行

企业银行以方便、快捷、安全的方式处理客户对公账务,为客户提供如下的网上服务功能:

- 严格的"企业银行"用户和用户权限管理;
- 完善的账务信息查询,包括账户明细以及账户交易明细查询;
- 母(总)公司对下属子公司或分公司账户和账务的查询;
- 安全的企业内部账户之间调拨资金的内部转账以及向其他企业付款的支付;
- 网上代发工资服务;
- 丰富多彩的信息服务　　包括银行到账通知、转账支付发生通知、贷款到期通知、开办新业务通知、利率变动通知、招商银行机构和业务信息、证券行情、实时利率汇率信息等。

目前系统还不完善,没有全国统一的网址,用户必须从所在开户行地区的"各分行网址"进入企业银行。企业不能在网上开户,必须到开户行领取"招商银行企业银行申请表"和"招商银行企业银行服务协议",填写"申请表"和"协议书"后交开户行,由开户行为客户办理开户手续。开户行为客户安装有关软件并进行培训。企业银行用户的浏览器必须是 Internet Explorer 中文 3.0 以上版本,或英文 3.0 以上版本配中文系统。企业银行的业务发生时间为上午 8:00 到下午 4:30。

(3) 网上支付

网上支付向客户提供网上消费支付结算。该行互联网站已通过国际权威(CA)认证且采用了先进的加密技术,客户在使用“网上支付”时,所有数据均经过加密后才在网上传输,因此是安全可靠的。

网上支付功能使用的过程如下:

• 申请网上支付服务　　客户必须到该行任一网点办理本项服务的申请手续,取得网上支付卡和支付密码。只有该行“一卡通”用户可享受此项服务;

• 专户转账　　在成功申请网上购物功能后,银行即为客户在活期储蓄账户下设立了“网上支付”专户,在进行网上消费前需将资金转入此专户;

• 选购　　可以在任何提供招商银行“网上支付”服务的网上商户选购商品和服务(见招商银行网上商户),截止 1998 年底,北京地区的网上商户有三家。当选购完商品和服务并确认后,使用鼠标点击“一卡通付款”栏,就会自动被引导到本行的网站并进入支付程序。每次网上支付金额最高为人民币 2000 元,每日累计交易额最高为 5000 元。

• 支付　　依次输入网上支付卡号及网上支付密码,如图7.26 所示,客户终端显示以下信息的一种:扣款成功;专户余额不足,请客户通过电话银行向专户补充存款;通信故障,请稍后进行交易。

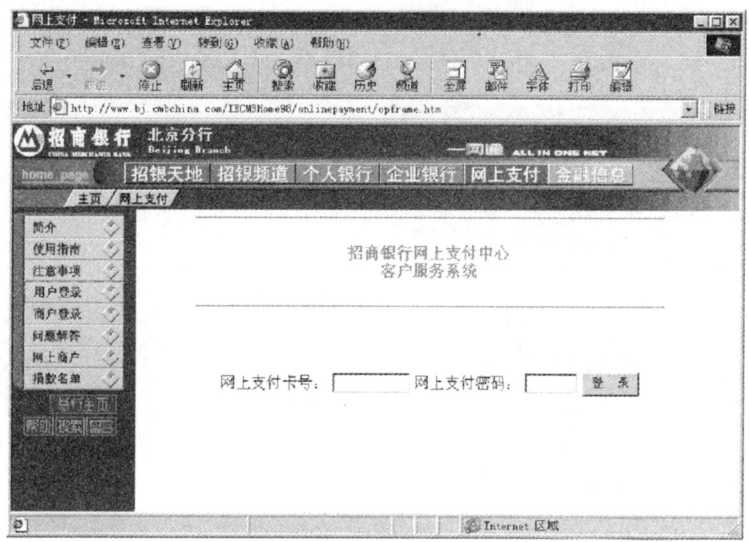

图 7.26　网上支付

• 交易确认　　为避免出现由于商户库存不足以至无法供货等情况,所有购物交易均需经商户确认后方告成立。客户可随时通过招商银行网页“网上支付”专栏查询订单是否已被确认,如有疑问,可拨打网上商户服务热线,向商户直接询问。

毫无疑问,Internet 必将改变未来金融市场的运作方式。但是,要解除人们对传输速率、可靠性和安全性的担心,克服市场在使用专用系统方面的传统习惯,尚需相当长的时间。尽管如此,Internet 网络带来机会,但也充满挑战。网上银行前景在望,竞争策略浮现雏型,如何调整自我,超越竞争者,面向 21 世纪,考验着所有银行。不论未来怎么走,更便利的金融服务,将是网上银行带给客户的最大利益。

思 考 题

1. 什么是网上银行?它具有什么特征?
2. 家庭银行的发展经历了几个阶段?
3. 网上银行具有什么功能?
4. 网上银行有几种运行模式?
5. 网上银行有几种业务模式?
6. 如何理解网上银行供应链?
7. 试分析某网上银行的服务。

第八章　网 上 广 告

电子商务基于互联网的发展,网上广告自然就成为最直观的电子商务活动。互联网正在成为重要的广告媒体市场,Internet 广告管理署公布了近年来全球网络广告收入数字:1996 年全年广告收入是 267 百万美元,1997 年广告收入是 906 百万美元,1998 年估计为 20 亿美元。据美国 Forrester 调查公司的预测,到 2003 年,全世界网上广告收入可达 150 亿美元至 200 亿美元。来自 CNNIC 的数据显示,在 1998 年至 2000 年之间,中国的网上广告市场将有 24%的平均增长,远远高于其他亚洲地区 6%的增长。互联网是一个如此巨大的媒体,又处在高速发展中,在互联网上打广告意味着难以估量的商业机会。广告主如何做自己品牌的广告,让更多的用户了解自己? 广告商如何通过 Internet 销售广告,获得收入? 本章通过介绍网上广告的一些基本概念、特点、网上广告的运作原理,来回答这些问题。

8.1　网上广告的定义和形式

8.1.1　网上广告的定义

1. 定义

网上广告是指在 Internet 上传播、发布的广告,甚至通过广告超级链接到广告主的站点上,让受众了解广告销售商的更多信息,达到网上广告的目的。

2. 网上广告的历史

《HotWired》杂志网络版(http://www.hotwired.com),于 1994 年 10 月 14 日在其站点上发布了第一个网上广告。《HotWired》杂志并不是通过 2 美元卖一份该杂志的电子拷贝来赚钱。它用的是更为传统的方式,向赞助商收取高额的广告费。这本以 Web 为基础的杂志在 1994 年 10 月吸引了 AT&T 等 16 家赞助商。每家做广告的公司都向该杂志交付 3 万美元,获得两个月的广告资格。该杂志的方法是通过把有才能的作者、艺术家和技术人员聚集到"信息篝火"下,给他们一个网上地点;雇佣了 25 名联机职员与读者交流,由一个顶尖的设计小组创建看上去非常舒服的外观,建立可由读者编辑的内容,并使用联机媒介显示多媒体的艺术作品和其他漂亮的内容。该杂志的市场定位非常好,在最初的 5 天里,吸引了 12000 名用户。

今天,世界范围的网上广告发展如表 8.1 所示。

表 8.1 广告收入和花销

项　目	价　值(美元)
1997 年 Web 广告收入	6 亿
1998 年 Web 广告收入	40 亿
1997 年非网上广告收入	133 万亿
1998 年非网上广告收入	155 万亿
1997 年网上广告花销	6 亿
1998 年网上广告花销	10 亿
2002 年网上广告花销	77 亿(预计)

注:引自《Computer World》

近几年我国网民对网上广告的态度也发生了转变。根据CNNIC 1998 年底的调查,用户对网上广告的态度是:经常点击网上广告,并且从中获得很多有用信息的占 7%;不常点击网络广告,除非有感兴趣的内容的占 54%;不点击,但对网上广告并不讨厌的占 29%;广告将延长下载网页的时间,痛恨至极的占 10% 。

8.1.2 网上广告的形式

网上广告的形式一般分为两大类:文字和图形。图形广告又可以分为图标广告和旗帜广告两种,下面分别介绍每种广告形式。

1. 文字广告

文字广告就是以文字的形式,扩大企业或产品的知名度。这些文字的广告可以放在 Web 页上,一般是企业的名称,点击后链接到广告主的主页上。这种文字链接形式的广告通常出现在分类栏目中, 如搜狐企业集锦栏目的文字广告 ,如图 8.1 所示。文字广告还可以通过电子邮件的形式定期传送给客户,也可以在新闻组或电子公告板上发布,这两种形式一般是宣传新产品。

2. 图标广告(button)

这种广告是出现在 Web 页面任何地方的一个图标。这个图标可能是一个企业的标志,也可能是一个一般的象形图标,点击它可链接到广告主的站点上。按照 Internet 广告管理署 IAB(Internet Advertising Bureau ,这是国际上最为权威的 Internet 网络广告管理机构,其网址是 http://www.iab.net) 的标准,图标广告的尺寸一般为 120×90、120×60、125×125、88×31 像素。

图 8.1 文字形式的广告

3. Web 页上的静态旗帜/标题广告(banner)

这种广告是在页面的顶端或底端出现的静态长条状图片。点击该图片可链接到广告主的站点上，如图 8.2 所示。如果点击图上的"嘉信理财集团祝您在新的一年内事事成功"的

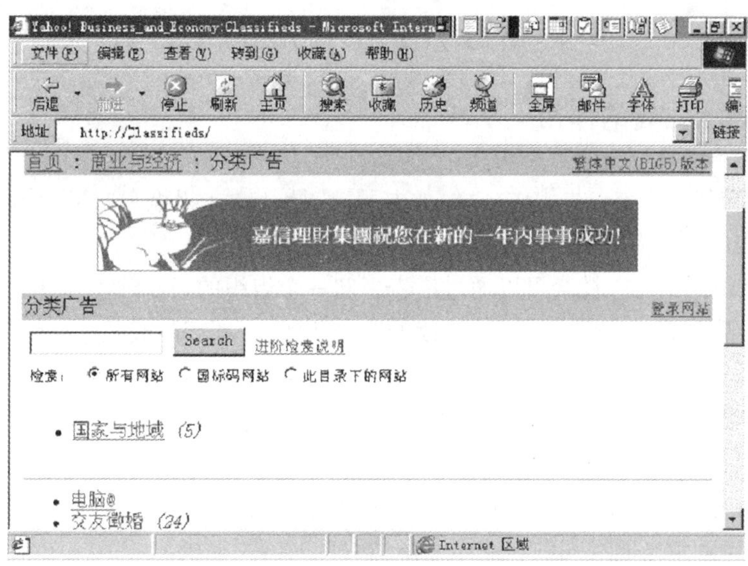

图 8.2 静态旗帜广告

横幅,将链接到 http://ads03focalink.com 网页上。这种广告的效果虽然比文字广告和图标广告的形式好,但还是不很理想。美国 P&G 公司发现,在含有静态旗帜广告的页面上,页面的每 100 位浏览者中大约只有 3 ~ 13 人通过这种静态旗帜广告真正进入广告主的主页。按照 IAB 的标准,旗帜广告的尺寸是全幅为 468 × 60 像素,有 MENU 的全幅为 392 × 72 像素,半幅为 234 × 60 像素,竖幅为 120 × 240 像素。

4. Web 页上的动态旗帜/标题广告

动态旗帜广告是将上面的静态图片换成动画,使这条广告具有强烈的动感,引起浏览者的注意。例如,康柏公司就因采取动感广告,而使访问康柏网址的人数增加了 45%。

5. Web 页上的丰富图文旗帜广告(rich banner)

它强调更高的互动性、更好的视觉和听觉效果和三维动画效果。

不管是上面哪种旗帜广告,都会看到两种旗帜广告的出现方式:轮换播映和买断播映。轮换播映是几家广告主的旗帜广告轮换播映,原因是 Web 页面版位有限及广告的收费较高。例如,北京电信(http://www.bta.net.cn)的主页页底,曾轮流播映首都在线(http://www.263.net)、畅苑网捷(http://www.cj.net.cn)、中国广告黄页(http://www.topad.com.cn)等的旗帜广告。如搜狐的主页页眉处轮流播映着联想、诺基亚等几家公司的广告。买断播映是一家广告主愿意多花钱,买断一个旗帜版位,只出现一个广告。

8.2 网上广告的作用和特点

8.2.1 网上广告的作用

网上广告和其他传统广告媒体一样,如电视、广播、杂志、报纸、户外宣传和邮递宣传材料,对促进组织的发展有着重要的意义,具体体现在以下几个方面。

- 建立组织形象　社会可以通过广告了解一个组织的经营理念和其最终使命。
- 树立产品或服务品牌　通过持续的广告刺激,一项产品或服务品牌最终可以在消费者心目中逐渐树立起来。
- 让用户深入了解某一种产品或服务的性能和用途　通过文字、声音和图像的综合,消费者可以得到对产品和服务的立体的、全方位的认识。
- 引导消费者和挖掘潜在的消费者　一种较为超前的新产品或新技术可以通过广告展示它给消费者带来的潜在的利益而触发消费者的购买动机。

8.2.2 网上广告的特点

各组织都是根据每种媒体的特点及组织对最终的产品/服务和目标受众的确定来选择广告媒体和制作广告的。从选择广告媒体所使用的参数,如收视率、受众群体、影响力、产品、信息和成本等,可以得到各种广告媒体的优缺点比较,如表8.2。

表8.2 各种广告媒体比较

媒体	优　点	缺　点
报纸	灵活、快速,本地市场覆盖面大,广为接受,可信度高	寿命短,再现质量差,受众传阅少
电视	综合视听与动作,有感染力,注意力高度集中,收视率高	绝对成本高,干扰多,展露短暂
广播	大规模使用,地区和人口选择性强,成本低	只有声音效果,注意力比电视低,收费不标准,展露短暂
杂志	地区和人口选择性强,可信度高,有权威性,再现质量好,寿命长,受众传阅多	广告前置时间长,有些发行量浪费,版面位置无保证
户外	灵活,重复展露多,成本低,竞争少	受众选择性差
邮寄	受众选择性好,灵活,同一媒体上没有竞争,个性化	相对成本高,有"滥寄邮件"的形象
网上	成本低,受众广,形式生动活泼,方便修改,个性化,较精确统计广告收视率,受众选择性好	被动传播多于主动传播

从表中可以看到网上广告的特点:

(1) 受众范围广且具选择性

网上广告的传播不受时间和空间的限制,它通过国际互联网络把广告信息24小时不间断地传播到世界各地。只要具备上网条件,任何人在任何地点都可以阅读。这是其他广告媒体无法达到的。网上不仅可以面对所有Internet用户,而且可以根据受众用户确定广告目标市场。例如,企业的产品是面向儿童,那么网上广告可以定位于儿童,并将产品或企业广告放到受众是儿童的其他站点上。

(2) 价格便宜

网上广告无需印刷、拍摄或录制,广告主在网上发布广告的总价格较其他形式的广告价格便宜很多。

(3) 形式生动活泼

运用计算机多媒体技术,广告以图、文、声、像等多种形式,将产品或市场活动的信息展示在用户面前,如丰富的旗帜广告。

(4) 方便修改

在传统媒体上做广告发版后很难更改,即使可改动,往往也需付出很大的经济代价。而在 Internet 上做广告能按照需要及时变更广告内容。

(5) 精确的统计以便于广告主决策广告投放策略

利用传统媒体做广告 ,很难准确地知道有多少人接受到广告信息,而在 Internet 上可通过权威公正的广告统计系统,提供庞大的用户跟踪信息库,从中可以找到很多有用的反馈信息,可以发现哪些广告倍受关注,而哪些广告根本就没人注意,以及这些用户查阅的时间分布和地域分布,从而有助于广告主正确评估广告效果,审定广告投放策略。

(6) 定向和分类性

尽管传统的广告铺天盖地:电视里播放着精心制作的广告,收音机里传出的是主持人充满煽动性的广告词,甚至走在大街上也会冷不丁地被塞上一份宣传品……但是,这些广告由于没有进行定向和分类而致使收效甚微。而 Internet 作为一种新兴的媒介,相对传统媒介来讲最大的特点就在于它的定向性,从营销的角度来讲就是只有它才可以提供一种一对一的营销方式,也就是说,在 Internet 上可以实现在适当的时间把适当的信息发送给适当的人,即广告的定向。广告的定向也可以说是使可能成为买主的人与有价值的信息之间的一种匹配。

(7) 灵活的交互方式

它不同于传统媒体的信息单向传播,而是信息互动传播,用户可以获取他们认为有用的信息,厂商也可以随时得到宝贵的用户反馈信息。例如,除了产品或市场活动的概括介绍之外,用户还可以有选择地阅读有关详细资料。借助电子邮件等技术手段,还可以很方便地向厂家请求特殊咨询服务。

(8) 被动传播

网络广告有时是被动传播,而不是主动展现在用户面前的,也就是说,用户需要一定的查找,才能找到需要的广告。因此,网络广告要开发能争取用户的技术。

(9) 普及率低

在国内,互联网的普及率以所占人口比例来讲非常低,主要的影响因素是电脑的普及率低。这在一定程度上影响了网上广告的作用的发挥。

(10) 可供选择的广告位置少

这一方面是因为可供选择的旗帜广告位置只有顶栏和底栏两处(底栏的效果比顶栏要差),而小尺寸的图标广告通常又不为大多数广告主看好,从而使可选择的好的广告位置只有顶栏旗帜广告一处。另一方面,由于许多有潜力的网站还没有广告意识,页面上至今不设广告位置,从而使广告越来越向几个先行的网站聚集,加剧了广告位置的紧张性。因此,常常会看到不同的旗帜广告在一处轮换出现。

(11) 创意空间的局限性

Web 页面上的旗帜广告效果最好,但是创意空间却非常小,也就是 15cm 宽,2cm 高。要在如此小的空间里创意出有足够吸引力、冲击力的广告实在是对广告创意人的巨大挑战。

(12) 调研数据的匮乏

需要完整的有关网上人口形态的调研、网络消费习惯的调研、网络广告的流量监测和网络广告效果的数据,以支持广告主的决策和广告提供商的管理。但是,这种统计数据还待完善。

网上广告的诞生使一些人认为大众传播时代已经结束,网络媒体将更符合向个别对象行销。《华尔街日报》甚至早在 1993 年就危言耸听地预测:广告业可能没有机会延续到下一世纪。事实究竟如何?现在还没有令人特别信服的答案。但从广告媒体发展的历史来看,新媒体的出现只会为广告业拓展新天地。有线电视广告曾是新媒体,但它从来没有,将来更不会取代报刊广告。同样,网上广告是对传统广告媒体的补充,只有掌握了网上广告的特点,扬长避短,才会给广告主和广告公司带来无限的商机。

8.3 广告主策划网上广告的模式

目前,在互联网上发布广告的行业以计算机、软件和 Internet 公司为主,传统消费品广告呈增长趋势,分别占网上广告总数的 26% 和 24%(来自 IAB)。在计算机行业中,1998 年 6 月,Intel 被 IAB 授予 Marketer Award,成为全球最大的网上广告主,其次为 Microsoft、IBM、Excite、Yahoo!、Netscape。消费品类,如零售业、金融业、精制食品、教育、成品服装、家具业的网上广告投入近年来每年增长 250%(来自 InterMedia Advertising Solutions)。目前最大的网上广告主是 P & G,其次有 GM、Kraft Foods。

广告是企业营销的一部分,因此,应从企业营销的角度策划网上广告,进行网上广告计划、执行和广告效果评估。

8.3.1 网上广告的计划

网上广告计划包括:界定广告受众、选择广告渠道、选择广告提供商。

1. 界定广告受众

界定广告受众是指产品广告或企业形象广告希望让哪些人来看,确定他们是哪个群体、哪个阶层、哪个区域。这是非常重要的,它能使网上广告做到有的放矢,既达到了广告的效果,又节约了网上广告费。只有界定了广告受众,才能在选择广告渠道中,正确选定受众的电子邮件地址、恰当的新闻组和公告板、适当的网页。

2. 确定广告渠道

网上广告渠道有以下几种:通过电子邮件发布广告,在新闻组或电子公告板上发布广告,通过网上调查发布广告,通过赞助栏目发布广告,在 Web 页面上发布广告,在广告网络上发布广告。

下面就来详细介绍每种网上广告渠道。

- 通过电子邮件发布广告　　广告主可以建立自己的客户电子邮件列表,加入别人的免费邮件广告组或购买别人的邮件组广告,向这个邮件群组定期发送广告信息。这种广告会主动送达客户,所发送的客户是网上广告所界定的受众群体。这种广告必须注意其价值性,广告主不能将大量的无价值的广告充斥界定受众的电子邮件邮箱,降低广告主的产品在受众心目中的形象,使得他们不去查看邮件的细节。广告主可以建立广告受众的档案库,根据不同的需要发送不同产品的广告。例如,网路神公司(http://www.webpro.com.cn)提供免费的电子邮件广告服务,可以从该邮件组接收和向邮件组发送广告。到 1998 年底,邮件群组订户已经超过 2500 人,它规定一个月内用户只能发布两次邮件广告。
- 在新闻组或电子公告板上发布广告　　广告主通过远程登录(Telnet)或 Web 方式在新闻组或电子公告板发布消息,广告受众主动查看其上的广告。因为不同的新闻组/公告板有不同的主题,在其上发布广告信息时一定要选对主题,以免引起广大受众的不满。国内著名讨论组有新浪网(http://www.sina.com.cn)、中经网(www.cei.gov.cn)、网易(www.nease.net)、清华 BBS。在新浪网上有中文论坛十几个,如初学者园地、程序员之家、网络世界、站点制作、系统平台、应用软件、硬件论坛、新品推荐、IT 业界论坛、中文平台、汽车时代、情感论坛、衣食住行、摄影论坛、招聘留学、谈天说地等。进入每个论坛后,用户可以阅读每条消息,也可以发表看法或广告,如图 8.3 所示。
- 通过赞助发布网上广告　　广告主通过各种形式的赞助商,在网上发布广告。第一种赞助是赞助网上的活动,如网上调查、网上竞赛,广告主发布广告或发布产品信息。这种情况下广告的方式又有以下三种:第一种,将广告宣传渗入到网上调查的问题里,一般是广告主与知名的网站合作,推出与广告主的产品有关的调查。例如,MOTOROLA 希望推出新产品慧笔,于是与两家大的 ICP 合作推出网上调查。例如,零点调查公司与搜狐合作对很多社会问题做在线调查,扩大了零点公司的知名度。第二种,广告主赞助网上调查的活动,即有奖调查。在调查页面上打出赞助商的有关信息,如"某某公司赞助",点击它还可链接到该公司的网站上。第三种,赞助商赞助有奖竞赛,在相关的内容里,打出赞助商的广告,如图 8.4 所示。例如,中国青少年网络知识大赛由许多赞助商赞助,赞助商的广告就出现在大赛的网页上,如图 8.5 所示。第二种赞助是栏目赞助,广告主赞助某站点或某站点的某个

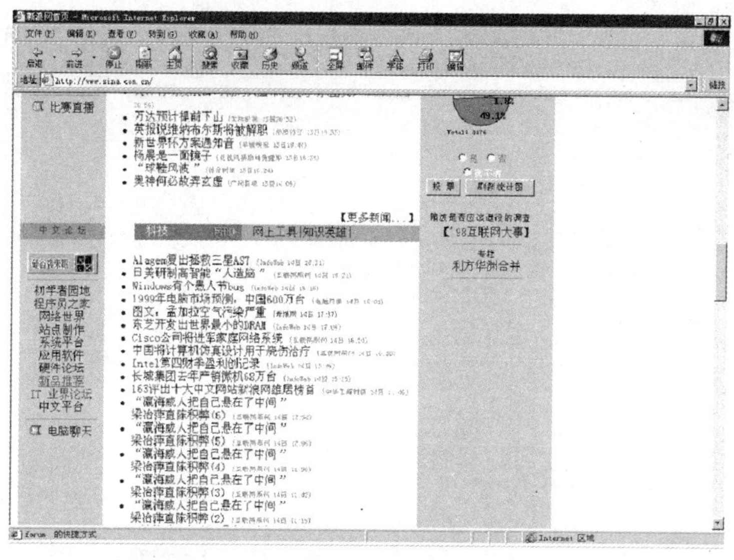

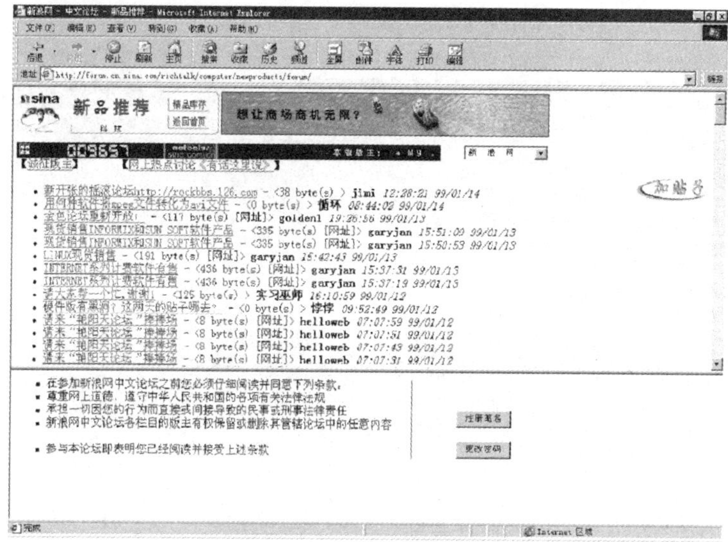

图 8.3　通过新闻组发布广告

栏目，广告主也叫做赞助商。这时赞助商可以在栏目的某个位置打出图标、文字或旗帜广告。例如，网路神公司(http://webpro.com.cn)赞助商易网的“中国商站联盟”栏目，如图 8.6 所示。第三种赞助是广告主与某个 ICP 合办/协办站点，赞助商就可以在任意的位置上打出自己的广告，如 IBM 中国与中国电信 169 合办站点中国荟萃(http://www.chinasite.cninfo.net)，如图 8.7 所示。

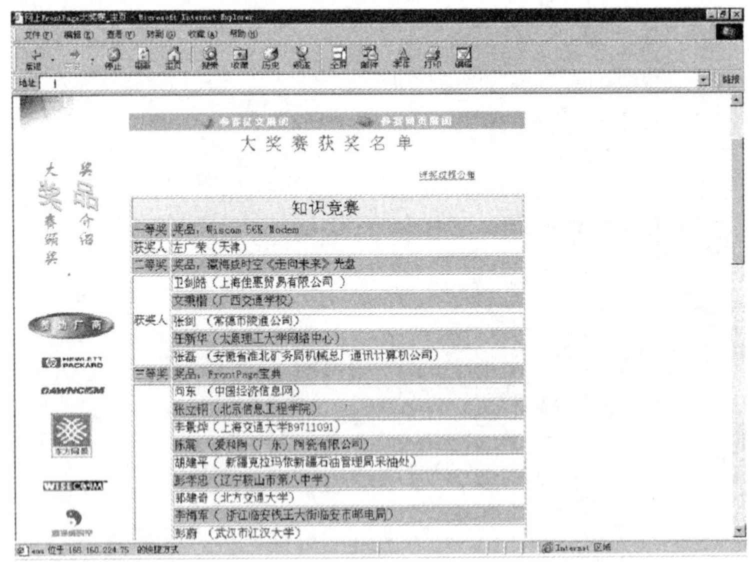

图 8.4　通过赞助网上活动发布广告

图 8.5　赞助青少年网络知识竞赛

• 在 Web 上发布广告　　这是目前采用最多，也是最重要、最有效的网上广告渠道。广告主在知名的综合类网页上或专门类的广告提供商的网页上投放广告。一般的形式是旗帜广告、文字广告、图标广告。这些站点的特点是多为门户站、导航台、分类广告站点或信息

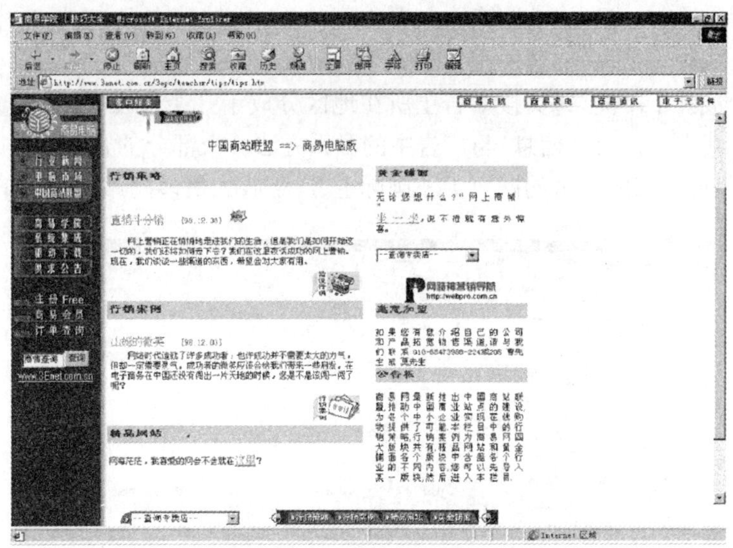

图 8.6　栏目赞助广告

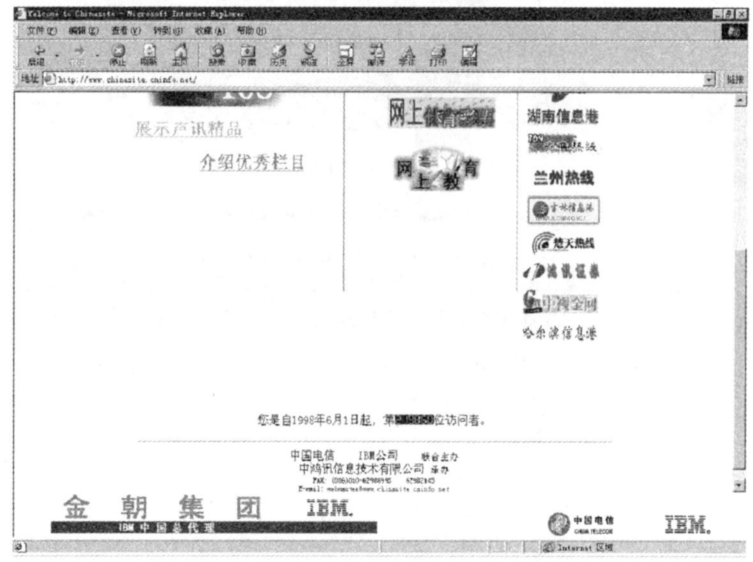

图 8.7　通过合办站点发布广告

内容提供商，访问率一般非常高。在这里，要提及分类广告站点。分类广告站点适合小型企业、个人在其上发布商品买卖的文字广告，站点的收费是很廉价的，甚至是免费的。它按类划分广告的空间，广告受众按类查找广告信息。比较有名的分类广告站点有 www.classifieds2000.com、personals.yahoo.com 等。在中文网络中,比较著名的有广联-中国分类广告(http://www.adlink.com.cn)、酷中国(http://www.coolchina.com)。图 8.8 是广联分类广告,它按商品分成几十个类,每类按广告主所在地区分成十几个地区,最终一条广告的格式如图 8.9 所示,其中告知商品信息,与广告主的联系方法。大部分的企业广告是以旗帜广告的形式发布在收视率高的著名的网页上。国际上,广告收入最多的站点是 Yahoo!。国内广

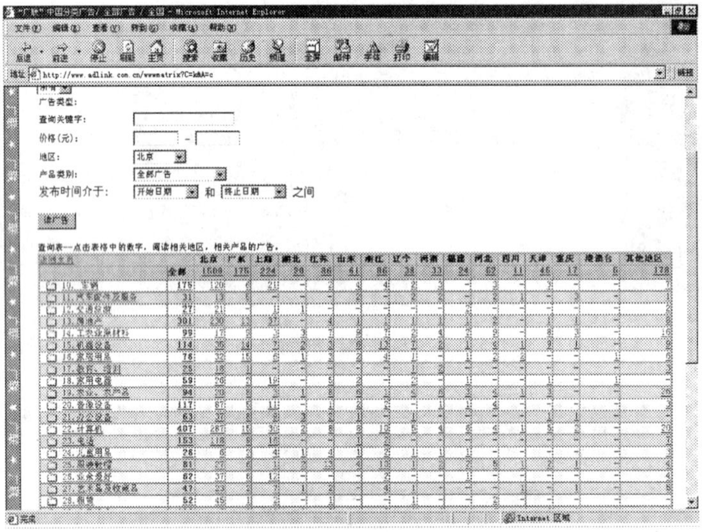

图 8.8 分类广告

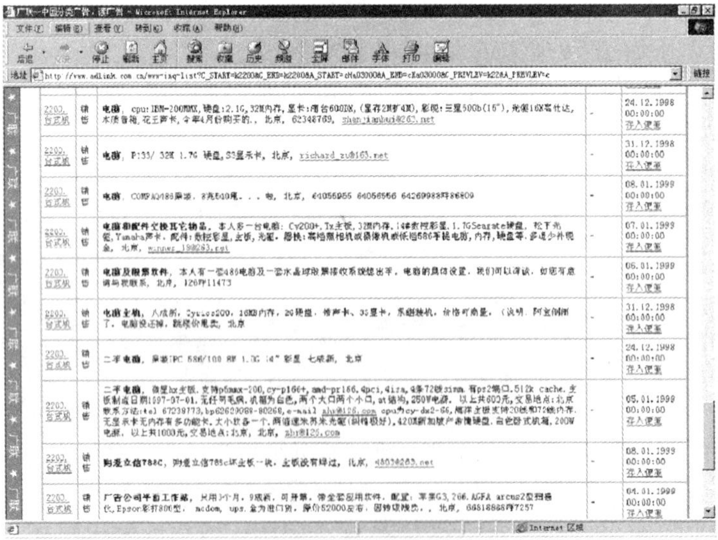

图 8.9 分类广告格式

告量较大的站点有:chinabyte (http://www.chinabyte.com)、搜索客 (http://www.cseek.com)、搜狐 (http://www.sohu.com) 、网易 (http://www.nease.net) 、中国导航(http:// www.easy.com.cn) 、索易 (http://www.soim.com.cn) 、新浪网 (http://www.sina.com.cn) 、中经网 (http://www.cei.gov.cn) 上海热线 (http://www.online.sh.cn) 、国中网(http://www.china.com) 、商易网 (http://www.3enet.com.cn) 、中国商品交易市场 (http://www.chinamarket.com.cn) 。

• 在广告交换网上发布广告　　上面的在 Web 站点上发布广告,是在一个广告提供商的站点上发布。如果想在多个站点上发布广告,除了选择多个站点并按站点的不同广告价格付费这种高投入的方式外,可以采用的另一种最经济的让多个站点刊登广告主的广告的方法,是广告主加入网上广告网络。这种网络为加入网络的广告主之间提供互惠互利、互为免费的广告交换服务。享受这种服务的广告主首先必须有一个自己的高质量的站点,然后在自己的网页上加入交换网服务商指定的几行 HTML 代码,交换网各会员的广告即会在浏览者访问自己的网页时自动显示,而自己的网页广告也同样出现在这些会员的网页上。这样,就达到了互换广告的目的。国际上著名的广告交换网有 LinkExchange、SmartClicks 和 Banner Swap,国内著名的广告交换网是网盟(WebUnion,http://www.webunion.com)。

3. 选择广告提供商

按照传统的广告模式,一个企业要做广告,首先要选择广告代理,由广告代理选择广告媒体。因此,网上广告主也可以选择网上广告的代理商,由该代理商选择合适的广告渠道,选择广告发布的站点,设计广告。国际上,几个著名的网络广告代理商有 DOUBLECLICK (http://www.doubleclick.com)(它是 Altavista 的广告代理商),ITRAFFIC (Internet Traffic Driving Agency, http://www.itraffic.com)(它是一家拥有十几家优秀客户的网络广告代理商)。但是,目前网上广告的状况是,广告主越过了传统广告方式中的广告代理,自己直接寻找广告发布的站点,站点成为了广告代理和提供商。例如,目前国际上最大的广告提供商是 Yahoo!,其次是 AOL、Netscape、Infoseek、Excite、CNET。国内著名的广告提供商是搜狐、新浪、Chinabyte。其次,如果广告主选择了别人的 Web 站点发布广告,这也是目前最多、效果最好的广告渠道,那么还要做好以下的计划工作:在站点的分析、比较的基础上选择站点,选择广告形式。

在站点的分析与比较中,首先,要明确站点的分类。通过站点的分类过程,去熟悉各主要网站,为分析评估打好基础。

从网站的定位来看,有门户站点(如 Yahoo!)、导航站点(如新浪、搜狐)、一般的 ICP 站点、分类广告站点;从网站的内容来看,有综合性的站点(如 AOL)、专门性的站点,如工商、金融、新闻、计算机硬件、软件、通信等;从网站的经营者角度看,有政府拥有的站点(如 169/163、中经网系统等)、商业站点和个人站点。

其次,进行站点的分析比较。通过站点的分析比较,了解站点的总体发展状况,发现它们的共性和发展的趋势,为站点的选择提供依据。通常从以下的几个方面比较站点:

- 站点的定位群体;
- 经营策略;
- 经营方法;
- 访问率;
- 广告的价格;
- 系统的稳定性;
- 站点的内容;
- 网页制作水平。

广告界定的受众群体经常光顾的站点就是要选择的站点,或者说站点的内容与广告的内容相近。例如,某个站点的内容是吸引女士的,而产品是面向男士的,那么产品广告就不能投放到这个站点。不同的语言会吸引不同的受众群体,因此,要考虑所选站点发布信息所使用的语言。目前国内站点常用的语言有国标中文、大五码中文和英文,有的站点同时提供这三种语言的版本。在经营方面,要看是否有一定的免费服务,因为有一定价值的免费服务往往能够吸引很多访问者。在网址宣传方面,考察所选站点在十几个主要导航网站中是否有注册,用几个关键词在这些导航网站中检索一下,该站点在检索结果中是否排在了前20位,因为如果排在了20位之后,其导航作用将会小许多。再有,要考察该站点是否在其他好站点上投放了广告,投放量如何。访问率高的站点可以使广告被浏览者看到和点击的机率高,广告效果好。广告的价格有几种算法,将在后面介绍,掌握站点的广告价格水平,有助于与广告提供商进行价格谈判。所选站点应该信息量比较大,信息的准确性比较高,信息定期更新和补充,栏目设置条理清晰而且丰富,栏目中的文字简洁、主题鲜明、重点突出,主页设计与制作比较精良。最后,考察站点的一个有效方法是向已经在该站点上投放了广告的单位咨询,这些单位往往能够给出一个比较客观、准确的评价。

一般有两类适合投放广告的站点,一类是导航站,另一类是有明确受众定位的站点。好的导航网站能够吸引大量的网民,也提供了很多广告的展位,首页自然是最好的,但也是最贵的。在导航网站中还有很多按照主题划分的类,每一次检索,数据库还会根据关键词动态地组合生成检索结果的主页,在这些不同层次的主页中都可以设置广告,这些位置也并不一定比首页差,因为与广告内容相近的主页的受众才是广告主最想吸引的,正所谓“小市场大占有率”。总的来讲,在导航网站中投放广告,受众覆盖面广,数量大,但是其中很多受众也与广告无关,而且价格也较高。有明确受众定位的站点,虽然受众数量可能较少,覆盖面也会比较窄,只要这些受众正是广告主需要的,他们就是真正的有效受众。从这个角度看,有明确受众定位站点的有效受众量可能并不比导航网站少。

在计划的最后,要选择广告表现形式。这就是前面讲的几种广告形式。

8.3.2 网上广告的执行

在选定了广告提供商和广告形式后，广告主就可以与广告商接触，进行广告合同的签订，设计广告。

1. 价格谈判

价格的谈判通常是广告主和广告提供商之间友好协商。如果广告商已经有标准的价格，那么几乎就没有太大的回旋余地。价格有几种计算法，将在后面介绍。每个站点的广告价格是不同的，而且同一个站点，不同层次页面上的广告价格也不同，同一个页面不同位置的广告价格也不同，最高层的位置（主页面页顶）价格最贵。随着网上广告的不断发展，价格正在呈下降的趋势。

2. 合同签订

签订详尽的合同对于广告主和广告提供商双方都有利，特别是在网上广告还不规范的情况下，在很大意义上详尽的合同是双方利益的保证。在合同中，要对广告的位置、买断还是轮换、广告的时间、广告的尺寸和价格以及是否有动画达成协议。

3. 设计广告

广告可以由广告主自己设计，也可以由广告提供商设计。旗帜广告和图标广告已经有标准的尺寸，除此之外设计广告时要掌握以下几点：

- 广告词要简单、明了、直截了当　在极其有限的广告空间里和信息内容大量的网页上，这一点显得非常重要，要让受众用目光一瞥就能明白你的意思。人们往往使用公司的名称作广告词或图标。
- 使用具有震撼力的词汇　好的广告词一定要能够“勾住”受众者的眼光，要能够唤起受众者点击的欲望，要给受众者点击广告的理由。例如，最值得使用的词是“免费”、“有奖”等词语，而且在图形上还应加上“Click”、“请点击”等字样，否则受众会以为是一幅装饰。注意，在网上，“免费”并不意味着一定是要免费赠予物品或所有的服务，而是蕴涵着受众者可以自由点击广告，免费链接主页，看信息是不收费的。如果真的一些服务、演示版或样品希望免费赠予客户的话，那么“免费”这个词汇就名副其实了。
- 协调文字与图形、色彩、动态　旗帜广告的图形的设计、色彩和图形的动态设计，不能喧宾夺主，也就是说，不能遮住广告上文字的作用，受众者不可能从图形、色彩和动态中明白广告主的意图，只能从文字中获得广告信息。因此，图形的设计、色彩和动态都是为文字服务的。当然，图形的设计、色彩和动态在视觉上是能够吸引人的，也应该吸引人，而且当人们浏览主页时,对于富有创意的动态广告都会禁不住看一眼。所以,在设计旗帜广告时,要将文字与色彩和动态很好地协调好。色彩搭配要有视觉冲击力,最好使用黄色、橙色、蓝色和绿色。

• 采用动态旗帜广告比静态旗帜广告更具优势　　统计表明,动态图片的吸引力比静止画面高三倍,但是,如果动态图片应用不当,则会引起相反的效果,如太花哨或文件过大会影响下载速度。一般来说,468×60 像素横条的大小应该保持在 10K 以下。

4. 监测广告

监测是由权威的第三方监测机构对广告提供商进行监督。具体做法是在广告提供商的网站上安装实时监测软件,随时监测广告是否正常出现、广告的版本是否正确以及超链接是否正确等,有错误要及时更正,保障广告效果。

8.3.3　网上广告效果评估

网上广告效果评估的目的是通过检查广告的有效性和执行的质量来指导以后广告主的广告运作。效果评估的内容有两个方面:

• 量的评估,比较计划和执行在量上的区别。广告主可以了解在什么时间、有多少人访问过载有广告的页面,有多少人通过广告直接进入到广告主自己的网址。

• 研究广告的衰竭过程,方法是将同一广告的每天的点通率(当日的点通数占当天广告被收视的总次数的比率)在坐标轴上连成线,研究每个广告衰竭的时间,为设定更换广告间隔提供依据。

评估使用的数据来源于以下三种方式:

• 安装在广告提供商服务器端的访问统计软件。如果统计软件是提供商自己编制的,数据的可信度有可能有点问题,数据有时应当做一些必要的判断和修正。如果统计软件由第三方提供,则数据有较高的可信度。

• 数据来源于权威的第三方机构,如中国互联网信息中心,那么数据的可信度最高。

• 通过查看客户反馈量,如 FORM 提交量和 EMAIL 在广告投放后是否大量增加来判断广告投放的效果。

8.4　网上广告提供商的广告管理模式

正如上面所述,网上广告提供商是指广告发布的站点。广告是许多站点的收入来源,一个站点经营的好坏是从它的网站内容、客户的访问量及广告收入等方面来衡量的。例如,

Yahoo! 和 AOL 被公认是最优秀的站点,它们不仅内容好,信息量大,而且广告收入最高。所以,广告经营在站点经营中占据很重要的地位。本节就来介绍站点的广告经营管理问题,包括优秀广告站点的特点、收费模式、第三方评估机构等。

8.4.1 优秀广告站点的特点

优秀的广告站点具有以下特点:

- 收视率的保证就是网上广告受众率的保证;
- 潜在客户的保证:站点的访问者是广告主产品或服务的现有购买者或潜在购买者;
- 收费模式采用千人印象成本或千人点击成本的收费模式,而非包月制或按照点击收费;
- 广告主可以进行广告监测,提高广告透明度;
- 第三方提供广告监测服务;
- 广告提供商广告意识好。

8.4.2 网上广告收费模式

上面提到的千人印象成本或千人点击成本收费模式是什么呢? 本小节就来介绍各种收费模式。在介绍各种收费模式之前,先要介绍几个基本的概念。

1. 基本概念

- 综合浏览量(page view)　网站各网页被浏览的总次数。
- 印象(impression)　即指含有旗帜广告、图标广告和文字广告的页面被访问的次数,一次就叫一个印象。该站点会使用程序来统计含有广告的页面被访问的次数。当用户在网上漫游或在导航网站上检索时,插在页面中的广告会给受众者留下一定程度的视觉印象,仅此而已,受众者只是看,没有形成点击广告的行为。这种方式存在的问题是,某页被调阅时,受众者并不一定会看到广告主的广告,因为有时人们为了提高浏览速度而将显示图形的功能关闭掉;也有人的注意力不在图形上,即使瞥见了,也并未在脑海中留下任何印象。
- 点击次数(click throughs)　网上广告被访问者点击浏览的次数。
- 点击率(click-through ratio)　网上广告被点击的次数与页面被浏览次数之比。据统计,目前,北美地区广告的点击率平均为 2%,亚太区的点击率平均为 1.5% 。点击率可以精确地反映广告效果,也是网上广告吸引力的一个标志。
- 伴随关键词检索显示的旗帜广告(keyword-triggered banner advertising)　在导航网

站或可检索的主页中,根据浏览者使用的检索关键词的不同,在其检索结果中显示不同的旗帜广告。例如,当某个浏览者查询图书时,某个书店的广告出现在书店的检索结果页上。由于这种方式的受众正是广告追求的潜在客户,所以针对性非常强。

2. 千人印象成本(CPM,cost per thousand impressions)收费模式

$$千人印象成本 = \frac{广告购买成本}{含有广告页面的访问次数} \times 1000$$

例如,广告提供商的千人印象成本广告价格为200元,站点的访问率是1百万人,那么广告主就要付出20万元购买广告。

这是一种以广告页面被浏览1000次为基准的广告收费模式,即每千人次访问的收费。比如说,一个广告的单价是$ 1/CPM,就意味着每一千个人次看到这个广告所在的主页就收1美元,依次类推,10 000人次访问的主页就是10美元。例如,广告主购买30个CPM,意味着所投放的广告页面可以被浏览30 000次。

广告提供商偏爱这种收费模式,因为可以鼓励网站尽量提高自己网页的浏览人数。

3. 每次点击成本(CPC,cost per click-throughs)收费模式

按照每点击一次网页上的广告收取广告主的费用。

一般来说,CPC的费用比CPM的费用高得多,但是,广告主往往更倾向选CPC这种付费方式,因为这种付费真实反映了受众确实看到了广告,并且进入了广告主的站点。

4. 点击(hit)收费模式

按一段时间内,一个网页上所有链接点被点击的次数收费。

网页上的每一个广告、链接点都产生hit,所以网页上的点击次数是多个广告或其他链接造成的。因此,用一段时间内网页点击次数来计算广告的价格、比较网站点击流量是不准确的,这只是一种粗略的算法。

5. 每行动成本收费模式

广告主为回避广告费用风险,只有在广告带来产品的销售后才按销售笔数付给广告站点较一般广告价格更高的费用。

值得注意的是,在同一个站点中的不同页面层次和页面的不同位置,广告的效果和价格是不同的。在导航站点中选择与主题相符的主页放置广告的效果会好于其他位置。而在某页的上面,让人们不用下移屏幕就可以看到广告,显然又要比放在下面的效果好。位置不同,价格自然也会不同。

网上广告已经成为一种时尚,在美国广告价格不断下降。据 AdKnowledge 公司的调查,1998 年 9 月份,网上广告价格已经降到了最低点,这种下降反映了网上广告已经成为了买方市场;同时,广告主也变得更加理智,不会贸然在网上做广告了。网上广告平均价格是 36.29 美元/CPM。不同的站点价格大相径庭。一些鲜为人知的网站只要 1 美元/CPM,而著名站点则可高达 75 美元/CPM。下面给出美国 Excite 导航网站的旗帜广告报价,供参考。

一般性的随机变换方式的价格:CPM $30

针对某个地区或区域的价格:CPM $30

随内容或主题的价格:CPM $40

随关键词的价格:CPM $60

比较以上几种广告收费模式,我们发现,如果仅看千人印象成本和点击成本,在互联网上做广告的成本同其他传统的广告媒体相比是相当高的。Forrester 调查公司的材料显示:室外路牌广告及流动广告、电视、杂志和报纸、环球网的千人广告费用大致为 2 美元、5.42 美元、43.55 美元、60.31 美元和 75 美元。但必须考虑到:如果从全国性的电视台购买可以让全国人都能看到的广告时段,必须有充足的资金(尽管它的千人广告费用很低)。而在互联网中虽然它不能达到全国所有人,但它却更集中地让特定的用户看到,其千人广告费用虽然较高,但它的总体费用比起传统广告要低多了,而且网上广告专门提供给特定的用户群,其广告的效率也远远高于电视广告。电视广告看到的人虽然很多,看到广告的人中对你的产品或服务真正感兴趣的仍然只是那些特定的用户群。如果你的目标只是想让尽量多的人看到,而不在乎这些人是否会成为你的用户,你可以找到千人广告费用很低的媒体做广告。但是设想一下,如果你打算销售 Windows 95 软件,而那些 MAC 机的用户看到这样的广告有什么用呢?

目前国际通用的广告收费模式是 CPM 和 CPC,国内的网上广告提供商,如 Chinabyte、搜狐等都遵循了 CPM 的收费模式,但也有一些提供商采用包月收费、hit、每行动成本收费模式作收费标准。实行后者收费的原因有二:首先,目前国内的网络广告市场是买方市场,广告提供商为获得客户只好采取客户能够认可的收费模式;其次是广告主对网上广告了解很少,广告提供商为获得更多的利润采取一些误导性收费模式。

8.4.3 实时广告管理

网上广告与其他任何媒体形式相比较,最重要的优势就在于其可被精确统计,有多少人看到广告,多少人点击了广告,甚至有多少人看了广告并实施了购买行为。而所有这些都是因为广告提供商实现了有效的广告管理,记录以上的数据,为广告主提供需要的报告。在国外流量比较高的站点上,除了常年赞助商之外,几乎没有不加统计的直接广告链接。

为了实现广告管理,广告提供商大致有两种选择:一种选择是在自己的服务器端安装广告管理系统,亲自进行广告管理,一般大型的流量比较高的网站可以使用这种方法。广告管理系统是一类应用程序的总称,它可以是安装在服务器端的一个软件,也可以是一段独立运行的 CGI 脚本;可以自己编写,也可以直接向软件商购买。采用这种方法还要确认本网站有充足的技术管理队伍可以使广告技术管理员和 Web 管理员协同工作,并且不要在资源非常紧缺的服务器上运行广告管理系统,否则会使本来就吃紧的服务器不堪重负。市面上的广告管理系统非常多,它们的性能比较参见表 8.3。几乎所有的商业广告管理软件都能生成全面的统计报告,有些甚至能够让客户直接在 Web 上在线查询广告播发实时状况,价格从免费到每年 10 万美元的费用不等。在选购广告管理软件产品时,应注意以下几点:

- 考虑广告主的需求,倾听他们的意见;
- 广告销售部门和 Web 技术部门一起讨论出合理的需求列表;
- 注意软件是否能够按照要求生成不同格式的报告,否则站点自己必须有能力修改或增加一部分代码来实现这些功能,至少要保证这些系统都要能输出 Excel 工作簿,让广告主满意。

ChinaByte 已出资 6 万美元,购买 NetGravity 公司的广告管理软件。该软件的特点是:

- 按照要求,对网上广告出现的位置、频率等进行精确的管理;
- 帮助广告主和广告供应商选择受众群体并有效地投放广告;
- 调整广告访问者看到某一广告的次数和频率;
- 实时监测广告完成情况并进行调整。

该软件是世界上市场占有率最大、性能最好、价格最贵的广告管理软件,已被 Netscape、Usatoday、HotWired 等站点使用。

对于无力也无需购置价格高昂的广告管理系统软件的小型广告提供商,可以到 www.cgi-resources.com 去找一些功能简易的 CGI 脚本安装到服务器上,这些脚本大多数是免费或者是低价的。

另一种选择是广告提供商加入广告网络,由该网络协助网站进行广告管理。在国际上比较著名的广告网络有 Doubleclick、247Media、AdKnowledge。加入广告网络可以节省广告管理软件和人员的费用。这种方法一般适用于中小型网站。

表 8.3 广告管理软件性能比较

产品	价格	公司	URL	E-mail	操作系统	Web 服务器	单个页面多个广告支持	"Rich" Banner 支持	ALT 属性支持	定向投播支持	平均投放	页面定向	时间定向	IP 地址定向	在线统计报告	电子邮件报告	抗缓存干扰
Adjuggler3.1	$ 995 每授权	Digital Nation	http://www.adjuggler.com/	aj-sales @ dn.net	Solaris, BSDi, NT	Netscape, IIS, Apache, NCSA	yes	no	yes	yes	yes	yes	yes	no	yes	yes, 但不完全	
AdManager4.0	$ 1000 每月基价	Accipiter Inc.	http://www.accipiter.com	sales @ accipiter.com	Solaris, NT	Netscape, IIS, Apache	yes	yes	yes	yes	yes	yes	yes	yes	yes	yes	yes
Open Ad Stream	$ 8000 基价	Real Me dia	http://www.realmedia.com/software/indexs.html	rmsales @ realmedia.com	Solaris, SGIIrix, IBM AIX, P Unix, BSDi, Free BSD, Linux, DEC Alpha Unix, Windows NT	Netscape, IIS, Apache, NCSA	yes	yes	yes	yes	yes	yes	yes	yes	yes	no	yes
Dynamo Ad Station 3.0	$ 35000	Art Technology Group	http://www.atg.com/develop/products/ad/	sales @ atg.com	Solaris 2.5, 2.6; Windows NT4.0	Netscape Enterprise Server2.0, 3.0, 3.5, 1; Netscape Fast Track Server2.0.1; Microsoft IIS 3.0, 4.0; Apache Server1.2.6, 1.3	yes	yes	yes	yes	sort-of	yes	yes	yes	yes	no	yes
Central Ad PRO 3.0J	$ 159	Central Ad Software, Inc.	http://www.CentralAd.com/home htm	support @ central Ad.com	NT/95 and UNIX	所有类型，C 代码必须在本地编译运行	yes	yes	yes	yes	sort-of	yes	yes	no	yes	no	部分
Advantage	$ 995	Cyber Ops, Inc.	http://www.cyberops.net/ADvan11.htm	info @ cyberops.net	NT 4.0	IIS 3.0 or 4.0	yes	no			yes	yes	yes	no	yes	no	none

续表

产品	价格	公司	URL	E-mail	操作系统	Web服务器	单个页面多个广告支持	"Rich" Banner支持	ALT属性支持	定向投播支持	平均投放	页面定向	时间定向	IP地址定向	在线统计报告	电子邮件报告	抗缓存干扰
AdServer 3.1	$ 40000基价	NetGravity	http://www.netgravity.com/products/	info@netgravity.com	Solaris; Windows NT; SGI Irix; DEC Alpha UNIX	Netscape Enterprise Server; Microsoft IIS; Apache需特别技术支持	yes	yes	yes	yes	yes	yes	yes	yes	yes	no	yes
Radiation AMS Ad Management System 2.1	$ 999	Global Media Design	http://www.radiation.com/ams/	orders@radiation.com	NT/95 and UNIX	所有POSIX兼容UNIX平台(测试过的平台包括BSDi, IRIX, SunOS, Solaris and Linux)-Windows NT/95 with a perl-friendly webserver	yes	yes	yes	yes	sort-of	yes		no	yes	no	
AO-Network3.0	$ 10000基价	w3.com	http://www.w3.com	info@w3.com	Solaris 2.4, 2.5; SunOS; SGI IRIX5.3; BSDi, Linux			yes			sort-of	yes		yes	yes	no	
Adfi-nity	每千次显示 $0.75 - $2.25	Intelligent Interactions Corporation	http://www.adfinity.com/	sales@ipe.com	Sun Solaris 2.5, IRIX 5.3 and higher, NT 4.0, Linux 2.0	所有CGI兼容服务器(如: Netscape, Apache)	yes	yes	yes	yes	yes	yes	yes	yes	yes	yes	yes

来源于网络广告急先锋

8.4.4 启用第三方权威的评估机构

广告提供商为了向其广告主证实站点广告服务的有效性,希望通过一个权威的网上广告评估机构对其监测、审计,将审计结果公诸于世,以取得广告主的信赖。这是一个全新的领域,正处于雏形发展阶段。权威评估机构公认的标准是:

- 公正、客观、权威;
- 不能"一家独秀",制约规则对其同样适用;
- 熟悉商业化运作模式;
- 熟悉广告行业;
- 能够与广告提供商建立广泛良好的关系。

目前美国 IAB 和一些 Web 评级机构就是迎合这样的需求而担当权威评估机构的。目前美国有四家公司积极地满足广告商确定 Web 受众信息需求,并在争坐头一把交椅,希望像电视评级领域的大王 Nielsen 媒体研究公司和广播评级的老大 Arbitron 公司那样,在互联网广告评测方面一统天下。这四家公司是 Relevant Knowledge(www.relevantKnowledge.com)、Media Metrix(www.mediametrix.com)、NetRatings(www.netratings.com)、Nielsen(www.nielsenmedia.com)。我国的一些站点已启用了国内外的机构作为网站的第三方审计机构。例如,搜狐请中国互联网中心担任访问流量公证机构。国际著名的万维网站流量分析和认证公司 Internet Profiles Crop.(I/PRO)被 ChinaByte 选中,作为其网站的第三方审计机构。I/PRO 是一家专门从事国际互联网站访问情况认证的中立机构,它的客户包括 Excite、Infoseek、NBC 等国际著名站点。

8.5 案例分析——搜狐公司

搜狐公司是风险投资的产物。1998 年 2 月 25 日在北京隆重推出大型网上中文分类搜索引擎——搜狐,它定位于数字媒体公司(digital new media company)。它与传统媒体不同,是数字化的新型媒体,表现形式是数字化的传播。因此,搜狐的英文名称是 Internet Technology China,简称爱特信(ITC)。搜狐(SOHU)不仅是一个网站,它更是一种媒体,并将超越媒体,成为人们日常生活不可或缺的电子商务市场。

在网站设计方面,搜狐使用了最先进的人工分类技术、面向用户的全中文界面以及符合中文阅读者习惯的语言文字表述。进入搜狐的主页,你可以很快找到自己感兴趣的内容。搜狐将 10 万个精选的中文网站链接为 18 个大类:娱乐休闲、工商经济、计算机与互联网、新闻与多媒体、科学与技术、文学、艺术、卫生与健康、体育与健身、生活服务、社会科学、旅游、教育、社会与文化、地区、综合参考、哲学与宗教、政治与法律。在上述每一个目录下,搜狐都建立了全面丰富的目录树系统,用户可以通过点击所要查询的内容的主题穿过类似于一层层门户的网络界面,进入四通八达的信息高速公路,最终到达目标站点,获取需要的信息。比如,想了解当天发生的实事新闻,可以在主页点击“新闻与媒体”,进入“新闻”目录,逐层点击你要浏览的主题,最终进入登载该信息的媒体站点获取相应的资料。此外,为了减少某些访问者的时间,搜狐还在主页左边以“今日搜狐”列出了当日的新闻热点,并且及时跟踪各类突发事件,予以详尽的披露。浏览者可以直接点击相关目录,通过链接到达有关媒体,获得更详细的信息;在首页的右边,搜狐列出了目前与之有业务往来或是在其主页上设置了广告的客户名录,访问者可以根据个人喜好点击进入各企业的站点。在分类搜索系统外,搜狐还设立了七个“搜狐频道”:搜狐新闻、搜狐体育、网猴、外国参考大全、搜狐多媒体、搜狐社区、免费资源收藏。它们的服务对象是专业性较强的用户或是经常上网的网络爱好者。

搜狐是靠广告获得收入的,1998 年其广告收入接近 100 万美元,占中国互联网广告收入的 70%。目前,在搜狐上广告投入较大的企业主要集中于 IT 和通信两个行业,比如 NOKIA、联想、爱立信和西门子等。他们的旗帜广告一般放在搜狐的首页或是次一级的目录页。国内企业,诸如旅游、贸易、制造业等多数将自己的旗帜或文字广告放在目录级别较高的网页上。由于访问者可以直接点击广告而进入相应的企业站点,因此,位于目录级别较低的网页上的广告的访问量就高,但其费用也高。搜狐的广告价格是依据网页的月访问人次制定的,其报价单见表 8.4。

表 8.4 搜狐广告报价

广告方式	面　积	价格/月
搜狐主页旗帜广告(200 000 印象/月)	215×30 像素	$ 2 800
搜狐主页旗帜广告(200 000 印象/月)	108×60 像素　右上角	$ 2 500
搜狐主页旗帜广告(200 000 印象/月)	108×60 像素　右下角	$ 1 700
搜狐主页目录广告	文字方式	$ 1 400
搜狐目录页旗帜广告(100 000 印象/月)	468×60 像素	$ 2 800
搜狐目录页旗帜广告(100 000 印象/月)	250×60 像素	$ 2 300
搜狐目录页旗帜广告(100 000 印象/月)	108×60 像素	$ 2 000
网猴中文旗帜广告(100 000 印象/月)	468×60 像素	$ 3 200
搜狐频道旗帜广告(100 000 印象/月)	468×60 像素	$ 2 300
联线新闻中文旗帜广告(100 000 印象/月)	468×60 像素	$ 3 200

由于搜狐网站刚建立不久,每个网页(包括首页)的设计与 Yahoo!、中国导航等建立较早的导航网站相比还略显简单,因而它的每一页内容几乎都不用下拉页面就可尽收眼底。

此时的旗帜广告对访问者来说就比较显眼，广告效果比较显著。但是，考虑到搜狐的网站建设、网页内容及版面设计会不断完善，它的每页所包含的信息将大幅度增加，访问人数也会大大增加。那时，它的旗帜广告的位置、大小、设计繁杂程度都会发生变化，广告价格的收费依据也会做出相应的调整。

在启用第三方监测机构方面，搜狐请中国互联网中心担任访问流量公证机构。

搜狐目前还存在着一些值得改进的地方，如网络传输速度较慢，访问者大都要等较长时间才能看到较为完整的次级目录网页的全部内容；网页设计简单、单调，多是静态文字和图像。

思 考 题

1. 如果广告主付出 2 万美元购买广告，该站点的访问率是 2 百万人次，广告提供商的千人印象成本广告价格是多少？
2. 广告提供商一般倾向哪种收费模式？为什么？
3. 广告主一般倾向哪种收费模式？为什么？
4. 网上广告是企业宣传自己的唯一广告媒体吗？为什么？
5. 试分析网上某广告提供商的广告管理模式。

第九章　电子商务应用系统的开发

前面几章介绍的是电子商务在各行业的应用原理，每一个系统都很复杂，那么它们是如何建立的呢？是否遵循一定的开发规律？本章就来讨论这些问题，其主要内容包括：电子商务应用系统开发的概念、电子商务应用系统的开发过程——系统可行性分析、规划、系统分析、系统设计、系统实现及系统运行的管理，最后介绍几家大公司的电子商务解决方案和一个电子商务应用系统的开发案例。

9.1　电子商务应用系统开发概念

9.1.1　电子商务应用系统开发研究的意义

进行电子商务应用系统开发研究的目的是要寻找开发过程的一般规律，建立电子商务系统开发的理论体系，或者叫做框架。为什么要建立开发体系呢？

第一，电子商务系统是 Internet 未来应用的主要领域，世界上所有的企业都会投资建立自己的电子商务系统，否则就会被激烈的竞争所淘汰。它们迫切需要理论指导系统的开发。

第二，电子商务系统是一个复杂、综合的系统，涉及多学科，理论体系特别是开发体系相应会较复杂。由于信息技术的发展非常快，大家都会有这样的体会，某些领域完整的理论体系还没有建立，而实际应用已经走在了理论体系的前面。似乎已经不是理论在指导实践，而是实践为理论准备了必要的条件。但是，究其本质而言并非如此。从表面上看电子商务系统，已经喧嚣极点，应用走在了完整的理论体系之前。在这里强调的是“完整”，而并不是应用走在了所有理论之前。这怎么理解呢？已经知道，电子商务系统并不是简单的技术，它是多学科的综合，涉及通信技术、计算机技术、信息系统技术、安全保密技术、金融、管理、商业等领域。每个领域的理论体系是完善的，为电子商务涉及的某个方面提供了指导。如密码学的理论已经非常成熟了，电子商务安全中非常重要的非对称密钥就是基于 70 年代 Rivest、Shamir 和 Adleman 三个人提出的密码理论。但是，电子商务学科的理论体系还不完善，需要综合各学科的理论，需要从实践中总结、提高，总结规律性的东西，建立完整的理论体系，特别是系统开发体系，指导电子商务的应用。

第三，电子商务系统是信息系统发展的结果，像传统的信息系统一样需要开发方法的指导。学过信息系统的人都知道，信息系统特别是管理信息系统有完整的开发体系，有各种学派，如 IBM 公司提出的企业系统规划法（BSP），MIT 教授 John F. Rockark 提出的关键成功因子法(CSFs)、杰克逊系统开发方法(JSD)、结构化系统分析与设计(SADT)、原型化开发方法。世界各大咨询公司都有依据上述开发方法制定的、有自己特点的信息系统分析、开发工具,如永道公司的 Summit D 系统分析工具。这些开发方法对世界各国信息系统的建立起了重要的作用,至今仍发挥着作用。电子商务系统是企业内部网和 Internet 站点的集成,与传统的管理信息系统有相同点,也有区别。因此,需要在研究电子商务系统与传统信息系统区别的基础上,借鉴信息系统的开发体系,建立适应电子商务系统特点的开发体系。

第四,尽管电子商务的应用在发达国家已很盛行,但也并不尽如人意。如同实际经商既有赚钱的也有赔本的一样,企业中固然不乏春风得意、业绩骄人者,但也难免有人经营乏术、马失前蹄。如 1995 年华盛顿服装商会兴致勃勃地带领全体会员上网行销,但半年后就扫兴退出,原因很简单:赔钱。1996 年夏季 IBM 推出了名为 WORLD AVENUE 的网络购物中心,仅过了一年就关闭了。国内第一家网上书店是杭州新华书店,于 1997 年开业,经营一年多就"关门"了。这些失败的教训,迫切需要总结,只有这样电子商务才能获得更大的和真正的发展。根据调查统计,1997 年商业 Web 的萎缩率为 25% ~ 30%。

第五,我国是一个发展中国家,与发达国家相比,在消费观念、安全意识、法制、技术、管理水平、资金投入方面有着一定的区别和差距。除了研究发达国家在电子商务系统开发方面的经验外,还要结合我国的实际,建立适合我国特点的电子商务系统开发体系,使我们少走弯路。

9.1.2 国内外研究和实践状况

目前,电子商务应用系统的开发理论和实践的状况如何呢?电子商务软件供应商和一些 ISP 正在进行这方面的尝试,他们基本上以实践为主,兼顾进行理论探讨。下面从这两个方面来观察电子商务的开发研究和实践。

1. 电子商务软件供应商

电子商务软件供应商们一般从技术的角度开发电子商务的解决方案。这些解决方案提供了企业电子商务应用系统的硬件和开发工具。大部分方案是提供部分电子商务功能,只有少数提供全套功能。例如 GEIS 主要提供企业—企业的采购方案;IBM 不仅有网上电子商店的全套解决方案,也有建立认证中心的解决方案;Microsoft 本身要成为网上电子商务服务商,还要提供建立企业网站的解决方案;还有其他的软件供应商提供付款软件、广告管理软件,这些在前面已经提到过了。这些解决方案的优点是能快速帮助企业建立特定的电子商务网站或特定的电子商务的应用。缺点是它们在企业电子商务系统的应用上并不完整,因为,它们缺少内部网方案。另一方面,需要企业进行二次开发。

2. ISP

ISP不仅提供接入服务，同时提供内容服务。它们也开始介入为中小企业进行电子商务服务，从域名申请、提供虚拟主机服务到电子商务系统运行、维护。这些ISP开始研究电子商务，如国内网路神网络技术公司提出了网络营销的概念，并进行网上讨论、网下的培训，在全国范围内成立公司联盟。

9.1.3 电子商务应用系统的生命周期

电子商务应用系统的生命周期是指电子商务应用系统从建立到废弃的一个生命周期，它可划分为六个阶段：电子商务应用系统可行性分析、系统规划、系统分析、系统设计、系统实现、系统运行管理，如图9.1所示。电子商务应用系统的开发过程为其中的前五个阶段。

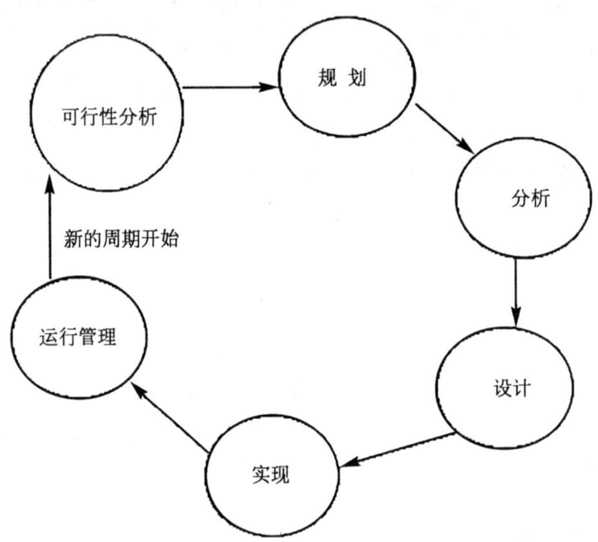

图9.1 电子商务系统的生命周期

- 系统可行性分析　　企业目标和战略分析、内部环境分析、外部环境分析、成本-效益分析。确定电子商务应用在现阶段是否可行，若可行，进入下一阶段；若不可行，暂缓开发；
- 系统规划阶段　　确定企业电子商务应用的目标，确定系统的功能范围，制订电子商务实现的战略，组成开发小组，制定开发计划；
- 系统分析阶段　　细化系统的功能，进行功能需求分析和数据的需求分析；
- 系统设计　　内部网设计和Web站点设计；

- 系统实现　　申请域名,建立服务器,系统的代码化、测试;
- 运行管理　　网站的宣传、监测、内容定期或不定期的更新、应答与复函。

9.2　电子商务应用系统可行性分析

电子商务系统的可行性分析是电子商务系统开发的前期工作,经过调查分析决定是否进行正式的系统开发。电子商务应用的可行性分析包括企业目标和战略分析、内部环境分析、外部环境分析和成本-效益分析四个方面。

9.2.1　企业目标和战略分析

首先,必须了解企业的目标和战略,因为它们是一个企业的电子商务应用的基础和支持的目标。必须搞清楚以下的问题:

- 企业当前销售或提供什么产品/服务;
- 企业当前目标市场的特征;
- 企业当前采用什么方式实现其目标、成本;
- 企业当前采用什么方式保证其产品/服务的质量;
- 企业当前采用什么方法树立企业形象。

9.2.2　内部环境分析

通过分析企业的内部环境确定企业电子商务应用的优势和劣势(strength and weakness),内部环境因素包括:

- 企业高层领导对技术的态度;
- 信息技术当前利用的深度和广度;
- 过去利用新技术的经验;
- 电子商务应用的内部用户(企业雇员)的特征:受教育程度、技术程度、对新技术的接受能力等;
- 可从内部获得的必要的技术和技能。

9.2.3　外部环境分析

通过企业外部环境的分析确定实施电子商务对于企业来说将获得何种机遇,以及面临何种挑战(opportunity and threat),外部环境因素包括:

• 同行业中电子商务的应用情况，以及竞争对手对于电子商务的应用情况；

• 可从外部获得的必要的技术和技能；

• 电子商务应用的外部用户（当前和潜在的客户、供应商）的特征：受教育程度、技术程度、连入 Internet 的情况。

9.2.4 成本-效益分析

成本分析包括估算网络连接费用、硬件费、软件费、人工费。

效益分析包括估算成本/时间的节省、销售额的增加、客户满意度的增加、市场份额的增加。

如果以上各方面都能调查清楚，企业发展目标明确，内部环境较好，外部条件允许，成本/效益比小于 1，那么电子商务应用条件成熟，可以进行进一步开发；否则，需要等待时机成熟后，再进行开发。

9.3 电子商务应用系统的规划

规划包括确定企业电子商务应用的目标、系统的功能范围，制订电子商务实现的战略，组成开发小组，制定开发计划。

9.3.1 企业电子商务应用系统目标的确定

电子商务的一般目标有四点：

• 由于降低了成本，节约了时间，从而提高了企业的效益；

• 由于提供了更好的产品、服务，对环境变化做出更好的反应，从而提高了企业的有效性；

• 通过在本行业独特的创新和应用提高了企业的竞争力；

• 使企业追求“时尚”——“每一个组织都有一个网址”。

9.3.2 企业电子商务应用系统功能范围的确定

企业电子商务系统任务的确定是基于企业的经营分析，对电子商务在企业应用的范围和电子商务应用的目标，结合本企业的价值链（value chain）或供应链（supply chain）模型提出完整的电子商务的功能。但是，每个企业性质不同，有制造业、零售业、批发业、银行业、广告业等，因此，每个企业的电子商务的功能是有区别的，这就是我们为什么会看到互联网上风格各异的网上商店、网上银行、Web EDI 系统。在第二章中,我们已从价值链角度分析了电子商务的功能。本章再从另外一个角度——供应链的角度分析电子商务的功能,如图 9.2 所示。下面给出的是全面的电子商务的功能,每个企业不可能一步实现全部功能,但从长远规划来看,必须实现全部的功能。

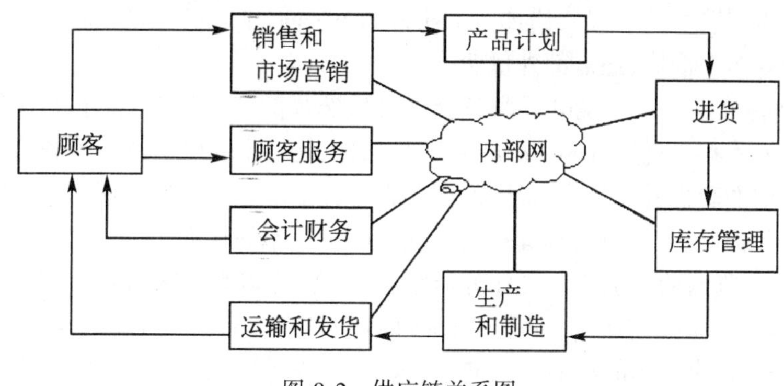

图 9.2　供应链关系图

• 生产制造管理　　集成销售信息,根据订单制定生产计划,进行生产运作,保持生产成本最低,质量管理。

• 后勤管理　　管理来自供应商和发向客户的实际物流,包括采购和订货管理、发货、库存管理、仓库管理。

• 财务管理　　管理和供应商、顾客以及金融中介的财务流,包括总分类账管理、应付和应收款管理、账单管理、预算和资产管理。

• 营销管理　　客户资产管理、销售支持(订单处理、支付处理)、售前售后服务和信息反馈、广告发布、市场调研和战略,从这一模块中获取有关需求的信息,从而更好地理解市场和顾客需求。

• 人力资源管理　　工资管理、时间和劳动力管理、收益分配、退休金管理。

以上的功能有些是通过企业内部网实现的,有些是通过 Internet 实现的,二者有效的集成才是企业完整的电子商务系统。

9.3.3　电子商务应用系统实现策略的制定

企业电子商务系统的开发有三种策略:第一种是采用自行开发的方式。这种方法成本较低,开发比较灵活,比较适合中小型的企业;第二种是将工作全部或部分外包给电子商务供应商。这种方法虽省事,但在某种程度上企业将无法控制如何设计和运作电子商务系统,同时还需支付每日的高额租金;第三种是购买一套集成所有功能的电子商务套件,这需要比较各种套件的性能,购买后需要按照本企业的电子商务的功能分析裁剪套件的功能。一般是分析套件的以下几个方面：

• 套件的详细信息　由于开发商不会随时提供套件的详细信息，要想随时跟踪套件的价格，就需有敏锐的感觉。某些产品将不同功能的套件集成于不同的版本中，如 ICat Commerce Online 和 Net.Commerce Pro，O'Reilly & Associates 的 WebSite 和 ICat 的套件都仅支持管理单个商店；其他一些产品，诸如 Intershop Communications 公司的 Intershop，若试图在一台服务器上拥有多个商店，还需额外付费。

• 套件的标准性　虽说电子商务套件可供选择的产品很多，竞争十分激烈，但总体水平却不能令人满意，不像 Microsoft Office 产品那样，还远未成熟。就功能和特性而言，要找到完全满足要求的套件并非易事，最大的问题在于标准的不确定性。因而，在选择套件时必须密切注意一些标准，并了解所选套件具体支持哪个版本的标准。

• 套件对浏览器的要求　要分析套件是否对浏览器有特殊的要求，如某些套件要求必须用 Netscape 公司的带 JDK(java development kit)1.1 的 Communicator 4.04。

• 套件是否具有通用的功能　进货、送货、财务系统、销售分析是最一般的功能。

• 套件配置和安装的难易程度　套件的安装有易有难，最简单的安装只需按几下鼠标，就能将几百兆的软件在一个小时左右的时间内安装完毕并开始运作。

• 套件连接的数据库和脚本　套件的主要功能是如何对其数据库和脚本进行管理，在每个运作良好的电子商务系统背后都有一个性能优良的数据库的支持。因此，必须了解套件与哪个数据库捆绑在一起，支持哪种编程语言。最理想的状态是套件能同企业已有的数据库集成到一起，并支持企业所熟悉的一种编程语言，如 Java Script 或 Perl。例如，Domino Merchant 与 Notes 捆绑；Net.Commerce Pro 依赖于 IBM 自己的 DB2；Site Server Commerce 依赖于 SQL Server；Intershop 与 Sybase 公司的 Adaptive Server 捆绑；ICat 使用 Sybase 的单用户版；Website Pro 使用 Microsoft 的 Access 数据库。每套套件都有自己的脚本语言，即便做微小的改动都会导致对这些语言的较复杂的学习过程。例如，使用 Intershop 设定商店时需要学习三种语言：用 Template Language Extension 的语言设计商店，用 Perl 和 JavaScript 完成某些其他功能。故许多任务必须要由程序员处理。

• 套件采用的支付方式　不同的套件在付账方式上也存在差别，每套套件支持不同的付账系统，在第四章中已经介绍过许多公司的支付工具。一般的套件都至少支持其中一种，必须选择企业可以接受的付款方式的套件。

• 套件的模板功能　一般的套件都带有一个或多个企业的样板，在某些情况下，企业可设计自己的样板，但没必要将其集成于所有产品中。例如，Intershop 拥有最好的界面，文档清晰明了，并可自动引导用户完成整个过程，而 Net Commerce 和 ICat 在此方面则稍落后。

9.3.4 开发小组的成立

开发小组成员一般有不同的分工或者叫角色。那么,一个人可能承担几个角色,一个角色也可能由几个人承担。对于一个电子商务开发项目来说,主要角色有:

• 网站内容主管(content webmaster)　　相当于传统系统开发中的系统分析员,负责电子商务系统的全部开发过程;

• 网站技术主管(technical webmaster)　　相当于传统系统开发中的系统管理员,负责Internet 连接(通信线路、路由器等硬件)的建立和维护、系统硬件和软件的安装和维护(Unix, Windows NT 等)、服务器软件的安装;

• 网页编制人员　　负责撰写和组织图像和文本,包括图形、图像、声音和动画的设计。

9.3.5 电子商务应用系统开发计划的制定

这个计划要根据前面确定的目标、功能和投入的人员制定系统分阶段开发时间进程表。三种开发策略的内容、人员和时间安排是不一样的。下面仅给出一个样表,见表 9.1。

表 9.1　开发计划

项目内容	人员投入	起始时间
可行性分析	内容主管若干	XX – XX
规划	内容主管若干	XX – XX
系统分析	内容主管若干	XX – XX
设计	内容主管、技术主管若干	XX – XX
实现 建站点、网站宣传 初步功能实现、运行 第二阶段实现、运行	内容主管、技术主管、网页编制人员各若干	XX – XX XX – XX XX – XX

9.4 电子商务应用系统的分析

未来的企业电子商务系统是一个集成的电子处理系统:客户需求可以通过 EDI、FAX、E-mail、Web 页或者电话传向企业;当需求被接受时,相应的处理就发生了:库存处理,发货;对于无库存的物品向供应商发出购买需求;生产分配、调整或者安排以及资源计划。这一过程通过 Internet、Intranet 系统自动完成。下面将上述的电子商务系统的功能范围进一步细化，进行功能需求分析和数据的需求分析。

9.4.1 营销管理分析

营销功能要实现下述目标:支持销售决策;安全地实现顾客购买,并同时争取更多的购买;收集顾客资料支持营销,并争取更高的顾客满意度和忠诚度。

具体功能如下:

(1) 收集生产、服务等部门信息,进行分析并支持营销决策

• 建立企业内部网　　企业营销人员可以通过内部网和Internet信息收集的智能代理获得及时的销售和企业当前订单以及库存信息,从而可以根据这些信息进行销售预测、潜在顾客定位、跟踪销售以及根据顾客销售历史和预期购买协助报价准备等等工作。

• 建立销售数据库　　在拥有许多销售渠道的企业中,分布式数据库的合理使用可以跟踪并协调所有营销行为。数据库通常包括以下的信息:通过邮寄、电话、销售代表、财务部门获得的所有顾客信息,所有销售行动的状况,所有传递给发货商的关键数据,所有决定购买的顾客信息,他们何时购买以及买了什么。通过数据库的信息可以防止各个独立的营销小组由于争夺相同的顾客而产生冲突。

• 进行智能分析,支持企业决策　　一般来说,为企业辅助决策支持提供以下的信息:顾客进行购买定位和决策的时间有多少，顾客决策时间不同的原因是什么，可以利用何种技术减少决策时间，何种购物环境能使顾客愉快并希望下次再来。

(2) 采取手段吸引顾客购买

采取促销方式吸引购买等等。

(3) 顾客档案管理

建立顾客(零散和经销商)数据库,以期实现面向顾客的销售管理。例如,针对不同的顾客展示不同的产品目录形式,注册和非注册顾客享受不同的待遇等等。

(4) 实现企业和经销商之间的标准通信 EDI

企业可以用 EDI 与它们的经销商进行有关购货订单、发货安排和相关发票支付的通信。

(5) 网上谈判　　对于企业订购来说,可以引入协商机制,通过各种方式进行价格、数量、交付地点、时间等项目的商议。

(6) 网上订单的处理

• 订购产品后库存数量处理　　进行库存情况查询,如果不能满足需求(包括数量和质量等等),应立即给出显示,否则在库存数据库中减去订购数量;

• 对于订单中所需生产数量发送到生产数据库中;

• 建立订单数据库。

(7) 安全支付处理

包括安全协议的选择和实现。

(8) 产品购买同时,实现交叉销售

交叉销售的原理是这样的。假设一个顾客拨打了一个关于保险的顾客服务热线,询问目前该公司的保险服务。在解决了顾客的问题之后,由于该顾客已经熟悉了这家公司,销售代表将尝试向该顾客销售其他保险产品,例如,自动保险、人寿保险、健康保险、残疾保险和长期保险等。交叉销售是一个重要的商业概念。管理人员建立或者更新一个热线电话中心时,必须考虑到技术的重要作用,以及技术如何与销售过程和顾客服务人员的知识水平结合的问题。服务代表应该通过训练,可以使用技术来重新评价顾客的档案信息,以确定对于进行附加产品销售的潜力。

(9) 形成支付清单列表,详细显示购买和支付情况。

(10) 订单处理状态的查询

顾客可以针对订单数据库进行处理状态查询,并给出结果报表。

(11) 收集调查信息并及时处理

设计对于现有和潜在顾客的调查问卷,收集信息并对其进行分析,支持决策。

(12) 提供的所有服务、软件、技术支持

建立服务,提供数据库。

(13) 解答顾客提出的各种问题

- 建立关键问题解答数据库　　使用智能代理解答顾客提出的常见问题。
- 通过企业内部网解答顾客提出的问题　　通常顾客咨询的信息并不能够在顾客服务部门内部被满足,这就需要利用内部网实现集成的企业顾客服务系统。在这里,顾客服务代表需要下列信息:有关产品特点、可获得性、存在问题和更新的信息,以及已使用的历史、购物保证和交易细则等;能够将复杂的问题转移到其他部门并进行跟踪,以使每一位顾客的问题都得到正确的解答,并且不会产生由于沟通不力引起的遗漏;能够收集和记录关于用户使用产品经历的有价值的信息,这种信息可以帮助其他部门做出有关产品开发、营销和商业行为的更好的决策。

(14) 广告管理

见第八章广告主发布网上广告的程序,以及本站点发布其他企业广告的程序。

综上所述,营销模块需建立以下的数据库:销售数据库、顾客数据库、订单数据库、问题解答数据库、服务提供数据库。

在本模块功能中网页与其他模块之间存在下述的接口:

与库存数据库的接口　　库存数量、详细状况等等的查询,并可以对库存数量进行修改。

与生产数据库的接口　　根据订单中的订购数量修改生产产品数量。

与产品数据库的接口　　获取产品的详细介绍信息等等。

在网上提供以下的信息:产品目录,顾客目录,新产品信息,产品促销信息,免费礼品信息,产品调查问卷表单,产品订购单,付款方法,相关服务信息,技术支持及相关软件,问题解答,售后订单状态查询。

9.4.2 后勤管理分析

后勤管理要达到的目标是:控制供应商的数量和质量;减少购货订单成本,增加处理数量,减少处理时间;存货数量控制,缩短订货—运输—支付周期。

具体功能如下:

(1) 订货管理

- 供应商管理　　建立供应商档案库、订货数据库,利用网上产品目录和供应商供货清单,来生成需求和购货需求文档;
- 网上谈判　　在网上,可以引入协商机制,通过各种方式进行价格、数量、交付地点、时间等项目的商议;
- 实现企业和供应商之间的标准通信 EDI　　企业可以用 EDI 与它们的供应商进行有关购货订单、发货安排和相关发票支付的通信。

(2) 库存管理

- 建立成品库存数据库,以便于掌握精确的存货量;
- 建立半成品和原材料库存数据库。

(3) 发货管理

- 在发货同时发送相关运输文件,以便随时查询发货情况。发货相关文档的发送可以通过 EDI 来实现;
- 制定发送需求计划(DRP)　　建立发货数据库,记录发货情况和统计;
- 物理库存管理(PIM)　　决定存货水平、企业的服务水平管理、商店销售和补给的分配、任何水平的存货控制、存货清点和控制,以及仓库和商店之间的再分配。
- 运输管理　　选择运输模式,制定运输计划、装货计划、容量安排、传输计划和安排、发送安排和容量跟踪与监控。

(4) 仓库管理

- 接收入库　　根据企业的质量标准进行入库检测,库存状况更新,并通知应付账目系统已收到供应商的货物;
- 存放位置管理　　根据产品的特性,出入库频率选择仓库中的最优位置;
- 产品挑选　　根据订单排序将产品从库存中选出来;
- 分配　　产品、原材料、半成品出库。

(5) 预测

除了根据订单进行生产安排外,还必须通过预测保证一定的库存产品以应付市场的变化,如季节变动、促销活动。

综上所述,后勤模块建立了以下的数据库:供应商档案库、订货数据库、成品库存数据库、半成品和原材料库存数据库、发货数据库。

本模块功能与其他模块功能之间存在下述的接口:

与半成品库存数据库的接口　　属于 Intranet 范畴;

与生产数据库的接口　　原材料库存提供了生产数据库和企业订货数据库的接口。

在网上发布以下的信息:供应商注册,需求信息,供应商信息查询。

9.4.3　制造管理分析

(1) 产品配置

• 生产数据管理　　产品结构的定义和使用以及根据其他部门需要和成本需求将信息发送到其他部门;

• 配置管理　　自动化配置和订单录入过程,并根据顾客需求进行某种产品的生产,客户化生产。

这些都受到制造过程本身特点的影响,并关系到生产效率、产品季节性和其他因素。

(2) 生产执行

• 主生产计划　　确认未来的生产和购货发送行为,这些行为将在对顾客需求和日常工作做出响应时需要,并且将全部商业计划与详细的运作联系在一起;

• 物料需求计划　　确认未来的生产和购货发送行为,这些行为将在对日常工作做出响应时需要,并且将全部商业计划与详细的运作联系在一起;

• 能力计划　　进行生产控制,识别潜在的生产能力瓶颈以便进行调整;

• 车间控制　　提供当前工作、过程执行和生产能力的状态以便进行性能评价、详细计划和安排;

• 质量管理　　实现质量保证和质量控制功能。

制造管理模块功能与其他模块功能之间存在下述的接口:

与营销管理模块的接口　　保证销售代理可以随时跟踪订单满足情况;并根据销售相关集成数据库中返回的数据信息决定生产计划的制定以作为制造管理的入口;

与后勤系统的接口　　组成拉动式的制造管理模式,根据生产情况决定库存控制以作为制造管理的出口之一。

9.4.4 财务管理分析

财务管理系统具体的工作可以分为:财务会计、管理会计、库存会计、支付管理和现金管理。

(1) 财务会计

• 总分类账　记录各层次的各种会计账、调账、结账,编制资产负债表、利润计划,提供各种财务报告;

• 法定合并　运用不同的计价方法合并各种财务报表;

• 应付账目　管理供应商账户;

• 应收账目　管理顾客账户。

(2) 资产管理

• 投资控制　制定资本支出计划,记录实际开支,生成报告;

• 固定资产会计　记录、计算并处理对固定资产的购置、变卖、转让、折旧和增记,生成报告。

(3) 管理会计

对于支持企业运作和战略非常必要的财务管理通常叫做"管理会计"。管理会计通常包括:

• 成本管理　面向业务活动的成本监控与分析,面向订单与项目的成本监控与分析;

• 产品成本管理　产品成本核算,产品成本会计,对成本结构、成本要素及运营过程进行分析;

• 获利能力分析　营业收入会计,销售与利润计划,贡献毛益会计,销售成本会计,利润分析。

(4) 支付管理

• 自动发票和支付处理　实现企业对企业的支付财务的 EDI;

• 电子付款　银行、企业、顾客三者通过 Internet 实现网上支付。

(5) 现金管理

• 企业支票账户管理　获得支票账户的准确信息,按时支付,防止支票诈骗;

• 企业外汇账户管理　按汇率的变动调整外汇账户,了解各国的税制,按时支付。

财务管理与营销管理的接口　在 Internet 上向顾客提供多种支付方式、支付信息自动确认,作为财务的输入。

财务管理与后勤管理的接口　来自后勤管理的付款信息,作为支付管理和财务会计的输入。

9.4.5 人力资源管理分析

(1) 人力资源管理

人力资源管理主要包括制定人事计划、招聘、薪资管理、培训/发展、安全教育。

(2) 工资管理

工资管理主要包括考勤、工资表计算。

(3) 福利管理

福利管理主要包括确定福利、确定员工的贡献。

(4) 健康保险管理

健康保险管理主要包括给员工确定健康保险项目及保险金额。

本模块建立几个重要的数据库:

- 员工数据库　　详细描述员工各部分信息;
- 员工手册　　包括雇佣政策、福利项目、各种项目和服务的联系表与方式等。

在网上发布以下的信息:

- 招聘信息;
- 培训信息;
- 员工个人信息;
- 人事通知。

9.5 电子商务应用系统的设计

一个企业完整的电子商务系统应该是企业内部网与 Internet 的集成,因此,电子商务系统的设计是内部网的设计和 Web 站点的设计。有些企业没有建立内部网,但希望有一个对外发布信息的 Internet 网站,实现某些简单的电子商务功能,那么它涉及 Web 站点的设计。本节我们就来介绍基于 Internet 技术的内部网设计、Web 站点设计和功能的详细设计。

9.5.1 内部网 Intranet 的体系结构

有三种体系结构可以供企业选择。

(1) 单个局域网 LAN + Internet 技术

企业内部的单个局域网 LAN 利用 Internet 技术构成的企业Intranet,适合于内部各单位的地理位置相对集中的企业。

(2) 多个局域网 + 公用电话交换网 + Internet 技术

以企业内部的多个局域网通过公用电话交换网 PSTN(public switched telephone network)等广域网协议连接而成的广域网,再利用 Internet 技术而构成的企业 Intranet,适合于内部各单位的地理位置比较分散,而且内部已经构造好了自己的广域应用网的企业。

(3) 多个局域网 + Internet 技术

以企业内部的多个局域网直接利用 Internet 及其虚拟专用网技术构成的企业 Intranet,适合于内部各局域网还未连接起来或还未完全连接起来的单位。

9.5.2 Intranet 网络硬件的选择

在选择网络硬件时要分别考虑以下几个方面:质量、性能、售后服务、价格、系统扩展性、软件、公司品牌。

(1) 服务器主机(server)

服务器主机是整个 Intranet 网络的核心硬件设备,它为某个网段或整个网络提供信息服务和网络管理功能,通过安装并运行其上的各种服务器软件来实现客户的请求。大型机(main frame)、工作站、专用服务器、高档微机都可以作为服务器主机。性能上要求配置有大容量的内存和海量外存以及高性能的 CPU 系统,以便能较好地运行数据库管理系统软件(RDBMS)。另外,为了确保系统内部网信息资源的高可靠性和安全性,一般还要求服务器主机具备双机备份等容错性能。国际服务器厂商有 Sun 、HP、IBM、SGI、Compaq、DEC、AST、NEC、Acer。国内服务器厂商有联想集团、同创集团、北大方正、浪潮集团、长江集团、长城集团、曙光公司。

(2) 客户机(client)

客户机为最终用户提供上机应用平台。在企业内部网络中,客户机通过获得用户的请求信息,把它们传送到网络服务器主机,服务器主机识别来自客户机的请求,完成客户机指定的服务请求,并发送回答消息给客户机,因此,最终用户可以共享服务器上的信息资源。一般用 PC 机作为客户机。

(3) 集线器(hub)

集线器使集线器上的每个客户机共享一个出口,这样,通过集线器可将客户机分成若干个机群或机组。

(4) 路由器(router)

路由器将一个网络划分成几个子网,可以使相似或不同体系结构的局域网段连接到一起,构成一个更大的局域网或一个广域网。路由器在 OSI(open systems interconnection)参考模型的网络层,具有寻址功能,即它按特殊协议对网络信息流进行智能的、自动的转发和过滤,只有指定的 IP 地址的信息流才能在网段之间进行传送。这种对信息流转发和过滤是以降低网络速度为代价的。

(5) 交换器(switch)

交换器把大网络分割成许多网络小段,一个网络小段称为一个网段。每个网段享有一定的带宽,由较少的用户共享,以获得较好的性能。有低速的以太网交换器(ethernet switch)、FDDI(fiber distributed data interface)、快速以太网(fast ethernet)和 ATM(asynchronous transfer mode)高速交换器。交换器工作在 OSI 的链路层,以端到端的通信为基础,不需要为数据包选择路由,在出厂时就已经设定了存取控制地址。因此,比路由器处理传输速度快。

(6) 远程访问服务器(remote access server) 和调制解调器

一般远地用户对企业网络资源的访问有两种方式:租用专用的线路和通过电话线路。前一种方法代价较高,所以很少在网络实现方案中实际采用,而只限于那些必须采用的远地用户。后一种方法通过远程访问服务器和调制解调器。远程访问服务器为网络上的拨入/拨出应用提供连接,可以实现路由的选择和协议的筛选,为拨号连接提供 PPP(point to point protocol)和 SLIP(seral line internet protocol)协议标准的支持。调制解调器的功能是将来自计算机的数字信息转换成可在远程通信线路上传输的模拟信号,并且将接收到的模拟信号再转换成数字信息传送给计算机。

(7) 网关(gateway)和桥接器(bridge)

网关是将具有不同网络体系结构的计算机网络连接在一起的功能设备。桥是连接具有相同或相似体系结构的网络或系统的。

9.5.3 Intranet 网络软件的选择

软件和硬件的选择是同时考虑的。企业的内部网一般必须配置如下的软件:

(1) 网络操作系统

网络操作系统为所有运行在企业内部网上的应用提供网络通信服务,即实现网络协议。目前流行的网络操作系统有 Unix,Windows NT Server,OS/2 Warp Server,Netware Server 及 Sco Openserver 等。

(2) 服务器软件

服务器软件包括 Web 服务器、文件服务器、电子邮件服务器、远程登录服务器、打印服务器等。Web Server 使用超文本标记语言 HTML 来描述网络上的资源,并以 HTML 数据文件的形式存放在 Web Server 中。HTML 利用信息资源的统一定位器 URL 来表示超链接,并在文本内指向其他网络资源。这时超链接包含了超文本链接和超媒体(hypermedia)链接的双重含义。URL 能够指向网络文件(file)、超文本传输协议 HTTP、公共文件传输服务器 FTP、Gopher 服务器、远程登录以及电子新闻(news)等信息资源。Web 商业服务器的三大厂商是 Microsoft、Netscape、O'Reilly。

(3) 客户机端软件

客户机端软件包括浏览器软件、电子邮件软件、FTP 软件、Java 软件等。其中,浏览器软件是 Intranet 上提供给最终用户(客户机)的应用界面管理软件,通过浏览器可以使用 URL 来指定被访问的各种资源,集 WWW、电子邮件、FTP 等需求于一体。由于浏览器直接面向用户,所以浏览器产品的用户界面的友好程度是体现其市场竞争力的重要指标。目前在市场上较为流行的浏览器产品有 Netscape 公司的 Navigator,微软公司的 Explorer,以及 Lotus 公司的 Notes 等。Java 技术为客户机获得 Web 站点上的动态信息提供支持。

(4) 应用数据库管理系统

应用数据库管理系统完成对企业内部信息资源的维护和管理。对 Intranet 来说,企业的信息资源是企业的关键数据,具有极高的商业价值,对企业的生产和经营活动至关重要。它们是海量数据的存储中心,这些数据在数据库管理系统中完成复杂的计算,并通过 CGI/Script 或 ASP 接口提供存储和更新操作。所以,Intranet数据库管理的好坏与数据信息的安全性、可靠性程度直接影响到整个企业内部网的成败。当前流行的数据库系统有 DB2、Oracle、Sybase、Informix、SQL Server、Access 等。

(5) CGI 接口管理软件与 ASP

CGI 接口管理软件实现 Web Server 与外部程序的连接,这些外部程序大多是后台数据库应用管理软件。CGI 用来弥补 Web Server 本身的不足,完成 Web Server 所不能达到的功能。CGI 以两种功能方式工作:不传参数,直接执行外部程序;传递参数并执行外部程序。

为了弥补 CGI 的缺陷,微软公司于 1996 年 11 月推出了 ASP 技术。它是服务器的一种脚本环境,其作用是生成和运行动态的、交互的、高性能的 Web 服务器应用程序。

(6) 安全管理软件

安全管理软件包括防火墙、电子交易安全软件。我们已经在本书的第四章中做过介绍。防火墙泛指一个由软件系统和硬件设备组合而成的屏障。防火墙的功能是防止非法入侵,非法使用系统资源,执行安全管制措施,记录所有可疑的事件。防火墙一般采用两种最基本的拓扑结构:双主机结构(dual-homed)和筛选主机(screened host)结构。双主机结构提供两个网络界面,使数据封包不能在内外两个网络直接沟通。筛选主机结构通过路由器过滤所有由 Internet 要进入企业内部网络的数据封包,只允许某些特定的信息进入。

9.5.4 Web 站点的设计

内部网的设计包含了 Web 站点的设计。如果企业没有建立内部网,可以先建立一个网站实现部分电子商务的功能。

(1) 站点软硬件选择

站点软硬件选择包括选择服务器主机、操作系统、服务器软件、数据库,前面已介绍。

(2) 站点的体系结构设计

站点的体系结构设计包括分层目录结构和网络结构、信息的存取路径、文件和图像设计。

(3) 制定设计规范

设计规范定义了在建立和实现一个企业电子商务应用的过程中统一的约束和标准。制定设计规范的目的是开发一个简单的、易使用的接口,并且使一个企业的电子商务系统具有一致性。通用的方法是建立遵守设计规范的若干个模板(template),然后用这些模板去建立特定的应用。设计规范一般对以下三个方面约束:页面的布局、导航和标准。

• 页面的布局　页面的布局对访问者来说非常重要,要让访问者能一目了然页面提供的信息,知道页面每一部分如何操作。否则,访问者会很快离开该页面。例如,Cisco 公司(http://www.cisco.com)的主页设计就非常清晰、简单,而且全面。其顶端是网站结构图,中间主要部分显示企业电子商务功能,每个部分可以超级链接进入各个功能网页。

• 导航　一般来说,一个企业的网站要向各种浏览者提供大量的信息,所以,网页很容易成为一个非常复杂的文件网。因此,为来访者提供有效的搜索方法非常重要,包括不同页面的链接,同一页面不同位置的链接。

一个好的导航机制的标准是:直观、界面友好、一致性、有效性。

导航一般分为　站点导航、页面导航。站点导航有文本导航、图形导航、工具导航条、基于框架的导航、站点索引导航、搜索引擎。页面导航有一节中的内容表、不同节中内容表的连接。

• 标准　确定命名规则、客户端性能、语言和工具以及图像的标准定义。

命名规则　要确定文件名规则、扩展名规则、默认文件名规则。例如,文件名可以按汉语拼音命名,还可以按英文意思命名;统一整个系统使用的默认文件名,例如,常用的有 default、index。

客户端性能　要确定浏览器性能、浏览器显示器分辨率和尺寸、联网情况。

服务器端的语言和工具　要确定 HTML 版本、编程语言和数据库。目前常使用的主页编制工具包括 Frontpage,InterDev,Hotdog 等。数据库有 DB2、Access、PB、VFP、SQL Server、Oracle。

图像　要确定图像的特性,如尺寸、质量、格式以及其他相关因素,如浏览器能否浏览该图像,浏览该图像需要的连通时间,使用该图像能带来多少附加值。

(4) 网页设计的注意事项

• 用户界面应符合用户的要求,引人入胜的图像并不能真正吸引客户,如果客户找不到想要的东西,或者即使找到了却不知如何购买,那么他们就会离开站点;

• 简单的导航和网页的快速下载是最重要的,因此,要减少不必要的图片和图像;

• 如果需要使用图片和图像,它们所占的空间越小越好,如果需要展示更大一些的图片,最好提供一个要求下载大图片的选项,而不要将其作为默认设置强制浏览者将其下载;

- 大型图片不要放在页面的最上面，因为过长的下载时间可能使浏览者离开网页，甚至站点，应将文字放在图片的前面；
- 对于变化频率非常高的内容，要采用文字而避免采用图片，以使网页设计管理者轻而易举地完成各种时间紧迫的修改，而无需等待美工人员修改图片；
- 用户界面要简单，页面的复杂技术应放在服务器端，而不应该放在浏览器端，例如，ASP技术为复杂技术放在服务器端提供了很好的实践；
- 避免使用帧结构，因为帧结构本身所占用的空间大，还会将屏幕分割得支离破碎，同时，极大地限制了设计的想象空间；
- 在网页版面的安排上，需要提供一些简单的浏览指南，为第一次访问站点的浏览者提供帮助；
- 尽量少要求浏览者填写网上表格，只对新客户要求他们填写客户信息，以后他们再次光临就不必再填写个人信息了；
- 浏览者输入保密信息时，应出现"安全服务器"或其他安全字样的弹出窗口，以使向浏览者显示该服务器具有安全保密功能，保证信息安全传输和加密传输；
- 在每个网页上都提供一个强调产品的导航条，以便浏览者找到需要的内容；
- 页面上切忌出现过多无用的长篇大论，应能让浏览者自己选择是否要阅读有关信息，如销售额、新产品的发布信息；
- 网站应发布企业的法律责任，但不要让这些责任条款出现在网上交易之前，甚至成为交易的前提条件，否则就会减缓达成交易的过程，甚至吓退可能的顾客，应在交易之后让浏览者自己选择查看；
- 在所有导航条上应放置购物车按钮，以满足顾客随时的购买；
- 浏览者网上订购后，服务器一旦处理完订单，务必立即提供一张表示订单已确认的网页；
- 在主页上如实公布企业业务情况，如企业地址、电话、传真，以加强浏览者对企业的信任感；
- 在网页上建立留言簿，方便与用户的交流。

9.5.5 功能详细设计

不论是企业内部网设计还是Web站点设计，都要对功能分析确定的每个功能模块进行详细设计，即对每个功能模块细化，包括定义下属的模块和范围，定义模块之间的关系，定义页面和页面内容，定义数据需求，定义编程需求。

9.6 电子商务系统的实现

企业内部网的实现与建立一个信息系统的过程类似,可参考有关信息系统的书籍。与之不同的是网站的实现过程。网站的实现过程主要包括申请域名、建立服务器、系统的代码化、测试。本节就来介绍这些过程。

9.6.1 申请域名

(1) 定义本企业的域名

域名是访问者通达企业网站的“钥匙”,像品牌、商标一样具有重要的识别作用,一个好域名会大大有助于将企业的网址“炒”成众所周知的著名站点。定义域名要根据公司性质或信息内容的性质,使域名具有一定的内涵。域名应简洁、易记,有很强的视觉冲击力,标识性强。一个好的域名往往与本单位的以下信息一致:

- 单位名称的中英文缩写;
- 企业的产品注册商标;
- 与企业广告语一致的中英文内容,但注意不能超过 20 个字符;
- 比较有趣的名字,如 hello、howareyou、yes、168 等等。

(2) 查重域名

必须确认要注册的域名是唯一的,也就是说,在互联网上还没有与本企业定义的域名一样的域名。如果是要注册国际域名,也就是说,域名的结尾没有 cn,必须到以下的网址查重域名 http://rs.internic.net/cgi-bin/whois?。如果是注册国内的域名,在以下的网址上查重 http://www.cnnic.net.cn/cgi-bin/domainqc。

一般解决重名的办法是换个名字,或是在申请的域名上加“-”或一些字母,或是选择其他可用的域名。例如,已存在的域名为 sitong.com.cn ,为避免重复,另起域名 stone.com.cn;已存在的域名为 stone.com.cn ,为避免重复另起域名 stone.sh.cn 。

(3) 国外注册域名

若企业选择在国际上注册域名,通常有两种注册的方法:第一种方法是直接在美国的域名注册机构 InterNic 的网站上联机注册(http://rs.internic.net);第二种方法是通过国内的国际域名注册代理机构注册。一般的注册程序如下:

第一步,用英文填写以下表格。

要注册的域名	
单位名称	
联系人	
通讯地址	
邮政编码	
联系电话	
传真	
电子邮件	

可通过电子邮件、邮寄、联机等方式递交以上表格。

第二步,一般代理公司在24小时内完成向InterNic注册。

第三步,注册域名的企业将注册费在规定的期限内交代理公司,由代理公司代付域名注册费。

第四步,在以下地址确认注册的域名是否已在国际互联网上注册成功:http://rs.internic.net/cgi-bin/whois?。

不管是企业自己直接注册,还是由代理机构代理注册,注册成功后,必须在中国互联网络信息中心CNNIC登记备案。可从CNNIC的WWW服务器上获取《国外注册域名备案表》,填写并加盖公章后,交回CNNIC。

(4) 国内注册域名

若企业选择在国内注册域名,有两种注册的办法:自己直接在CNNIC注册或通过CNNIC的代理注册机构代理注册。下面来介绍这两种注册的程序。

CNNIC采用自动和人工相结合的方式提供注册服务,下面是直接在CNNIC注册的程序。(注:国内的高校可在教育科研网CERNET上注册,而不必在CNNIC上注册。)

第一步,用户首先通过访问CNNIC的主页联机填写域名注册申请表,填好后,点击"递交"按纽,申请表格就会被域名注册系统接收。

第二步,一般48小时之内,用户就会收到CNNIC自动回发的电子邮件,通知递交书面申请,按照要求将书面材料寄给CNNIC,等候CNNIC下一步的电子邮件通知。书面材料包括:

- 域名注册申请表;
- 本单位介绍信;
- 承办人身份证复印件;
- 本单位依法登记文件的复印件。

如果申请人是企业,则应该提交营业执照复印件;如果申请人是其他组织,则应该提交相应主管部门批准其成立的文件复印件。

域名注册申请表可通过 CNNIC 网络服务器(www.cnnic.net.cn)网上下载或电子邮件(hostmaster@cnnic.net.cn)、传真(010 62559892,010 62533515)及信函方式获得。

第三步,当 CNNIC 收到书面材料后,将在 10 个工作日内对书面的材料进行审核,审核结果将通过电子邮件通知;如果没有通过,用户还要按照要求邮寄补充材料;如果审核通过,需首先向 CNNIC 交纳首年年费。

第四步,在汇款收到后 10 个工作日内,用户将收到域名注册证书和发票,整个注册程序完成。

企业选择通过 CNNIC 的注册代理机构注册时,首先选择代理机构。为此可访问 CNNIC 网站(http://www.cnnic.net.cn/agent),可得到最新的 CNNIC 域名注册授权代理单位的名单。下面是通过 CNNIC 代理公司申请域名的程序:

第一步,向代理公司提交以下材料:

- 域名注册申请表;
- 域名申请单位依法登记文件的复印件;
- 代理委托书;
- 单位介绍信;
- 承办人身份证复印件。

第二步,在规定的时间内向代理公司交付一定的注册费。

第三步,领取国内域名证书。

第四步,在以下地址确认域名已在中国国际互联网信息中心注册:http://www.cnnic.net.cn/homepage/3.htm。如果发现域名在 CNNIC 的数据库中没有记录,请参看:http://www.cnnic.net.cn/cgi-bin/mailqc,从这里能找到所有有关域名的处理情况的记录。

9.6.2 建立服务器

注册域名后,别人不能访问企业的域名,因为域名的注册只是将企业定义的域名加注到域名体系的数据库中,占住一个“位置”。而网址代表着一个 Web 服务器,只有企业设置了一个服务器后,由有关的服务器完成域名解析,别人才能访问企业的网址。一般可以有两种方法拥有服务器:一种是自建,另一种是托管。

(1) 自建服务器

自建服务器需要安装服务器的软硬件,租或新建与 Internet 连接线路,由水平较高的专业技术人员进行日常维护。例如,某某企业的 NT 服务器的硬件配置为:双 CPU Pentium Ⅱ,256MB 内存,4GB 高速硬盘,100MB 自适应网卡;软件配置为:Windows NT 4.0、IIS 4.0。

(2) 服务器托管

托管是由 ISP 代管服务器,企业将编制好的网页上载到托管的服务器上,浏览者就可以访问企业的网站了。服务器托管又可分为整机托管与虚拟主机(VirtualHosting)租用。整机托管是在具有与Internet实时相连的网络环境的公司放置一台自己购买的服务器,或向其租用一台服务器,满足本企业远程控制,完成WWW浏览、E-mail收发、FTP文件的上传与下载功能的实现。虚拟主机租用是指将一台UNIX或NT系统整机的硬盘划细,细分后的每块硬盘空间可以被配置成具有独立域名和IP地址的WWW、E-mail、FTP服务器。这样的服务器在被人们浏览时,看不出来它是与别人共享一台主机系统资源的。在这台机器上租用空间的企业可以通过远程控制技术,如远程登录、文件传输,全权控制属于本企业的那部分空间,如信息的上下载、应用功能的配置等等。

虚拟主机租用企业可根据自己的网站信息量的大小选用所租的空间,以普通主页大小为50KB~200KB为计,10MB空间可以放置50~400页主页,对普通用户已经足够。而存放数据库的虚拟主机空间相对就要较大,否则很快便会出现空间不足的现象。此外,根据网站面向的访客对象不同,虚拟主机租用的企业可选用在国内或国外的服务器放置虚拟主机,以避免由于出口带宽"瓶颈"效应所造成的信息传输速度缓慢。例如,以对外贸易为主的企业,主要面向国际的访客,就应选择放置国外的虚拟主机;如访客是以国内为主,则选择国内的虚拟主机。对于国内企业在国内注册了域名,却租用了设在国外的服务器的情况,中国国际互联网络信息中心规定,其国内域名解析服务器必须放置于国内。

如何选择一个好的Web服务器托管,一般要从以下几个方面考察服务器:

- 独立域名　　每块空间对应一个独立的域名;
- 独立IP地址　　每块空间对应一个独立的静态IP地址;
- 独立使用Cgi-bin目录　　拥有自己的Cgi-bin目录,便于站点管理者的管理与使用;
- 在同一块空间上同时具有Web、E-mail、FTP三种服务器功能;
- 通过用户名和密码的方式赋予用户远程登录和文件传输的特权,用于站点信息内容的上载和日常维护;
- 无限量电子邮件邮箱;
- 不限数据通信量;
- 可设置路径保护以限制访问;
- 电子邮件服务器自动应答AutoResponder;
- 支持CGI、ISAPI、Imagemap、Java;
- 支持实时传音(RealAudio)、实时传送图像(RealVideo);
- 支持Microsoft FrontPage 98等站点管理软件。

一般托管服务内容和价格如表9.2所示。

表 9.2 虚拟主机服务

主机功能	初级方案	商务方案	高级方案
年费(人民币:元)	1800	3000	5000
硬盘容量(MB)	10	30	100
连接 Internet 带宽	145MB	145MB	145MB
24 小时 FTP 连接	Yes	Yes	Yes
E-mail POP3 邮箱	10	10	10
每周磁带备份	Yes	Yes	Yes
全年 24 小时在线监测	Yes	Yes	Yes
100% Etherswitched Network(100Mbits/Sec.)	Yes	Yes	Yes
网页浏览统计分析	Yes	Yes	Yes
UPS 及后备电源支持	Yes	Yes	Yes
CGI Local Directory	Yes	Yes	Yes
C Compiler	Yes	Yes	Yes
Java Development Kit	Yes	Yes	Yes
Java Servlets	Yes	Yes	Yes
Exclusive Web-based Email	Yes	Yes	Yes
Server-Side Includes	Yes	Yes	Yes
FREE SSL Secure Server	Yes	Yes	Yes

国外主机(NT 系统)

主机功能	商务方案	高级方案
年费(人民币:元)	4000	6000
硬盘容量(MB)	50	100
连接 Internet 带宽	300MB	300MB
24 小时 FTP 连接	Yes	Yes
E-mail POP3 邮箱	10	不限
自动回复 E-mail	10	不限
E-mail(别名/指向)	10	不限
Internet Information Server 4.0	Yes	Yes

续表

主机功能	商务方案	高级方案
Access Database	Yes	Yes
Active Server Pages	Yes	Yes
每天磁带备份	Yes	Yes
全年 24 小时在线监测	Yes	Yes
E-mail Aliasing	Yes	Yes
100% Etherswitched Network(100Mbits/Sec.)	Yes	Yes
BGP4 Multihoming	Yes	Yes
网页浏览统计分析	Yes	Yes
UPS 及后备电源支持	Yes	Yes

国外主机(UNIX 系统)

主机功能	初级方案	商务方案	高级方案
年费(人民币:元)	1800	3000	5000
硬盘容量(MB)	10	50	100
连接 Internet 带宽	90MB	300MB	300MB
24 小时 FTP 连接	Yes	Yes	Yes
E-mail POP3 邮箱	1	10	不限
自动回复 E-mail	1	10	不限
E-mail(别名/指向)	1	10	不限
Sun Ultra Sparc Server, Solaris (UNIX)	Yes	Yes	Yes
apache Web Server	Yes	Yes	Yes
Stronghold Secure Server	Yes	Yes	Yes
Active Server Pages	Yes	Yes	Yes
每天磁带备份	Yes	Yes	Yes
全年 24 小时在线监测	Yes	Yes	Yes
E-mail Aliasing	Yes	Yes	Yes
100% Etherswitched Network(100Mbits/Sec.)	Yes	Yes	Yes

续表

主机功能	初级方案	商务方案	高级方案
BGP4 Multihoming	Yes	Yes	Yes
网页浏览统计分析	Yes	Yes	Yes
UPS 及后备电源支持	Yes	Yes	Yes
CGI Local Directory	Yes	Yes	Yes
C Compiler	Yes	Yes	Yes
Java Development Kit	Yes	Yes	Yes
Java Servlets	Yes	Yes	Yes
Exclusive Web-based E-mail	Yes	Yes	Yes
Server-Side Includes	Yes	Yes	Yes
Ready-to-run Scripts Pre-installed	Yes	Yes	Yes
FREE SSL Secure Server	Yes	Yes	Yes

注:资料来源于 163 网页工作室。

9.6.3 系统代码化和测试

企业整个电子商务系统的代码化包括企业内部网功能模块、数据库、网页的代码化。系统的测试包括模块测试、子系统测试和用户测试。大部分内容与传统信息系统的代码化和测试是一样的。只有网页编辑和测试是电子商务系统独有的。现在,人们已经不再使用 HTML 源语言编制网页,而是使用网页编辑器、脚本语言、ASP 等不断发展的新的 Web 应用开发技术。在测试时,要对页面的每个链接进行测试,对声音和图像下载的速度、质量进行测试。开发技术请参看有关书籍,在此不做介绍。

9.7 电子商务系统运行的管理

电子商务网站系统建好以后的运行与传统信息系统运行是有所区别的。企业建立电子商务网站的目的是宣传企业的形象,利用网络传输的优势带来更多的效益。因此,需要站点管理员、企业的业务人员时刻维护网站,或者说经营网站、管理网站,这是一个无止境的工作。网站管理得好,站点的访问率、回访率高,说明站点吸引访问者,就有可能为企业带来客源。因此,研究网站管理是十分必要的。根据目前的理论研究和实际经验,电子商务网站管理的内容主要包括电子商务网站的宣传、监测、内容定期或不定期的更新、应答与复函。下面就来详细介绍这些内容。

9.7.1 网站宣传

网站宣传是指企业网站的网址的宣传,其目的是吸引站点的访问者,提高访问率。通常通过以下的方式宣传网址:

• 通过邮件群组宣传网址　可以加入著名网站的电子邮件组,接收别人的邮件,也可以向该组的其他人发电子邮件,宣传企业的网址。

• 在新闻组中宣传网址　在 BBS 站点上相应的分类新闻中,发布网站的消息,包括网址。

• 利用网上广告宣传网址　利用网上广告宣传网址,就是在其他相关的专业性、区域性、社会热点等方面的站点上做各种广告、超级链接,我们已经在第八章详细介绍过了,在此不再重复。

• 利用传统媒体宣传网址　对于那些网站访问者定位在国内的站点来说,传统媒体在宣传网址方面的作用是显著的,如报纸、电视、广播、印刷品。经常在电视广告上出现企业的网址,在报纸上也可以见到企业在广告里插入了网址。

• 在搜索引擎站点注册网址　在各种宣传企业网址的途径中,收效最大、影响范围最广、有效时间最长的宣传企业网站的手段就是在搜索引擎站点注册网址,也是必须采用的手段。也就是说,每个企业站点都应在尽可能多的国际、国内的搜索引擎站点注册网址。国际著名搜索引擎站点有:Yahoo!、Excite (http://www.excite.com)、Altavista (http://www.altavista.com)、Lycos(http://www.lycos.com)、Hotbot (http://www.hotbot.com)、Infoseek (http://www.infoseek.com)。国内著名搜索引擎站点有:中文Yahoo!和搜狐。更多的免费注册网站的搜索引擎站点见附录 1。人们之所以到这些搜索引擎站点来查询,是由于这些搜索引擎站点上都存有相当多的网址信息。当人们输入关键词后,搜索引擎站点会自动将与关键词相关的网址信息调出来供人们选择,其功能类似图书馆中的目录。在注册网址之前,先在企业本网站主页的源文件的 <META> 标签行上输入如下的内容 Name="keywords" Content="关键字,关键字,关键字,……"。这是因为搜索引擎会搜索查看这一行。之后,在搜索引擎站点注册网址。有两种注册网址的方法,一种是手工注册,另一种是自动注册。手工注册是进入不同的搜索引擎,分别进行注册。自动注册是使用专门的注册软件,自动在几百个搜索引擎上注册。自动注册较省力,但由于各个搜索引擎的工作机制不尽相同,所以,注册效果不如手工注册好。下面介绍如何在中文 Yahoo! 上注册网址,其他搜索引擎站点注册方法类似。

第一步,进入主页。

第二步,确定所要注册的网站是否已经登录在 Yahoo! 中文类目中。可以用 Yahoo! 中文的检索功能来检索网站名称，或浏览 Yahoo! 中文的相关类目来确定网站是否已经登录在 Yahoo! 中文类目中。如果网站已经登录在 Yahoo! 中文类目中，则不能再填写建议登录网站表格，而应填写修改网站咨询表格。

第三步，进入最适合要注册网站的类目，以便加快 Yahoo! 站点管理员处理网站登录的速度。

第四步，在最合适的类目页中填写一些表格，申请网站注册。在最适合的网站的类目页中，点击网页右上方的"登录网站"。这时屏幕显示一些表格，供填写，包括网站名称、网址、网站内容描述、联络人、电子邮件账号、网站所在的地理位置等信息。

中文 Yahoo! 是一个主题式的中文网站分类目录，大部分的网站都是由企业网站管理员建议加入的，Yahoo! 的站点管理员会根据注册人建议的网站的主题，将网站列在最适合的 Yahoo! 中文类目下。

在这里，我们看到所提交的"内容描述"和主页中的关键词描述非常重要，它决定了人们在进入各搜索引擎站点进行查询时，能否通过关键词或短语来查找到注册的网站的网址。如何确定内容描述和关键词呢？

• 站在检索者的角度去设想他会用哪些关键词来检索；

• 在搜索引擎站点上试用关键词来搜索，看其结果与自己的设想是否一致，验证内容描述；

• 利用实时显示检索者使用的关键词的监测站点获得定义内容描述的启示，如在 http://www.searchenginewatch.com/facts/searches.html 站点中，能找到在不同门类中，哪些词查寻人数最多等信息；

• 与主页内容相关；

• 选择围绕产品种类、规格的实在、准确的词汇，而不使用带有感情色彩的、自我吹嘘的词汇；

• 某行业中通用或专用的、标准的词汇；

• 经常使用的习惯用词；

• 表达同一意思的不同词汇；

• 不使用 Internet 中常用的词汇；

• 一般不要将企业名称或产品品牌作为内容。

例如，Microsoft 的中国主页中用了以下的关键词：< meta name = "KEYWORDS" content =" products; headlines; downloads; news; Web site; what's new; solutions; services; software; contests; corporate news;">。

网址宣传不是一劳永逸的。一个企业的网址在搜索引擎站点中的排位不可能永远不变。当其他新的网址注册进来后，企业原有的位置就会变化，就需要在适当的时候重新注册。新闻组和邮件群组也需要时时跟踪。而且，当需要通过站点营造某种特殊的活动时，还要围绕这一主题,调动网址宣传的手段重新宣传。

例如,有一个生产船用锚链的企业,主要出口锚链。它建立了一个网站,为了宣传网址,在世界700多个搜索引擎站点用"ANCHOR CHAIN"作为网站的内容描述。正因为内容描述得准确,在搜索引擎站点中的检索效果也是惊人的,如表9.3所示。

表9.3 搜索引擎站点中的检索效果

搜索引擎站点	排　名	检索结果总数
AltaVista	3	1827
Excite	1	347763
LookSmart	2	1913745
Miningco	3	1821
Thunderstone	1	1020
MAGELLAN	1	16497
Infoseek	28	3107903
Focus	1	347763
Hotbot	1	1860

9.7.2 日常监测

在网站的日常运行中还要进行以下的工作:

- 审看日志文件,掌握访问者来访的统计数据;
- 审看新闻组中是否有人回应,并及时给予回复;
- 审读加入的电子邮件群组的反应,并及时回复;
- 收集潜在客户的电子邮件地址,以备在适当的时候使用;
- 定期审看在搜索引擎站点的排名状况。

9.7.3 内容的更新、应答与复函

应答与复函、页面内容的更新实际上与前面的电子商务的若干个功能是紧密联系的。例如,企业实现网上销售,必须给予客户订单的自动应答或人工应答。例如,企业实现了网上的售后服务,客户如有产品使用问题,不能通过常规的问题解答库得到满意的答案,就会采取预先设置的网上电子邮件的方式对专业人员询问。为了维护企业网站的形象和企业的

声誉，企业的人员必须及时给予应答。内容更新会涉及电子商务系统的不同的功能，如产品信息的更新和设计能够吸引访问者的活动和促销方案是电子商务营销模块的功能；招聘信息的更新是人力资源模块的功能。

9.8 GE、IBM、Microsoft、HP 电子商务解决方案

不仅 GE、IBM、Microsoft 、HP 等大公司致力于电子商务的解决方案，许多小的软件公司也着手开发电子商务的解决方案，如 Open Market 的 Transact 和 Live Commerce、Vision Factory 公司的 Cat@log2.5、Intershop Communications 公司的 Intershop 以及 Internet Factory 公司的 Merchant Builder。由于本书篇幅所限，在此不能一一介绍。

9.8.1 GEIS 电子商务解决方案

美国通用电气信息服务公司(GE Information Services)是企业—企业电子商务服务的第一大公司。此外，Harbinger 和 Sterling 公司也是 Web EDI 的大供应商。GEIS 在 EDI 服务方面开展得最早，是世界上最大的电子贸易团体，有九万多个企业贸易伙伴，并与世界通信公司(WorldCom)结盟共同开展企业电子商务，计划全球网络覆盖 658 个城市，全球 Internet 骨干网覆盖率达 50%。(来源于 GEIS 统计报告。)

其实，最初 Internet 的出现，给 GEIS 带来的却是一片惶惑。作为美国通用电气公司大部门之一，世界电子商务领域的第一大户，GEIS 在行业中曾有着云中漫步般的逍遥自在，80 年代，它拥有世界最大的增值网，使用其网络服务的大企业达到四万家。

对那时的 GEIS 而言，Internet 的出现简直是在翻转世界。尽管早期 Internet 上还没有很多电子商务的尝试，但 GEIS 的上层人士却敏锐地认识到了它潜在的生命力。GEIS 花了 30 年时间才在 42 个国家建立自己的商务网节点，而 Internet 只花三年时间就扩展到一百多个国家，它价格低廉，生命力异常旺盛。在此紧要关头，可以说是 GE 的企业文化帮助 GEIS 建立了正确的政策，那就是 GE 公司的创始人爱迪生留下的勇于创新和变革的精神。惊魂稍定以后，GEIS 渐渐稳定了阵脚，公司的决策人士认识到，“水能载舟，亦能覆舟”，Internet 是挑战，又何尝不是机会？当人们尚在惊叹 Internet 给人类文化带来的奇迹之时，GEIS 已经在踏实地酝酿着电子商务在 Internet 上的一场变革。

当前，GEIS 在 Internet 上的电子商务服务已经形成了一个比较完善的整体架构，包括软件、服务和用户解决方案等，其拥有的客户包括贸易、货运、银行、邮电、大型机关厂矿、IT 服务提供者等。

GEIS 在亚洲地区的发展策略是在香港建立亚太区电子商务中心，将亚太各国连接成贸易网络，我国也在其中。GEIS 在我国开展电子商务的策略是一方面与国内行业用户合作开

发 China EDI 增值网络应用,另一方面是提供电子商务服务和产品。目前已经与邮电部合作,计划建立覆盖 14 个城市的 China EDI 网络。

在电子商务服务和产品方面,按照 GEIS 的产品分类,分为 EDI 产品、电子市场产品(electronic marketplaces)和 Internet/Intranet/Extranet 服务产品三大类,其产品见表 9.4。这些产品基本是提供企业电子化采购解决方案。

关于每个产品的详细介绍,可访问 http://www.geis.com,这里仅介绍 TPN Post 和 TradeWeb。

表 9.4　GEIS 电子商务产品

EDI 产品	EDI Application Integrator EDI * PC (DOS) EDI * TRANSIT DOS ECXpert ENTERPRISE GE TradeWeb (www.getradeweb.com) EDI * EXPRESS Electronic Commerce Service Center ASN Plus EDI * PC Advanced System GE Desktop * EDI(SM) PetroWeb (www.gepetroweb.com)
电子市场产品	TPN Post TPN Register Buyer Services Government Bid Board UPC * EXPRESS II Catalog ServiceSM
Internet/Intranet/Extranet	GE TradeWeb (www.getradeweb.com) GE InterBusiness Partner GE InterBusiness Provider Internet Sales Channel Solution Internet Gateway Solution GE VMI Service PetroWeb (www.gepetroweb.com)

(1) TPN (trading process network) Post

TPN Post 是安全的、基于 Internet 的电子化招标软件,是 GEIS 电子化采购解决方案的一部分。它可以使采购商与供应商保持网上通信,在世界范围内选择最满意的供应商,降低采购成本和时间。采购商可以通过网络向供应商传递产品信息和清单,有效地管理订单。该产品具有以下的功能:

- 买方准备采购项目需求信息,并通过 TPN 服务站点了解供应商及产品信息;
- 买方通过 TPN 客户端软件准备采购项目的报价请求(RFQ)数据包,包括来自 MRP、ERP 等系统的重要数据、技术图纸,并通过 TPN 数据库提供的供应商信息选择竞标供应商;
- 买方通过 Internet 上载 RFQ 数据包到 TPN 服务站点;
- TPN 服务站点将通知候选供应商,同时,TPN 保证候选供应商安全访问 RFQ;
- 供应商通过 TPN 客户端软件查找并下载 RFQ 数据包评估需求信息,准备标书,提交标书;
- 买方估价供应商的报价响应,或邀请供应商进行下一轮投标,或定标,发送 EDI 订单等。

(2) TradeWeb

TradeWeb 是表单式的初级 EDI 服务网,为中小企业提供基于 WWW 的商业文件交换服务,所有的申请 TradeWeb 服务的企业可以使用通用标准或客户定制标准的商业文件,如订单、报价单、发票等。该服务特别适用于小型企业,因为它们一般没有能力开发或购买 EDI 产品。具体提供以下的功能:

- EDI 邮箱;
- 贸易伙伴目录;
- 基于 ANSI X12 标准的通用 EDI 格式;
- 客户定制的基于 ANSI X12 或 UN/EDIFACT 或 TRADACOMS 标准的格式;
- 简单易用的接口;
- 详细的联机帮助。

据《Business Week》报道,截止到 1998 年 10 月,美国已有 3000 多家小型企业加入了该网络,年会费 1000 美元。

9.8.2 IBM 电子商务解决方案

IBM 作为业界公认的蓝色巨人,在电子商务方面已经拥有了全面的包括电子商城、电子收款机、电子钱包、付款网关、认证中心、电子订单、网际商城等一系列电子商务的方案及产品。

(1) IBM Net.Commerce

Net.Commerce 软件可以快速建立一个电子商城网站,可以运行在 IBM 的 AIX 操作系统、Windows NT 及 SUN Solaris 等多种平台上。Net.Commerce 包括几个主要的组件,Site Manager、

Store Manager、Template Designer 是三个常用组件。

• Site Manager　这是一套非常友好的在线管理软件，全面提供有关 Internet 商城的定义及管理功能。Site Manager 可以设定商城内的某个商店或多个商店，并可启动 Template Designer 为网站建立网页。网络管理员还可以利用 Site Manager 存取商店及产品信息。

• Store Manager　可以为虚拟商店建立交互的产品目录。通过它，可以产生商店招牌、网页，建立及管理产品目录，输入产品信息，建立顾客群体，以及针对不同群体定义网页等。它还可以处理运费及税金信息。Store Manager 也能启动 Template Designer 为商店建立网页。

• Template Designer　这是 Java 式的网页设计工具，它利用拖/放动作和图解式动作建立动态表格（样板"Template"），显示储存于数据库内供购物顾客查看的产品信息。它设计的一个样板可以显示数百或数千种不同的产品。

（2）IBM Registry for SET

IBM Registry for SET 是一个可在 Internet 上产生、发送及管理 SET 凭证的安全认证方案。它为信用卡持有人、厂商及网关提供凭证管理的基本环境，帮助 Internet 上使用 SET 协定的交易安全地进行。它能让发卡银行对信用卡持有人发出凭证，能让取款机向其商家发出证明，在 SET 结构内建立身份确认机制。IBM Registry for SET 有三个主要的组件：安全认证服务器（SET CA Server）、验收程序（Approver）、管理程序（Administrator）。

• SET CA Server　主要处理在线或不在线的 SET 凭证申请、签名及发布申请，可以扮演持卡人认证中心（cardholder certificate authority，即 CCA）、商家认证中心（merchant certificate authority，即 MCA）或付款网关认证中心（paymentgateway certificate authority，即 PCA）。该系统既可在多台电脑上作为单一的认证中心（例如 CCA 或 MCA）运作，又可在同一台电脑上同时以多种认证中心的身份进行安全认证。

• Approver　主要的功能就是接收和检验符合 SET 标准的证明申请。

• Administrator　不仅提供服务器运行管理，还为安全认证提供密码与密钥的安全管理。

（3）IBM CommercePOINT

该软件提供基于 SET 的电子付款解决方案，它包括三个组件：CommercePOINT eTill（电子收款机），CommercePOINT Wallet（电子钱包）和 CommercePOINT Gateway（付款网关）。

• CommercePOINT eTill　该软件为商家建立电子收款机。eTill 可管理付款流程内的从与顾客通信到通知金融机构的所有动作。例如，在交易之前，可通过该软件定义顾客和店员可以查看哪些资料，制定顾客付款方式；在交易期间，可记录顾客要求，使之与原有订单相容；交易之后，将交易记录存储到连接的数据库中。还可以根据行业、贸易方式及其技术状况的不同要求修改付款方式。

• CommercePOINT Wallet　该软件为消费者建立电子钱包，安装在消费者的浏览器上，为消费者提供安全的信用卡交易。该软件为信用卡银行定制电子钱包软件，持卡人从银行站点上下载或由银行发给电子钱包安装软件。网上购物时，持卡人启动电子钱包，电子钱包将信用卡数据加密后传输到 Internet 上，只有付款网关可以打开、验证付款信息后通知商家，交易结束后，电子钱包显示订购请求和商家确认信息。此外，Wallet 还提供了信用卡储存和管理功能。例如，一个钱包内可存储多个信用卡，可增加、编辑、删除信用卡。一个钱包可用于多台机器，一台机器也可使用多个钱包。

• CommercePOINT GateWay　该软件采用 SET 标准的付款处理程序，可以为充当网关角色的单位建立付款网关应用程序。当网关接收到来自网上加密的付款指令后，可对其解密，并进行格式转换，传至信用卡银行，收到银行确认信息后，发送信息给商家。此外，它还提供密钥管理、凭证管理和密码服务。

(4) Easy Merchant

Net.Commerce 功能虽然很强大，但需要商家做很多配置工作。Easy Merchant 能满足中、小型企业建立网际商城的要求，可更方便地建立电子商务，并提供以下的功能：畅销排行榜、个人风格页面、订单管理、商品查询、购物快讯、商品优惠管理、访问人数统计、动态广告、产品促销、客户问卷调查。

(5) IBM EOS

这是专门为企业—企业之间交易而设计的电子订单系统。它的操作系统平台是 AIX 或 Windows NT，需要 Net.Commerce 或 Easy Merchant 的支持。它提供如下的功能：客户基本资料管理、产品查询、产品分类及资料管理、厂商更改基本资料、厂家申请账号功能、意见箱、安全控管、购买表单、报价清单、报价、客户订单统计表、产品销售统计表。

9.8.3 Microsoft 电子商务解决方案

Microsoft 从两个方面推行其电子商务解决方案，一方面力图作为网上商务的中间商，另一方面是开发电子商务产品。

(1)网上商务的中间商

Microsoft 的负责人曾表示："我们希望把我们的一揽子网络资产融入一个为消费者服务的单一网址，使之成为一个包罗网络交易、广告等商业活动的财源。" 这个单一网址将成为门户站。Microsoft希望把它作为一个主要的"入口"网址。如果一切如愿以偿，这个超级网址将像一个庞大的综合性商店，内容包括旅行购票、汽车销售、股市提示、新闻、免费电子邮件、网络搜索引导、网上游戏和网上购物软件指南。此外，这个网址还提供房地产上市信息以及 Microsoft 的其他网上服务，从而使 Microsoft 成为网上商务的中间商，展开和 AOL、Yahoo！及其他网络公司之间的竞争。Microsoft 曾在一份内部文件中指出："我们正在挑战传统的行业，如报纸、旅游公司、汽车经销商、娱乐、导游、电话簿黄页广告和杂志，我们也在挑战新兴网上服务业。我们的技术应当打入这些领域,同时从它们那里夺走顾客和收入。”

(2) 电子商务产品

Microsoft 的电子商务软件有 Site Server 企业版和商业版。

• Site Server 商业版　Site Server 商业版是综合性的电子商务软件,其平台是 Windows NT 4.0 操作系统或更高版本,可以与 SQL 的数据库管理系统,如 Microsoft SQL Server 连接。该软件可通过创建低成本的商业站点和应用程序、面向联机的广告和销售以及个性化的促销,促进与客户和伙伴的商务联系。它包括如下的功能:

提供与现有的存货、会计账目和 EDI 系统轻松集成;

提供雇员身份验证的样本代码、订单生成工作流程等购买支持功能;

提供广告投递支持、广告计划管理和演示等广告服务;

可从集成的商业、个性化、搜索以及内容数据中创建更加丰富多彩的使用情况报表,帮助管理者分析。

• Site Server 企业版　Site Server 企业版提供了全套的服务器组件和管理工具,能够快速开发和部署新的企业站点,为客户提供个人经验,吸引并留住客户和商业伙伴,对 Web 站点的连贯性和完整性进行管理。其平台是 Windows NT 4.0 操作系统或更高版本,可以与 SQL 的数据库管理系统,如 Microsoft SQL Server 连接。它包括以下的功能:

创建和管理 Internet 企业站点;

动态生成 Web 页面,将目标内容发送给每个站点的访问者;

实现站点的分段和服务器镜像以及各部门的 Web 站点与公司中枢网络的连接;

提供 Web 发布向导,帮助用户将 Web 页面轻松发送到 Web 服务器上;

提供全套的站点可视化、内容分析、链接管理及报告生成等站点管理功能;

提供集成开发环境、与任何基于 ODBC 的数据库的无缝连接、预建功能、向导以及内容创建工具;

提供订单的联机处理,包括计算税款、查找存货、付款等的 COM 组件,以及联机信贷事务处理;

支持 Internet 服务商 (ISP) 的远程创建和管理。

9.8.4　HP 解决方案

在电子商务方面 HP 提出了 E-World 的理念,为了不失时机地进军电子商务领域,专门成立了全球电子商务软件部,建立了专职的电子商务软件销售队伍。HP 的电子商务软件战略主要针对商务活动中的诸多可变因素,给商家提供可根据实际需要调整的子模块,以及从子模块到实际应用系统的简便易行的集成方案。通过软件与 HP 服务器产品相结合的解决方法为商家在商务领域的竞争中获得优势。下面介绍 HP 的几个电子商务的产品。

(1) Virtual Vault

这是一个安全性的产品,其特点是:

• 安全化策略力求保证整个网络(包括应用程序和操作系统平台)的安全性,而非通过简单的加密来保护独立的交易过程;

• 捆绑了 Netscape 的企业服务器——Netscape Enterprise Server,提供了核心 Web 服务器功能;

• 提供了 HP—UX 系统的一个安全增强版本——HP—UX 10.24版,该标准符合美国国防部 B—1、B—2 安全标准以及欧洲E—3安全标准;

• 提供最小特权访问以及数据分区管理。

(2) Changengine

Changengine 是 HP 电子商务软件的核心,体现了 HP 使商务过程适应国际互联网的技术思想。以 HP Changengine 构建的电子商务系统能够在不中断系统运行的情况下,对系统的业务处理过程进行动态的修改,是一种可运行在 Unix 和 Windows NT 等多种操作系统平台上的商务软件。

HP Changengine 中包含有 OpenMail、OpenView、Praesidium 等几种技术。

• HP OpenMail　　OpenMail 是 HP 公司在电子邮件系统方面的解决方案。它能提供邮件的存储转发、邮箱管理、目录服务和客户端软件接口等电子邮件系统的最基本的功能。

• HP OpenView　　HP OpenView 是一个统一的 Unix 和 PC 系统管理工具。它可保证分布式、混合系统在任何时候都能正常运转。由于其独特的技术,OpenView 允许对任何多样化计算环境进行集中式管理。

• HP Praesidium　　Praesidium 是 HP 公司的企业安全产品、解决方案和服务的完整集合,包括以下组件:HP Praesidium/授权服务器、HP Praesidium/VirtualVault、HP Praesidium/SmartCard、HP Praesidium/Single Sign-On、HP Praesidium/防火墙、HP Praesidium/安全服务系统、HP 分布企业/服务监视系统、HP Praesidium/密码学模块、02/ITSIEC 认证的以 HP—UX 为基础的操作系统(满足 02 级安全需求)。

9.9 案例分析

中软赛博公司与 IBM 公司合作推出了企业对企业的电子商务解决方案——中国商品交易中心(http://www.ccec.com.cn)。下面介绍中国商品交易中心系统的分析设计方案(摘自 1998 年 3 月《计算机世界》)。

1. 系统目标和设计原则

根据目前企业的需求和我国 Internet 的实际使用情况,该系统方案的总体目标包括:

- 帮助企业在全国建立销售网；
- 为企业建立一个储量最大的信息数据库，解决企业生产销售中信息收集难的问题；
- 减少企业进入市场的环节，帮助企业打开市场，最大限度地减少商品流通环节；
- 减少企业销售成本，最大限度地降低商品交易成本；
- 为交易双方商品交易和网上谈判提供方便；
- 为用户提供最方便的检索手段；
- 为企业提供最可靠的质量保证；
- 帮助企业规范市场，强化专业管理，防止"三角债"现象的发生。

2. 方案概要

企业对企业的电子商务方案包括广告宣传、基础数据的维护、信息源的维护、信息发布、合同管理、结算业务系统等几大部分。

(1) 方案一

建立集中式的大容量信息库，以集中式数据库为中心建立Internet网点，各企业的信息存储、查询、合同的管理等都在中心进行。这种方案的优点是投资较少，建设速度快；缺点是共享数据库是集中式，对中心数据库的负荷要求较高，中心对网络请求的处理能力、数据库的访问能力要求比较高。中国商品交易中心计算机应用系统就采用了这一方案。

(2) 方案二

以某一中心管理机构为中心节点，下设若干分支机构，在中心建立 Internet 网点，在中心及各分支机构建立数据库，将数据查询分散到与操作相关的各分中心。这种方案的优点是，由于采用了分布式数据库，因此，各节点的负荷比较均匀，对节点的处理能力要求不高；缺点是投资较大，建设时间较长。

以上两种方案各有利弊，应结合企业具体需求和实际情况选择合适的方案。

我们推荐两种方案的网络设备为 IBM 的系列产品。Web 服务器系统选用 IBM RS/6000J30 系统，Web 数据发布使用 IBM 根据 SET 协议开发的电子商务软件 Net.Commerce。它本身带有强大的关系式数据库 DB2 和 Internet Connection Secure Web 服务器，借助 SSL 通信协议，保证企业的信息及网上谈判、交易安全进行。同时，为了保证与 Web 服务器相连的各节点内部网的安全，设计方案使用了 IBM 的防火墙，将中心及分中心内部网与外部网隔离。

3. 信息发布

信息的发布包括信息的收集、整理、发布几个过程。不同的过程所使用的方法、工具都不一样。

(1) 信息的收集

在系统建立之初，由于要录入的数据量大，因此，采用分散录入再汇总的方法。由各信息源录入自己的数据，并用软盘传递数据，集中汇总后存入 DB2 数据库。系统建立后，由于采用 Internet 连接方式，因此，欲加入系统的新成员在获得系统管理员许可的情况下，可以通过浏览器将自己的数据从远程直接录入到 DB2 数据库中。

(2) 信息的规范化

信息的规范化就是在系统建立之初，将由各信息源收集的数据转化成 DB2 能接受的格式，并存入 DB2 数据库。

(3) 信息的发布

信息发布是系统的主要功能之一。它指将 DB2 数据库内存储的数据通过 Internet 向访问本站点的客户发布。

信息发布采用的软件是 IBM 的电子商务软件产品 Net.Commerce。它包括 IBM 的大型关系式数据库 DB2、IBM Internet Connection Secure Web 服务器、Net.Commerce CGI 程序及一套管理使用的宏文件。

DB2 数据库是面向对象的，可以存储多媒体数据，并能够对多媒体数据进行搜索查询。DB2 还支持大型对象和用户自定义类型数据及用户自定义函数。同时，DB2 还具有网上发布数据的能力，其产品是 Net.Data。Net.Commerce 就是在 Net.Data 的基础上增加电子商务的新功能形成的。DB2 服务器内置 SQL 查询语言优化器，可以对 SQL 语句进行优化，提高查询速度，而且可以加快电子商务系统的开发，使开发人员专注于系统的功能，而不必在查询效率上花费太多精力。DB2 还支持分布式数据库，将数据库分布到多台机器上，实现并行查询和两阶段提交。

Net.Commerce 提供的开发手段是编写 Net.Commerce 的宏文件。宏文件中可以包括 Net.Commerce 的宏语句、SQL 语句、HTML 文档、JavaScript 程序。宏的解释执行由 CGI 程序 Ncommerce 实现。宏文件包括 include、input、report 三部分，简单易学。本系统就是完全使用 Net.Commerce 的宏文件开发的。如果需要额外的功能，还可以根据需求编写 CGI 程序。

Net.Commerce 支持各种 Web 浏览器。在购物及合同方面，客户需要安装有 SSL 功能，且支持 Cookies、JaveScript 和表格的浏览器；而在管理方面，企业需要支持 Cookies、Java、JavaScript、资料框及表格的浏览器。目前 IBM Net.Commerce 支持 Windows NT 和 IBM AIX 平台。IBM 计划将此技术移植到多种平台上。

Net.Commerce 软件通过应用开发界面，为企业所需要的税收及送货收费计算系统提供一个弹性、可组织规划的界面。Net.Commerce 支持 HTML、HTTP、CGI、SSL、Java、JavaScript、EDI、SET、JEPI (joint electronic payments initiative) 等国际网络标准。

信息发布主要采用查询的方式进行，用户根据对查询内容的了解程度，输入部分或全部条件，系统则根据用户选择的查询方式进行精确或模糊查询。

(4) 信息的维护

系统维护一般分为系统维护和会员维护。在系统中存储信息的每一个企业都是该系统的会员。系统维护包括可以修改系统主页的外观、增加或删除会员信息、更改系统及各会员口令等日常工作。会员维护则是系统会员只能维护自己的信息。所有维护工作都可以通过浏览器远程地进行。

4. 信息查询

中国商品交易中心(CCEC)计算机信息查询系统提供查询商品、定位商品、查询企业、定位会员四种查询方式。每一个会员在 CCEC 上都有一个唯一的会员编码。CCEC 的数据库含有会员和商品的一些信息。

进入查询商品主页后,用户可根据对商品的熟悉程度,输入商品名称、品牌、制造商、商标、产地等,输入的栏目和内容可多可少。

如果用户对商品编码比较熟悉,则可以使用"商品快速查询"功能。直接输入商品名后,按"查询"按钮可以快速定位到所查商品,进入"商品快速查询"页。

"查询企业"页分为上下两部分:上半部分是显示企业所在地区的列表框,默认显示为"全国"、"全省"、"全地区";下半部分是输入栏和选择企业分类的超文本链接。

用户可以通过网络查询商品,也可以通过网络购物。当用户想选购某种商品时,可以将选中的商品放入用户的采购篮中。每个连接到 CCEC 的用户在连接时都会收到一个 CCEC 赋予的标识身份的 ID,系统以 ID 区分采购篮中商品的采购者。由于网上购物是面向企业的,因此,必须与商品的销售者签定合同才能使采购生效。

5. 网上谈判

在签定合同之前,买卖双方有必要就一些具体事宜进行协商。这个过程也可以通过浏览器来实现。我们以 CCEC 为例,具体说明谈判的过程。

首先进入"采购篮"页,查看用户采购篮中的商品。若您想购买这些商品,则点击"准备定货"按钮,进入"定货准备"页。

在定货准备中,选中商品的送货地点、购物细节(如购买数量),然后生成合同草案。

用户可以管理用户作为买方和卖方的所有合同。如果某合同未经双方认可,则可以删除不想继续签定的合同。用户可以修改尚未签定的合同。在合同草案中,用户可以修改所购商品的数量和价格,也可以修改合同的详细内容。经确认后,将合同"发往对方"。合同有六种状态,在不同的状态,用户可以有不同的操作。

0 表示买方已有购买意向,但没有书写订单;

1 表示卖方已填写完合同文稿,请买方签署意见;

2 表示买方已填写完合同文稿,请卖方签署意见;

3 表示双方已经同意合同,准备在 CCEC 上签约;

4 表示买方正在修改合同文稿;

5 表示卖方正在修改合同文稿。

经过多次反复,合同将在买方和卖方之间流动。当其中一方的合同范本发往对方后,如另一方不经修改就“接受”,则表示该合同被双方接受,生成合同正本,该合同就不能再被删除或修改。合同正本生成后,交易双方应持合同打印稿,到就近的 CCEC 中心或各地分中心签约,在 CCEC 的监督下生成合同的硬拷贝。CCEC 负责对双方的背景进行调查,以防止债务纠纷,资金的支付也通过 CCEC 进行。

系统还提供 Internet Phone 的功能,使合同三方在谈判过程中可以通过在线电话交谈,商务活动更轻松、更省钱。

6. 合同管理

合同正本生成后就进入合同启动阶段。合同启动后会引起一系列的业务流程,特别是涉及到的金融业务,必须按法定程序进行。而保证这些流程正常进行的软件就是 IBM FlowMark。

FlowMark 实现了 IBM 工作组的工作流功能,它是一个帮助控制业务活动的工作流管理器。可以用 FlowMark 精确地定义、文档化、测试和控制业务流程,并能够快速实现和修改流程,是提高生产力和工作流水化的一个新途径。

FlowMark 工作流管理包括建模和运行两部分。在建模阶段可以做到:

- 定义工作流模型,为模型编制文档;
- 将流程中的活动分配给一定人员;
- 将应用程序与活动相关联;
- 为活动规定完成的时限,超时则通知上级管理人员;
- 根据不同条件,控制流程走向;
- 以动画方式模拟工作流的实现,便于测试。

在运行阶段可以做到:

- 监视工作流的运行状态;
- 如有授权,可以监视用户的工作列表;
- 可以将工作流传给相应的用户。

FlowMark 能通过 Internet 将有价值的信息、政策及管理业务的过程连接起来。IBM 为 FlowMark 专门推出了 The Internet Connection to FlowMark, 它可以使企业将工作流拓展到 Internet 上,确保在世界任何地方都能管理、执行和跟踪业务流程。

由于不同合同的执行具有不同的过程,不能一概而论地设计一个统一的 FlowMark 流程,要根据具体情况考虑。

思 考 题

1. 电子商务系统开发包括哪几个阶段?
2. 在总体功能中哪些功能属于企业内部网范围,哪些属于 Internet 范围?
3. 建立企业电子商务系统需要哪些软、硬件的支持?
4. 由于计算机市场变化的速度很快,当前市场上流行哪些属于思考题 3 中的产品?
5. 为什么要选择 Web + E-mail + AnonymousFTP 服务器托管?
6. 为什么不要将产品的品牌作为主页中 meta 标签中的关键词?
7. 什么叫网站搜索引擎站点中的排位?

第十章　电子商务发展中的问题

通过对电子商务的发展历史演变以及电子商务相关各专业领域发展情况的了解,我们对电子商务在全球的概貌和益处已经有了认识。本章将讨论在今后不长的时期内电子商务继续发展所迫切需要解决的问题。这些问题不局限于技术方面,更涉及到法律、税收、经营管理、文化等社会的方方面面。这一章的内容,因技术上的不确定性,会随着时间有所改变。但通过本章的讨论,我们可以进一步加深对电子商务的理解。

10.1　国际电子商务发展的前沿问题

以美国为代表的信息技术发达国家是电子商务活动的发源地,经过几年的发展,各相关企业不断地推出形式多样、特点各异的电子商务解决方案。电子商务的进一步发展的关键,将集中于法律问题、税收问题和安全问题。

10.1.1　电子商务的法律问题

法律制度的制定远远滞后于信息工业的发展。Internet 发展了这么多年,电子商务也开展了几年时间,可世界各国至今都没有制定有关 Internet 的完整的法律。联合国国际贸易法委员会已经完成了示范电子商务法的制订工作,意在建立统一、通用的电子商务规则。该示范法本身并不是法律,而是作为一个示例,希望各主权国家将这样的规则纳入自己国家的法律体系之中。欧盟委员会也建议立法来明确从事电子商务活动的企业和个人的权利与义务。电子商务涉及的法律问题相当广泛,系统的论述将十分复杂。概括地说,应包括电子合同的法律有效性、知识产权保护、个人隐私权保护和安全法律保证。

(1) 电子合同的法律有效性

电子商务的"惊险一跳"在于交易的达成。正如任何商业交易一样,交易的各方当事人,无论是政府、企业还是个人,需要有一个合同。合同中标明各方的义务和利益,以此作为交易中约束和支持各方的依据。电子商务中的合同要解决两个问题,一是要使电子交易合同与传统的纸面合同和面对面的谈判具有同样的法律有效性,能够同样地获得有关合同法的保护和消费者权益保护法的保护。二是如何有效处理管辖区问题。在电子商务中,传统合同的管辖边界很难适用。

因此,电子商务的持续发展迫切要求制订电子合同的法律框架。这种框架必须得到各地方、各国家的一致认可,才能保证在电子市场交易中具有法律上的统一性和确定性。

(2) 知识产权法

知识产权法是一项综合性的法律。传统知识产权法分为著作权法、专利法、商标法、反不正当竞争法。对这些法律条文做适当的修正可以从不同的角度保护电子商务活动的正常运行。

• 著作权法　网上的作品,包括包含文字、声音、图像的网页、数据、网上音像极易复制、修改、传送。这些作品和软件一经上网公布,应自动获得著作权法保护。但是,网络著作权法像一般著作权法一样,只保护作品的外部表现形式,而不保护作品的思想内容。因此,网上发售的数字、多媒体的商品及电子商务系统必须经许可,得到作品版权,而不能是随意下载他人作品后经修改再销售或窃为己用。例如,北京的瑞得在线公司发现四川一家网络公司使用几乎一样的网页,经过细致比较,认为该公司复制、拷贝了其网页。最终,瑞得在线起诉该公司。

• 专利法　电子商务系统使用的各种硬件、软件可以申请专利,得到专利法的保护。

• 商标法　网络上出售的商品或电子商务系统都有商标进行标识,盗窃他人的网上商标用于自己商品或电子商务系统是违反商标法的。例如,IBM 电子商务的商标如图 10.1 所示。其他公司使用类似的图形作为商标是违反商标法的。

图 10.1　IBM 电子商务商标

• 反不正当竞争法　电子商务活动中存在着大量的不正当竞争行为,主要分为三类。第一类是网上广告类。网上的虚假广告、诈骗广告、贬损他人抬高自己的广告、故意用相似商标商签和缩略语攀附名牌引起消费者误解的网上广告属于不正当竞争行为。第二类是网上商业诽谤。通过在电子公告牌上张贴诽谤其竞争对手的材料,在网上论坛中诽谤竞争对手,对竞争对手的商业信誉、产品或服务声誉进行诋毁,削弱对手的竞争能力,网上压价销售排挤竞争对手等属于不正当竞争行为。第三类是通过网络窃取、破坏他人的商业秘密。网上的资源有些是公开的,有些是保密的,只有授权访问者才能获得保密的商业信息。任何非法解密登录他人的远程终端,窃取、破坏他人的商业秘密的行为属于不正当竞争行为。据美国消费者联盟 1997 年一项研究报告显示,在 1996 年截获了 89 宗有关网络骗子的投诉案,而在 1997 年的前七个月内,就已接到近 700 宗投诉。

以上这些网上不正当竞争行为,必须建立反不正当竞争法才能予以制裁,保证电子商务正常进行。

(3) 个人隐私权保护

随着电子商务的发展,商家不仅要抢夺已有的网上客户,还要挖掘潜在的客户,于是人们在网上的各种商务活动和个人信息都在不知不觉中被商家记录。商家就可以有的放矢,大量的宣传广告会充斥用户的电子邮箱,甚至物理信箱。个人信息没有任何的秘密,得不到保障,这必然使用户对电子商务望而却步,阻碍电子商务的发展。因此,像各国为保护个人隐私和权利而制定的《数据保护法》、《个人隐私法》、《中华人民共和国民法通则》一样,为保障网上的个人隐私权和电子商务的发展应该对此进行立法或对相应的法规进行修改。

(4) 安全的法律保证

采用电子商务安全技术,加强电子商务安全管理,可以大大提高电子商务的安全性。为了切实贯彻执行安全措施,制定保障电子商务安全的法律、法规是十分重要的。它可对各类电子商务系统提出相应的安全要求,对安全技术标准,安全产品的生产与选择,电子商务系统管理机构和安全机构的权力、义务与责任,安全管理制度的建立与执行等做出规定;把行之有效的采用安全技术和实施安全管理的原则规范化,并强制性地执行;对于违反安全法的行为,进行法律制裁,创造一个电子商务正常运行的良好氛围。因此,电子商务安全法律是电子商务安全的第一道防线。许多国家正在进行这方面的立法,例如,数字签名立法、加密立法、电子证据立法等。联合国国际贸易法委员会还开始了重点在于数字签名和认证许可的模型法律的制定工作。意大利已制定了关于数字签名的法律。

10.1.2 电子商务的税收问题

电子商务中的税收问题又可分成国内税和国际贸易关税。

(1) 国内税

目前的共识在于:

- 税收中性,即对电子方式进行的交易的征税不高于相当的非电子商务的征税;
- 必须明确对电子商务征税的管辖权,以避免重复征税。

在有些电子商务起步较早的国家还制订了鼓励性税收政策,其突出代表是美国。早在1997年7月1日,克林顿代表美国政府发布了《全球电子商务纲要》。在这份被称为美国全面进入信息化时代的"独立宣言"中指出:"Internet 应宣告为免税区,凡网上交易,如电脑软件、网上服务等,应一律免税;在网上达成的有形商品的交易应按常规办理,不应另行课税。"新加坡政府也宣布了Approved Cybertrade 方案,对使用电子商务进行贸易的公司在税收方面予以某些优惠。

(2) 国际贸易关税

1998 年 5 月，世界贸易组织在日内瓦召开 Internet 商务会议，达成一年之内免征 Internet 商务关税的协议。这个协议在电子商务的发展中将起到历史性的作用。该协议规定 WTO 的各国政府在一年内免征 Internet 交易的关税，但并未包括购买“耐用消费品”，也就是不包括那些通过网站订购，但仍用一般方式通过国境线才能交付的产品。

对电子商务免征关税的理由在于，对于跨国界的电话、传真、电子邮件和计算机数据连接是不收关税的。人们曾用 50 年时间消除了对贸易和服务的关税壁垒，现在当电子商务这一“今后几十年最有前途的经济发展机遇”来临的时候，首先要做的是不再对它设置壁垒。

免除电子商务的国际贸易关税，最直接的受益者当然是软件制造和出口的大国，首当其冲是美国。1996 年，美国的软件销售已高达 1000 亿美元，其中 47% 销往海外，与此同时，软件产业创造了多达 60 万人的就业机会，软件产业正在成为美国的支柱产业。这也就是克林顿政府力主网络贸易零关税的原因。那么对发展中国家而言，免除网络贸易关税能导致计算机相关产品，特别是软件产品进口价格一定程度上的下降。而且，有些发展中国家的软件产业呈上升之势，出口量不断增加。从这个意义上说，零关税方案对发展中国家也是有利的。

从全球范围来看，不但美国政府认为电子商务是未来 25 年内世界经济发展的一个最重要的驱动力，其他各国也都十分重视信息产业和电子商务的发展。目前，电子商务处于发展的摇篮时期，各国给予免关税扶持，无疑有利于电子商务的普及和成熟。

10.1.3　电子商务的安全问题

安全问题可以说是电子商务最为中心的问题。如何保障电子商务活动的安全，一直是电子商务的核心研究领域。作为一个安全的电子商务系统，首先，必须具有一个安全、可靠的通信网络，以保证交易信息安全、迅速地传递；其次，必须保证数据库服务器的绝对安全，防止网络黑客闯入盗取信息；第三，必须有权威的认证机构。关于安全技术，我们在第四章和第五章已做过介绍。这里要强调的是认证中心的问题。

我们知道，CA 应该由除参加交易的买方、卖方之外的具有权威的第三方担任。这个第三方可以是政府部门，也可以是行业主管部门，也可以是交易方共同信任的其他组织。由于 CA 是电子交易环节中的资格权威认证机构，具有特殊的地位和重要作用，许多单位都竞争 CA 角色。国际上 CA 是由市场竞争出来的，如 Verisign、GTE 等。所以，从国际经验看，竞争是 CA 建设的最好策略，任何人为的由权力产生的 CA 都可能导致低效率。

10.2 中国电子商务发展的问题及政策建议

中国作为一个发展中国家,正在致力于信息技术的应用,高度重视"知识经济"将会带来机遇和挑战。

江泽民主席于 1998 年 11 月 18 日在亚太经合组织第六次领导人非正式会议上就电子商务问题进行了发言:"电子商务代表着未来贸易方式的发展方向,其应用推广将给各成员国带来更多的贸易机会;发达成员应为发展中成员普及电子商务提供必要的技术援助;我们不仅要重视私营、工商部门的推动作用,同时也应加强政府部门对发展电子商务的宏观规划和指导,并为电子商务的发展提供良好的法律法规环境。"

中国的电子商务的发展,既面临国际共同的问题,如前文讨论过的法律、税收、安全等问题,同时受制于我国的一些特定问题,主要是电子商务所需的信息基础设施问题、电子商务所需要的商业规范问题、市场容量问题。

10.2.1 电子商务所需的信息基础设施

(1) 信息网络

电子商务基于信息网络,主要是 Internet 的商务活动,完善的电子商务对信息网络的带宽、速度的要求较高,并需要多媒体支持。然而,在我国高速多媒体宽带通信的建设正在进行,各省市都单独进行高速、高带宽多媒体通信网的建设和规划,全国网络尚未形成规模。因此,在全国范围内提供电子商务,仍需继续努力,需要一定的时间进行完善。

(2) 终端设备

目前的电子商务终端设备仍以 PC 为主。1998 年底统计数字为上网用户 210 万户。假定其中 1/2 从事网上交易,则为 105 万户,与中国传统的商业方式相比较,目前的影响力应该认为不大。

随着机顶盒的推出,将有更多的家庭通过电视机上网,降低终端设备成本。

(3) 内容和费用

中文资源站点缺乏,支持电子商务的中文服务网站和应用系统更加缺乏,更新缓慢,远离衣食住行的现实。据 CNNIC 1998 年底的调查,网上用户大约有 49% 认为中文信息不够丰富。

同时,上网费用之高,也是人所共知的。如果将上网费用和人均收入的比例与发达国家相比较,则显得十分昂贵。

据调查,中国现行的互联网资费体系包括两大组成部分:一是由互联网接入的归口管理部门——中国电信向各互联网接入服务商(ISP)、企事业单位租借电路收取的租费;二是互联网最终用户向接入服务商交纳的各种费用。

• ISP承担的电路租费　　电路租费主要包括三类：

端口接入费或国际半电路租费　　这是指ISP为接入中国电信中心网端口而支付的费用。目前,中国电信的收费标准是:通信速率为2MB带宽的电路,ISP每月需交纳的租费为43万元。

专线租费　　这项费用是指从中国电信互联网中心站至专用网服务站的电路租用费。中国电信现行的DDN(数字数据电路)收费标准规定了从低到高各种不同传输速率的电路租用资费,其中一条传输速率为2MB的电路月租金,根据营业区间的距离远近,分别为2万元到14.6万元不等。

中继线租费　　中继线是ISP提供给拨号上网用户接入网络的电话线路。ISP投资中继线后,每月需向电话局交纳租费,现行的月租为每条中继线600元。

• 个人用户费用　　从目前拨号用户交纳的上网费用构成来看,国内的互联网用户需交纳的费用包括三部分:

开户费　　新用户上网时,必须先到某一家提供互联网接入的服务商处进行注册登记,并向服务商交纳的一次性费用,称作开户费。据调查,目前中国电信及其他ISP收到的开户费一般在100元上下。

上网服务费　　上网服务费是指拥有账户的用户上网后,由其账户所在的服务商收取的提供接入服务的费用。交费方式通常有两种,一是实行包月制,即每月按某一数目固定地收取服务费;二是制定计费标准,实行实时计费,即根据用户每月实际上网的时间进行收费。目前,中国电信实时计费的标准是每小时4元至8元。

电话费　　即用户拨号上网时占用电话线而需向电话局交纳的电话费。按本地市话计算,每小时约为3.6元。国内外常常以每天上网1小时的开销作为衡量上网费用的参考。下面我们以每天上网1小时来比较国内外用户的费用。根据现行的资费标准,如果一位拨号用户每天上网1小时,则其每月上网的费用应在228元(包括电话费和上网费)以上。每天上网一个小时对于当前中国普通家庭用户来说无疑是较大的支出,而美国的拨号用户实行包月制,每月只需交纳相当于人民币160元左右的服务费。

10.2.2　电子商务所需的商业准则和规范

(1) 需要基本的商业规范

电子商务首先是一种商务活动,低水平的商务经验不可能造就高水平的电子商务。中国正在进行经济体制改革,计划手段正在消隐,市场机制尚未健全,经济活动、市场行为还不规范,给电子商务的发展带来了诸多困难。首先,中国的国有企业改革尚未完成,现代企业制度尚在建立之中,企业对提高自身的信息获取能力和市场竞争力的要求还不够迫切,企业信息化的进展比较缓慢。其次,中国的市场法制建设尚在进行之中,企业的市场行为随机性大,加大了市场活动的风险,影响企业效益的因素在很大程度上并不单纯是竞争能力,而是其他因素。这就诱导企业的注意力不是集中在内部效率和成本上,也就不会给予电子商务足够的重视。第三,商业交易中的信誉、诚实等基本准则还有待加强。

(2) 电子商务引起经营方式的转换

- 分销方式更多地转换为直销为主,缩短分销环节;
- 零售方式从柜台零售转到超市、仓储形式销售,进而发展为网上目录销售;
- 作业方式从手工作业转向程序化操作。

电子商务实际上是一种业务的转型,它正在从包括企业竞争和运作,政府和社会组织的运作模式、教育及娱乐方式等多方面改变着人类相互交往的方式。电子商务可以帮助企业接触新的客户,增加客户诚信度,合理化运作和以更快的方式将产品和服务推向市场,同时也需要企业转变自身的运作方式。

10.2.3 现实市场容量

电子商务是信息技术发展和企业信息化的必由之路,但对现阶段电子商务的中国市场容量应有一个客观的估计。据统计,国有企业对电子商务已经有了一定的认识,而且认识正在不断加深。1997 年全国国有企业有 74388 户,其中大型企业 4800 户,中型企业 10123 户,小型企业 59465 户。有 17%左右的国有企业对电子商务有一定的了解,大型企业基本上都有一定的了解,中型企业大约有 20%,小型企业大约有 10%对电子商务有一定的了解。有 9%左右的国有企业对电子商务是认可的,准备条件成熟后就投入实际操作。只有不到 10%的大型企业正在进行电子商务的实验或者准备马上开始电子商务,中小型企业的比例就更低了。一方面,企业状况不佳,亏损企业大量存在,无心进行电子商务的投资。另一方面,潜在市场转化成现实市场,还取决于很多因素。

10.2.4 中国发展电子商务的政策建议

中国在发展电子商务中,应积极开展以下几个方面的工作:

- 参与国际对话,建立一个国际社会普遍接受的电子商务国际框架。目前的电子商务国际谈判主要集中在少数发达国家之间,这样的国际磋商机制与 Internet 的基础原则是不符的,对形成电子商务的国际框架也是不利的。应该吸收更多的国家参加到对话中来,这样的对话应该包括区域、政府和企业几个不同的层次。

- 跟踪市场,加强政策研究。电子商务是一项新生事物,其技术发展速度很快,业务方式没有最终定型。在发展过程中,既有本身的新进展,又有与现存体制的冲突,这给政策的制订带来了一定的困难。这就要求政策制订者对市场的发展保持高度的敏感,加强研究,并根据新的形势适时制订鼓励电子商务发展的政策。

• 鼓励试点,在取得经验的基础上逐步推广,避免负面宣传效果。电子商务涉及的领域众多,形式多样,加上中国行业和区域差别较大,企业管理水平有高有低,对电子商务的认识不统一。在这种形势下,政府应该首先抓试点,在试点的基础上取得经验,逐步推广。试点的选择要分别从地区信息基础设施条件、行业、企业和产品等多个角度考虑,争取一次成功。

• 加强标准制订和安全技术研究。电子商务的广泛开展对标准和安全提出了要求,政府将组织有关企业、研究单位进行标准制订和安全技术研究。

• 加强宣传教育,普及电子商务常识。目前,开展电子商务活动的主要障碍之一是人们对计算机和网络知识的缺乏,必须加大计算机普及教育,扩大宣传,让更多的人认识计算机,认识网络,了解电子商务。在普及教育过程中应该注意以下几个问题:

对电子商务的介绍要实事求是,不要过分夸大,有利的一面要讲,不利的一面也要说,要使企业和大众真正认清发展电子商务的机遇和存在的风险;

要针对企业经营者加大宣传力度,使其真正意识到发展电子商务的益处,有理有据,而不是泛泛而谈;

国内学术界、政府研究机构应该积极向社会发表对发展电子商务的观点,公布最新的研究成果,全面公正地介绍电子商务在国外的进展,改变目前我国只由少数外国公司宣传电子商务的局面。

• 鼓励中国企业与外国公司开展合作,学习国外电子商务先进的运作模式和技术手段。研究和实施有关政策,吸引国外公司参与发展中国的电子商务市场。

• 中央政府应提高对电子商务重要性的认识程度,设立相应的组织机构,开拓电子商务。在发展电子商务过程中,应该加强各政府部门间的协调,合理分工安排,从大局出发,减少重复建设。

• 对我国目前在网上开展电子商务活动,政府应该大力扶持,积极引导,而不要横加干涉。电子商务是一个崭新的领域,传统的管理方式与手段对网上商务活动已经不适应,在管什么、如何管的问题上应该谨慎行事,避免给大众造成国家不支持电子商务发展的印象。

• 政府部门应该积极推进电子政府的建设,一方面可以提高工作效率,减少浪费,为公众提供更好的服务;另一方面可以使政府公务员加深对现代信息技术手段的认识,更为重要的是为全社会树立了良好的典范,对推进国家信息化建设,普及电子商务教育意义深远。

• 提高企业领导对现代信息技术手段和电子商务的认识水平,大力推进企业信息化建设。这是开展电子商务的基础性工作。目前我国企业信息化水平还很低,在15000家大中型国有企业中,只有10%的企业基本实现了信息化,在中小型企业中,这个比例更低。企业的领导对一个企业的信息化建设发挥着关键作用。只有企业领导真正重视,企业的信息化建设才能上台阶。

• 政府应适当增加对电子商务的投入,在资金、技术、研究、政策法规和国际合作等方面提供支持。

• 对电子商务的普及教育

• 要充分认识到电子商务在我国发展的阶段性和地区间的不平衡性,根据我国目前的实际情况,第一阶段应着重发展企业—企业间的电子商务,包括网上广告、网上谈判、网上招商,沟通供求信息,为客户提供多种选择。

• 充分利用国家和企业现有的信息基础设施和技术手段来开展电子商务,不要盲目进行投资。在采用电子商务时,从企业自身条件出发进行科学论证,保证投资收益。

• 政府部门、科研院校和企业要重视培养电子商务相关人才。

10.3 案　　例

1. 克林顿的"全球电子商务纲要"(摘自1998年《计算机世界》)

"全球电子商务纲要"的内容分为一般原则与问题处理建议,在问题处理建议方面又细分为九项处理原则。

一般原则包括五项:

(1) 民间主导发展

Internet的快速成长主要由民间带动,未来电子商业的繁荣壮大也有赖于民间继续主导,政府应尽可能鼓励民间企业自行建立交易规则,少干预,少限制。

(2) 政府对电子商务应避免设立不成熟限制

买卖双方应签订合法的电子商务协议。鉴于科技的快速进步,今日的法令,明日就可能不通用,任何只顾眼前的法令的做法,均可能阻碍电子商务发展。

(3) 政府只在必要时介入

政府只在必要时介入,并应着眼于支持与加强可预见的电子商务实行环境,还需顾及法令的简明与一致性。

(4) 政府需认清Internet的特性

Internet是在无人主管、自由蔓延跨国界的环境中繁荣成长的,其规则与标准均自下向上发展。许多从过去60年中发展而来的传统法令规章无法通用,如何修订法令使电子商业繁荣发展,对所有国家都是一项挑战。

(5) 制定有关的电子商务法令,需着眼于便利全球贸易

Internet具有跨国界的本质,制定电子商务相关法令,必须考虑到便利全球贸易活动。

问题处理建议包括九项:

(1) 通关与赋税(customs and taxation)

Internet 应宣告为免税区,凡商品经由网络进行的交易,如电脑软件及网上服务等,无论是跨国交易,还是在美国内部的跨州交易,均应一律免税。美国还向 WTO 等世界贸易组织提出建议,有形商品,如机械或牲畜等,交易是在网上进行,但货品仍需经海陆空运输送达,其赋税应比照现行规定办理,不应另立条文课税。

(2) 电子支付制度

信息科技已使电子支付成为可行,许多应用已开始通过 Internet 进行支付,包括电子银行、电子钱包以及智能卡等。在科技快速演进、电子支付尚未定型之际,尚不宜骤然订立法令约束,以免防碍进步与发展,但可以视需要订立暂行办法。鉴于 Internet 的跨国界特性,美国财政部已与各国政府研讨全球性电子支付相关对应措施,世界十大经贸国的财长也已组成工作小组,由美国财政部长担任主席,将负责制订共同电子支付政策。

(3) 电子商务规约

一般来说,买卖双方的合同或约定,应可规范贸易顺利进行,但在发生纠纷时,政府需从全球贸易着眼,颁布简单扼要的法令架构,促进电子商务的实现。联合国国际贸易法律委员会为支持订立国际电子商务合约,已制订出一套模式法律(model law),为国际间电子商务树立了法则。美国支持此法,美国政府期盼世界各国在考虑电子商务国际贸易法时,应遵循下述原则与精神:

- 买卖双方自由决定适合双方的合约关系;
- 法令应不受技术之约束,并具有长远适应性;
- 现行法令仅在多媒体电子商务发展到有必要时,始做增修;
- 应对高科技商业及尚未上网的产业一并考虑。

(4) 保护知识产权

网上交易通常包括销售知识产权的授权产品,为促进电子商务,卖方需确知产权未被盗用,买方需确知买的商品为非盗用、非仿冒真品。为此,国际间必须建立保护知识产权的协议,包括保证版权、专利与商标等,而各国更应立法以遏制产品的仿冒和知识产权的盗用。

(5) 保证隐私权

信息在网上流畅交换,有助于电子商务的发展,但对保证隐私权则多了一层顾虑。1995 年 6 月,美国政府信息基础建设任务小组中的隐私权分组,发布了一篇名为“隐私权与国家信息基础建设”的报告,该报告规定了有关个人信息的收集、处理、储存与再用等相关原则。

(6) 安全性

如果 Internet 有安全顾虑,则电子商务将难以发展。一个安全的 GII 环境应包括:

- 安全可靠的通信网络;
- 有效防护连接在网络上的信息系统;
- 有效防止资料被窃取或盗用;

• 训练 GII 使用者,使其了解如何防护其信息系统与资料安全。

电子签名与认证制度是目前保障网上安全可靠的重要手段,应鼓励民间发展公钥与私钥的加密方法。美国政府正与民间企业合作,以加快形成市场带动的共用标准、公钥管理体系及加密解密产品。同时,美国已解除对商用加密产品出口的限制。

(7) 电信基础建设与信息技术

全球商务电子化的发展有赖于网网相连的全球信息基础建设,而电信自由化又是加速信息基础建设的前提条件,美国政府鼓励世界各国开放通信事业的公平竞争。

GII 成功的另一要素是电脑与软件产品,美国政府在 1997 年 3 月向 WTO 提出信息产品免税建议,并获得多国的支持。

(8) 信息内容

美国政府支持信息跨国广为流通,包括 Internet 上的新闻发布、信息服务、虚拟商场、娱乐节目与艺术品等。与传统电视广播相比,网络内容有更大的取舍选择,对认为有不合适内容的网站,新科技给予父母加锁的能力,使儿童不能看到,因此,电视与广播的多种限制,可不必用于 Internet,以使网络内容能向多元化发展。

(9) 技术标准

从长远来看,技术标准对在 Internet 上进行电子商务极为重要。有了标准不仅有利于网络连通,亦可促进公平竞争。但如果过早制订标准,极可能阻碍新技术发展,如由政府订立标准,也可能会形成贸易障碍。美国政府鼓励由企业界协商订立标准。为促使全球电子商务的繁荣,下述标准甚为重要,包括:

• 电子支持;
• 安全;
• 电子版权管理制度;
• 电子视讯会议;
• 高速网络技术;
• 数据与资料互换。

2. 首都电子商务工程框架(摘自 1998 年《计算机世界》)

(1) 首都电子商务工程的背景

1998 年 11 月 12 日,首都电子商务工程正式启动。首都电子商务工程的目标是为发展以知识经济为内涵的"首都经济"服务,促进全国电子商务和网上银行的发展。首都电子商务工程的指导方针是政府引导、企业运作、法制环境、市场机制、立足首都、面向全国、放眼全球,采取部市合作、条块结合、统筹规划、联合建设的方法。北京市政府与中央有关部委共同组成了首都电子商务工程领导小组,负责对首都电子商务工程试点工作,发挥引导、规划、协调作用。领导小组由北京市市长刘淇任组长,由中国人民银行副行长尚福林、信息产业部副部长周德强、北京市副市长林文漪、国家内贸局副局长丁俊发任副组长，领导小组成员由北京市政府、中国人民银行、国家税务总局、中国海关、北京电信管理局、中国民航总局等部门有关负责人组成，具有相当的权威性和较大的联合优势。

(2) 首都电子商务工程的业务模式

首都电子商务工程的业务模式定为：

- 企业与企业之间的网上交易，即 B to B(business to business)方式；
- 持卡消费者与商户之间的网上购物，即 B to C(business to consumer)方式；
- 网上检索、导购、搓合、促销活动(电子商务初中级阶段)；
- 企业或商户(含分支机构、连锁店、配送中心等)的财务或供应链。

(3) 首都电子商务工程的组成部分

首都电子商务工程主要由以下七部分组成：

- 首都电子商城　　首都电子商城分三个层次：电子商场(virtual electronic merchant)、电子商厦(virtual electronic mall)、电子商城(virtual electronic commerce city)。

电子商场是商户或企业进行电子商务运作的虚拟空间或 Web 站点，配置在电子商厦中。

电子商厦相当于虚拟的"电子一条街"，是一个比电子商场功能更综合、更配套、更扩大，资源、设施更共享的虚拟商贸空间，配置在电子商城中。

电子商城是首都电子商务工程的重要组成部分。它是依托首都公用信息平台建立的一个具有综合功能、配套设施，实行会员制组织而又面向全社会的虚拟商贸空间。在建设以网上购物、网上交易等电子商务的核心设施的同时，建设一批相应的、必不可少的中介、管理、服务机构，以及共享、配套、辅助和增值设施，如目录服务系统、快速检索系统、比较销售系统、计价计费系统、共享资源系统、虚拟谈判间、金融支付代理或中介系统、电子邮件系统、配送中心、招标系统、促裁机构、会员组织、客户支援中心、网上拍卖系统、保税仓库、"页面-商务-证书"开发制作软件中心等。

- 安全认证体系　　开展电子商务最突出的问题是要解决网上购物、交易和结算中的安全问题，其中包括：建立电子商务各主体之间的信任问题，即建立安全认证体系(CA)问题；选择安全标准(如 SET、SSL、PKI 等)问题；采用加、解密方法和加密强度问题。其中建立安全认证体系是关键。

作为 CA 体系顶层的"根 CA"在全国应具有唯一性。在"品牌 CA"中心建设中，应贯彻"统一品牌，联合建设"的方针。鉴于国务院赋予中国人民银行维护金融支付系统安全和稳定的职责，与有关部门进行探讨与协调，与人民银行联合建设"CA 中心"。

- 支付网关和安全支付结算体系　　一般来说，支付网关(payment gateway)服务于电子支付，并作为金融专用网与 Internet 之间设置的安全屏障，隶属于商业银行(收单行)。在首都电子商务工程试点工作中，主张支持大型商业银行建设支付网关；对一些小型商业银行,建议共用银行卡信息交换总中心建设的支付网关。

目前国内发行的银行卡约9000万张,其中信用卡约占30%,借记卡约占70%。为了充分发挥借记卡在网上购物中的作用,要对金融部门的支付结算体系与首都电子商城(包括商户)之间的业务流程做相应的设计和规范。

• 计算机互联网络　在"北京电信"和"中国电信"支持下,充分利用公用通信网络平台,建设首都电子商务工程。与北京电信管理局合作,在充分利用电信部门163、169、PSTN和ISDN网络资源的基础上,采用IP隧道(IP Tunneling)或IP虚拟网(IP VPN)的技术和SET、SSL或PKI等安全技术。

对于电子数据交换,将原来专用的增值网向Internet转移,研究相应的协议和报文格式,不再重建EDI中心。利用现有EDI中心的资源和设施,将已建传统的EDI中心改建为Web EDI或EDIINT,以期在Internet上运行。

国内Internet发展很快,北京上网用户占全国的1/4以上;但国内Internet发展尚不健全,收费太贵,这都是今后有待解决的问题。

• 协同作业体系　电子商务是一项宏大的系统工程,需要各有关部门开展协同作业。在电子商务中,所谓协同作业,包括工商、税务、银行、运输、商检、海关、外汇、保险、电信、认证等部门,以及商城、商户、企业、客户等单位按一定规范与程序相互配合,相互衔接,协同工作,共同完成有关电子商务活动。所谓协同作业体系包括:有关协同作业部门通过专线或IP隧道与电子商城互联(不含广大客户,鼓励广大客户上公用电信网,进而访问首都电子商城);共同协商制定统一高效的作业规范与程序;共同制定降低电子商务运行成本的资费政策;推行实施协同工作。

• 法律政策环境　建设法律政策环境对启动、发展电子商务是完全必要的,也是十分急需的。但立法是严密、庞大、复杂的系统工程,难以一蹴而就。目前统一合同法(技术合同、经济合同、对外经济合同统一)已经出台。统一合同法已规定电子合同与书面合同同样具有法律效力。

首都电子商务工程拟通过北京仲裁委员会,利用首都电子商城会员制的组织形式,制定大家公认的仲裁条例,或由合同双方签定书面协议,以便在处理法律纠纷中发挥仲裁作用。

在试点阶段争取实行税费优惠政策以利于电子商务的推广。

• 首都电子商务试点商户(或企业)和试点业务　优选试点商户(或企业)和业务,搞成"精品工程",再推广扩大成果。

网上购物部分试点单位拟定为西单商场、燕莎商城、世都百货。随着试点工作进展,再有选择地逐步扩大网上购物的试点商户,如组织家用电器、计算机等生产厂商成组上网,实行比较销售,进一步发挥网上购物的优势。

中国民航售票业务和星级饭店客房预订业务试点单位拟定为中国民航的国际、东方、南方三大航空公司,与英特公司以及CitiBank合作,为500家星级饭店开展客房预订业务。

特色商务试点行业及单位:图书行业为北京图书大厦和三联书店;鲜花行业为朝阳花市和丰台花乡;药品行业为北京医药经济技术经营公司。

跨国公司在华业务试点企业为 Cisco、Motorola 公司等。在吸收跨国公司进行电子商务试点的同时,拟增加一些经济状况良好、管理水平较高的中资企业,采用 B to B 方式(特别针对其供应链),进行电子商务试点工作。

思 考 题

1. 你认为世界电子商务发展存在什么障碍?
2. 我国电子商务的应用有何特殊性?
3. 电子商务法律包括哪几个问题?
4. 你认为我国电子商务发展政策建议中哪些已经落实?

附录1　导航台站点

169网搜索引擎	(http://search.bj.cninfo.net/go/dynamic)
411locate	(http://www.411locate.com/join.htm)
AAA	(http://matilda.aaa.com.au/dir2/add.shtml)
Alta Vista	(http://www.altavista.digital.com/av/content/addurl.htm)
AOL find	(http://www.aol.com/netfind/info/addurl.htm)
Astalavista	(http://astalavista.box.sk/add.html)
CEI信息导航	(http://168.160.224.48)
Chinabyte	(http://cgi.chinabyte.com/cgi-bin/webdriver? MIval=searchjoin)
CHINANET导航中心分类搜索	(http://202.97.7.245:8000/web33/webdriver? MIval=info_index)
cMT	(http://cmtgroup.com/links/addurl.html)
Cozycabin	(http://www.cozycabin.com/add.htm)
Dewa	(http://www.dewa.com/submit/sub-universal.shtml)
Euroseek	(http://addsite.euroseek.net/page.cfm? page=start&ifl=uk)
Excite	(http://www.excite.com/Info/add_url.html)
Fathead	(http://www.fathead.net/search/addsite.html)
Findlink	(http://www.findlink.com/searchit/s-addurl.cgi)
Galaxy	(http://galaxy.einet.net/cgi-bin/annotate)
Goyoyo_GB	(http://www.goyoyo.com.cn/bj/serv/urlgb.htm)
Hotbot	(http://www.hotbot.com/addurl.html)
Iexplorer	(http://www.iexplorer.com/submiturl.asp)
Infohiway	(http://www.infohiway.com/isn/addurl.html)
InfoSeek	(http://guide-p.infoseek.com/AddUrl? pg=DCaddurl.html)
Infospace	(http://in-142.infospace.com/_1_7815569_info/submit.htm)
Jayde	(http://www.jayde.com/cgi-bin/addurl.cgi)
Lexiconn	(http://www.lexiconn.com/dir/addurl.cgi)
Linkmonst	(http://www.linkmonster.com/contest.htm)
Linkstar	(http://www.linkstar.com/linkstar/bin/doform? form=ecard)
Looksmart	(http://www.looksmart.com/r? notnew)
Lycos	(http://www.lycos.com/addasite.html)
Magellan	(http://magellan.excite.com/info/add_url/)
Nerdworld	(http://www.nerdworld.com/cgi-bin/nwadd.cgi)

Newhoo	(http://www.newhoo.com/add.html)
Newtoo	(http://newtoo.manifest.com/submit.html)
Nlsearch	(http://www.nlsearch.com/docs/register.htm)
Northernl	(http://www.northernlight.com/docs/register.htm)
Opentext	(http://index.opentext.com/main/submitURL.html)
Personalweb	(http://personalweb.net/search/add.html)
PowerCrawler	(http:// www.powercrawler.com/add.htm)
Profind	(http://www.profind.com/)
Psychcrawler	(http://www.psychcrawler.com/plweb/pcsubmit.html)
Rexsky	(http://rex.skyline.net/add/)
Scrubthe	(http://www.scrubtheweb.com/addurl.html)
SearchKing	(http://www.searchking.com/add_url.htm)
Snap	(http://home.snap.com/directory/submiturl/0,158,home-3,00.html)
STPT	(http://www.stpt.com/general/submit.html)
Surfgopher	(http://www.surfgopher.com/addurl.htm)
Webcrawler	(http://www.webcrawler.com/info/add_url/)
Websearch	(http://www.web-search.com/faq.html)
Whatsite	(http://www.whatsite.com/main/add_url.htm)
Whatsnew	(http://www.whatsnew.com/whatsnew/submit/)
Whatuseek	(http://www.whatuseek.com/addurl.htm)
Whowhere	(http://homepages.whowhere.com/bin/showpage.pl? add)
Yahoo!	(http://www.yahoo.com/info/suggest)
Yeehaa	(http://www.yeehaa.com/addurl.asp)
Yellowpage	(http://www.mcp.com/directories/ypsubmit.html)
北极星	(http://www.beijixing.com.cn/register.htm)
华好网景	(http://www.chinaok.com/add_db.htm)
华页指南	(http://www.c3s.org.sg:80/template/urladd.BackCSite.html)
若比邻	(http://www.cnnic.net.cn:802/cregister.html)
若比邻	(http://www.robot.com.cn)
搜狐	(http://sohoo.com.cn/cgi-bin/sohoo/regform.pl)
搜索客	(http://www.cseek.com)
天网	(http://pccms.pku.edu.cn:8000/addurl.htm)
网现引擎	(http://www.search.com.cn/addurl/url.htm)
网易	(http://www.yeah.net/addurl.html)
易得咨询	(http://www.easy.com.cn)
中国指南	(http://www.chinavista.com/hyper-c/chadd.htm)
中文查寻	(http://www.searchchina.com/cgi-bin/chsearch? page = form)

附录 2　电子商务站点

1st Steps Marketing & Design Daily	http://www.interbiznet.com/nomad.html
Abracadabra	http://www.abracadabrainc.com/
Access Market Square	http://www.icw.com/ams.html
Advertising and Marketing Review	http://www.ad-mkt-review.com/
Adweek Online	http://www.adweek.com/
AEGIS Marketing	http://www.ag-online.com/
American Electronics Association	http://www.aeanet.org/
the art and science of electronic commerce	http://www.uta.edu/infosys/e_comm/
Ask An Expert	http://njnie.dl.stevens-tech.edu/curriculum/aska.html
Association for Electronic Commerce Professionals International (AECPII)	http://www.aecpii.com/
Biz Online	http://ourworld.compuserve.com/homepages/mcsmarketing
BizRate	http://www.bizrate.com/display.pl
Bizweb	http://www.bizweb.com/
BlueMoney Software Corporation	http://www.bluemoney.com/
BugNet - The Global Authority on PC Bugs and Fixes	http://www.bugnet.com/
Buyers Guide to Electronic Commerce	http://www.e-com.com/buyersguide/homepage.htm
The Center for Research in Electronic Commerce	http://cism.bus.utexas.edu/
Channel Seven	http://www.channelseven.com/
CIO Electronic Commerce Resource Center	http://www.cio.com/forums/ec.html
ClickZ	http://www.clickz.com/
CMPnet	http://www.cmpnet.com/
Commerce Case Studies	http://techweb.cmp.com/ia/iad_web_/networth/ccstudy/case.htm
Communication Arts	http://www.commarts.com/
CommerceNet (Nielsen Media Research)	http://www.commerce.net/news/press/121197.html
CommercePark	http://www.commercepark.com/
Commercial Interactive Media	http://www.cim.com.au/
Complete Internet Solutions for Business	http://www.webprosys.com/
The Consumer Law Page	http://consumerlawpage.com/
ConsumerLine	http://www.ftc.gov/bcp/conline/conline.htm

Consumer Resource Guide	http://www.consumerworld.com/
CyberAtlas	http://www.cyberatlas.com/
CyberCash	http://www.cybercash.com/
Data Interchange Standards Association	http://www.disa.org/
DigiCash: Solutions for Security and Privacy	http://www.digicash.com/
Digital Boardwalk	http://www.digitalboardwalk.com/
Digital Delivery	http://www.digitaldelivery.com/
DNS Worldwide	http://www.dnsww.com/
Dogpile	http://www.dogpile.com/
DoubleClick	http://www.doubleclick.net/
e $	http://www.shipwright.com/
E Business Magazine	http://www.hp.com/Ebusiness/
e-business (IBM)	http://www.ibm.com/e-business/
eCommerce Alert	http://www.zdnewsletters.com/eca
eCommerce Corporation	http://www.ecommerce.com/
E-Commerce News	http://www.internetnews.com/ecnews/
EC World Online	http://ecworld.uttexas.edu/
Economic Development Network of Washington State	http://www.econd.org/info/business/indust/elecc.htm
The Economics of Networks	http://raven.stern.nyu.edu/networks
EDI Compliance Certification Facility	http://edi.oti.disa.mil/mainfram.htm
EDI Forum	http://www.edigroup.com/journal/forum.html
The EDI Shop	http://www.edishop.com.hk/
Electronic Commerce 97	http://www.pathfinder.com/offers/ecommerce/ecintro.html
Electronic Commerce - An Introduction	http://www.cordis.lu/esprit/src/ecomint.htm
Electronic Commerce Association	http://www.eca.org.uk/
Electronic Commerce Canada	http://www.ecc.ca/
Electronic Commerce Company Ltd	http://www.t-stone.co.uk/ec/ecco.html
The Electronic Commerce and EDI Centre for Wales	http://www.edi.wales.org/
Electronic Commerce and EDI (University of New Brunswick)	http://iris.gi-ev.de/Research/Research.html
Electronic Commerce/Electronic Data Interchange @ NAFTAnet	http://www.nafta.net/ecedi.htm
Electronic Commerce and the European Union	http://www.ispo.cec.be/Ecommerce/
Electronic Commerce Frequently Asked Questions	http://www.pa.gov.au/pa/faq/faqeco.htm
The Electronic Commerce Guide	http://e-comm.internet.com/
The Electronic Commerce Innovation Centre	http://www.cf.ac.uk//uwcc/masts/ecic/index.html

Electronic Commerce Interest Group	http://www.w3.org/ECommerce/
Electronic Commerce Maine	http://www.state.me.us/ec/edi.htm
Electronic Commerce Research Group (Monash University Depar)	http://www.is.monash.edu.au/~pswatman/ecgroup.html
Electronic Commerce Research Project (Japan)	http://www.kbs.keio.ac.jp/kokuryolab/ecrp_e/ecrp_e.html
Electronic Commerce Research Room	http://www.wilsonweb.com/rfwilson/research/
Electronic Commerce Research Room: Resources and Periodicals	http://www.ccom.lk/links/ecom.htm
Electronic Commerce Resource Guide (Premenos Corp.)	http://www.premenos.com/Resources/
Electronic Commerce Resources on the Internet (Harbinger)	http://www.harbinger.com/info/eclinks.htm
Electronic Commerce World Institute	http://www.ecworld.org/
Electronic Data Systems	http://www.eds.com/
Electronic Frontier Foundation	http://www.eff.org/pub/Privacy/Digital_money/
Electronic Marketing Home Page	http://www.america.net/~scotth/mktsite.html
Electronic Messaging Association	http://www.ema.org/
Electronic Transfer, Inc.	http://www.paymentsystem.com/
Emmerce (Computerworld)	http://www.computerworld.com/emmerce/
Epoch Internet	http://www.eni.net/
Federal Implementation Team for Electronic Commerce (FITEC)	http://www.gsa.gov/fitec
First Virtual	http://www.firstvirtual.com/
Framework for Global Electronic Commerce	http://www.gsa.gov/fitec
Free Online Dictionary of Computing	http://wombat.doc.ic.ac.uk/foldoc
The Future of Electronic Commerce (The Aspen Institute)	http://www.aspeninst.org/dir/polpro/CSP/Abstracts/ElecComm.html
Galaxy	http://www.einet.net/
Global Electronic Commerce	http://www.cspp.org/projects/gec/index.html
Global Trade Center	http://www.tradezone.com/tz/
Globtrotter	http://www.globetrotter.com/
Government Information Exchange-Electronic Commerce	http://www.info.gov/Info/html/electronic_commerce.htm
Guerrilla Marketing Online	http://www.gmarketing.com/
A Guide to Web Marketing	http://www.bidness.com/ics/GIZMOS.HTM
The History of Electronic Commerce (First Data Corporation)	http://www.firstdatacorp.com/commerce/1861.html

Hotmail E-Mail	http://www.hotmail.com/
Hotwired Magazine	http://www.hotwired.com/
How electronic encryption works and how it will change your business	http://www.iinet.net.au/~heath/crypto.html/
iCat	http://www.icat.com/
Icon Bazaar	http://www.iconbazaar.com/
Image Club Graphics	http://www.imageclub.com/
IndustryNet	http://www.industry.net/
Interactive Marketing Technologies	http://www.imtcorp.com/
InterMarket Associates, LLC	http://www.intermarket.com/
International Trade Law (Monitor)	http://ananse.irv.uit.no/trade_law/nav/trade.html
Internet Access for Promotional Products	http://www.promotionalproducts.com/
Internet Launch Pad	http://www.windycity.net/
Internet Marketing and Advertising Association	http://www.imaa.org/
Internet Marketing Resources	http://www.intermarketing.org/ima3/index.html
Internet Sleuth	http://www.isleuth.com/
InternetUser: E-CommerceUser	http://www.zdnet.com/products/ecommerceuser.html
Internic	http://rs.internic.net/rs-internic.html
INTERSHOP Communications, Inc.	http://www.intershop.com/
Introducing Electronic Commerce (The Common Wealth of Australia)	http://www.pa.gov.au/ec/
IQ Internet Solutions	http://www.iqis.com/
ISWorld's Electronic Commerce	http://www-personal.umich.edu/~widmeyer/commerce.html
iWord Internet News & Resources	http://www.iword.com/
Kent State University	http://business.kent.edu/sabos/New_Order.html
KPMG-Information, Communications and Entertainment (ICE)	http://www.ice.kpmg.com/news/nettax.html
Knowledge Strategies, Inc.	http://www.kstrat.com/
Law of Electronic Commerce & Law of Digital Signature	http://ourworld.compuserve.com/homepages/Ben_Wright/seminar.htm
Learning HTML	http://www.bev.net/computer/htmlhelp
Le Commerce Electronique (in French)	http://www.chez.com/pcollin/ce.htm
The List	http://www.thelist.com/
Litronic	http://www.litronic.com/
Logicom Technologies	http://www.logicomtech.com/
MacWorld Online	http://www.macworld.com/

Mainspring	http://www.mainspring.com/
Marketplace Solutions, Inc.	http://www.marketplacegroup.com/
@Mason	http://www.masons.com/
Merchant Manager (AccentPoint Corporation)	http://www.merchantmanager.com/iseleccom.asp
Meyer and Johnson	http://www.meyerjohnson.com/
MIT Electronic Commerce Class Website	http://ccs.mit.edu/15963/index.html
Monash School of Business and Electronic Commerce	http://www-mugc.cc.monash.edu.au/gbus/
/MouseTracks/	http://nsns.com/MouseTracks/
National Automated Payment Association (NAPA)	http://www.napainc.org/
National Electronic Commerce Resource Center Program	http://www.ecrc.ctc.com/
NetBusiness	http://www.techweb.com/netbiz/
NetCreations	http://www.netcreations.com/
NetGuide Magazine	http://techweb.cmp.com/ng
Net Profit Center	http://www.net-profit-center.net/
OII: info 2000	http://www2.echo.lu/oii/en/oiistand.html
Onward Technologies	http://www.onwardtech.com/
Orange Electronic Commerce Resource Center	http://www.oecrc.org/newsite/
Pandesic	http://www.pandesic.com/
PaperFree Systems, Inc.	http://www.paperfree.com/edi/
Patricia Seybold Group	http://www.psgroup.com/
Peanut Communications	http://www.peanet.com/
Petroleum Industry Data Exchange (PIDX)	http://www.pidx.org/
RAV Communications, Inc.	http://www.ravnet.com/
RC Software	http://www.rcsoftware.com/ecom.html
Red Herring Online	http://www.redherring.com/mag/issue39/overview.html
Resource Marketing, Inc.	http://www.resource.com/
Roger Clarke's Electronic Commerce	http://www.anu.edu.au/people/Roger.Clarke/EC/
RSA Data Security	http://www.rsa.com/
San Antonio Electronic Commerce Research Center	http://www.saecrc.org/
Search Engine Watch	http://www.searchenginewatch.com/
Secure Electronic Commerce	http://zurich.ibm.com/Technology/Security/extern/ecommerce
ShopBuilder	http://www.shopbuilder.com/
Skydog	http://www.skydogtech.com/
Small Business Administration (SBA) Home Page	http://www.sba.gov/
Smart Commerce	http://www.oracle.com/
Smart Card Resource Center	http://www.smart-card.com/

Snap Online	http://athome. snap. com/directory/category/0, 16, athome-270,00. html
Software Design Group, Inc.	http://www. sdgi. com/
Software Publishers Association	http://www. spa. org/ecwr/
The Source for Java (Sun Microsystems)	http://java. sun. com:80/products/commerce
States. org	http://www. states. org/
Sun SITE's "Cafe Au Lait" Section	http://sunsite. unc. edu/javafaq
Spyrus	http://www. spyrus. com/
Target Marketing	http:// www. targeting. com/
Technology Management Bureau	http://www. state. mn. us/ebranch/admin/ipo/newsletter
Terisa Systems	http://www. terisa. com/
Top Ten Internet Marketing Do's and Dont's	http://www. islandnet. com/ ~ pb/top-10. html
Trust. e	http://www. etrust. org/
Turnaround Computing, Inc.	http://www. turn. com/catalog/wcommercenrf. htm
United States Government Electronic Commerce Policy	http://www. ecommerce. gov/
United States Securities and Exchange Comission	http://www. sec. gov/
VeriSign	http://www. verisign. com/
viaweb	http://www. viaweb. com/
Visa	http://www. visa. com/
Washington Publishing Company	http://www. wpc-edi. com/
Web Agency Marketing	http://www-agency. com/
Webchamber. com	http://WebChamber. com/
Web Commerce Today	http://www. wilsonweb. com/wct/
Web Marketing Forum	http://www. wilsoninet. com/hn/forum/
Web Marketing Info Center	http://wilsonweb. com/webmarket/
WebMaster's Notebook	http://www. cio. com/webmaster/wm_ netbook. html
Webmonkey	http://www. webmonkey. com/
Webreference	http://www. webreference. com/
WebWeek Magazine	http://www. webweek. com/
whatis? com	http://whatis? com/
Wilson Web	http://www. wilsonweb. com/
wolfBayne Communications	http://www. Bayne. com/
World's Guide to Electronic Commerce	http://e-comm. iworld. com/
World Internet News and Resources	http://www. iword. com/
World Wide Web Inc.	http://www. worldwidewebinc. net/
Tivoli Inc.	http://www. cross-site. com/

附录3　中英文对照术语

agile manufacturing	敏捷制造
API(application programming interface)	应用编程接口
Applet	用Java开发的小程序
Archie	Internet上的一种自动搜索服务
architecture, open vs closed	开放式和封闭式的体系结构
ARPA(Advanced Research Projects Agency)	美国国防部高级研究计划署
ARPANET	ARPA网
ATM(asynchronous transfer mode)	异步传输模式
ATM(automated teller machine)	自动柜员机
audio	声音
authenticity	真实性
authorization	授权(机构)
backbone network	主干网
bandwidth	频带宽度
BBS(bulletin board system)	电子公告牌系统
bill payments	账单支付
brand management	品牌管理
business information services	商业信息服务
business intelligence	商业情报
business process reengineering	商业过程重组
cable modem	电缆调制解调器
caching	一种缓冲技术
capacity management	能力管理
capacity planning	能力计划
CATV(cable TV)	有线电视
certificate authority	证书机构
CGI(common gateway interface)	公共网关接口技术
channel management	销售渠道管理
client/server	客户端/服务器
consumer	消费者
consumer-to-business transaction	个人消费者-企业的交易模式
copyrights	版权

cost control	成本控制
credit cards	信用卡
customer loyalty	顾客忠诚度
customer service	顾客服务
cyberspace	电脑化空间
data warehouse	数据仓库
database integration	数据库集成
data mining	数据挖掘
DBMS(database management systems)	数据库管理系统
debit card	负债卡/借记卡
demographic trends	人口统计学趋势
DES(data encryption standard)	数据加密标准
digital certificates	数字认证
digital copyright	数字版权
digital ID	数字证书
digital signatures	数字签名
digital time-stamp	数字时间戳
DNS(domain name system)	域名系统
dynamic publishing	动态发布
EDI(electronic data interchange)	电子数据交换
EFT(electronic funds transfer system)	电子资金转移系统
EIS(executive information systems)	行政信息系统
electronic cash	电子(数字)现金
electronic check	电子支票
electronic commerce	电子商务
electronic mail	电子邮件
electronic payments	电子支付
electronic publishing	电子发布
electronic wallets	电子钱包
encryption	加密
ERP(enterprise resource planning)	企业资源计划
FAQ(frequent asked questions)	常见问题
financial systems	财务系统
firewall	防火墙
FTP(file transfer protocol)	文件传输协议
gateways	网关技术
GUI(graphical user interface)	图形用户界面

hacker	黑客
home page	主页
HTML(hypertext markup language)	超文本标记语言
HTTP(hypertext transport protocol)	超文本传输协议
human resources management systems	人力资源管理系统
hyperlink	超链接
hypermedia	超媒体
hypertext	超文本
IAP(Internet access provider)	Internet 接入供应商
icon	图标
IE(Internet explorer)	微软的浏览器
inbound logistics	内部后勤
industry framework	行业体系结构
information directory providers	信息目录提供者
information superhighway	信息高速公路
intelligent agents	智能代理
internet	互联网
inter-organizational electronic commerce	组织间的电子商务
intranet	内部网
inventory management	库存管理
ISDN(integrated services digital network)	综合服务数字网络
ISP(internet service provider)	Internet 服务供应商
Java	一种与平台无关的流行编程语言
JDBC(java database connectivity)	Java 数据库连接
just-in-time inventory techniques	准时库存管理技术
key	密钥
LAN(local area network)	局域网
laptop	膝上型电脑(便携机)
login	登录
marketing strategy	市场战略
material requirements planning	材料需求计划
message digest	消息摘要
Mosaic	第一个图形浏览器
NC(network computer)	网络计算机
Netscape navigator	Netscape 的浏览器
newsgroup	新闻组
NIC(network information center)	网络信息中心

NII(national information infrastructure)	国家信息基础设施
ODBC(open database connectivity)	开放式数据库接口
offline	离线
OLAP(online analytical processing)	在线分析处理
OLTP(online transaction processing)	在线交易处理
online advertising	网上广告
online banking	网上银行业
online retailing	网上零售
online services	网上服务
online	在线
order distribution	订单分配
order entry	订单录入
outbound logistics	外部后勤
packet switching	分组交换
packet	分组,信息包
packet-filtering gateways	数据包过滤网关
PDF(portable document format)	可移动式文档格式
PERL(practical extraction and report language)	一种编辑动态 HTML 文档的语言
POP(post office protocol)	邮局协议
POS(point-of-sale)	商店的收款机
PPP(point-to-point Protocol)	点到点协议
privacy	隐私性
protocols	协议
proxy service	代理服务
public-key	公共密钥
real-time payments	实时支付
reliability	可靠性
response time	响应时间
router	路由器
RSA(Rivest, Shamir, Adelman)	一种公共密钥加密算法(由三个人发明)
S/MIME(secure multimedia Internet mail extensions)	安全多目的 Internet 邮件扩展协议
search engines	搜索引擎
secret-key	私钥
SET(secure electronic transactions)	安全电子交易
set-top box	机顶盒
s-HTTP(secure HTTP)	安全超文本传输协议
smartcard	智能卡

SMTP(simple mail transfer protocol)	简单邮件传输协议
SSL(secure sockets layer)	安全套接层
supply-chain	供应链
symmetric encryption	对称加密技术
target marketing	目标营销
TCP/IP(transport control protocol/internet protocol)	传输协议和网络协议
telephone call center	电话咨询中心
telnet	远程登录
URL(uniform resource locator)	通用资源定位器
VAN(value-added network)	增值网络
virtual store	虚拟商店
visual computing	可视化计算
VRML(virtual reality modeling language)	虚拟现实建模语言
web browser	Web 浏览器
web client	Web 客户机
web page	网页
web server	Web 服务器
web Site	Web 站点
WWW(world wide web)	环球网万维网

参考文献及参考站点

1 Center for Research in Electronic Commerce of the University of Texas at Austin. Research Priorities in Electronic Commerce. Workshop Report (Sponsored by the National Science Foundation), 1999,1

2 Clinton Wilder, Bruce Caldwell. More Than Electronic Commerce. InformationWeek.1997,12

3 Partrick G. McKeown. A Guide to the World Wide Web & Electronic Commerce. John Wiley, Inc., 1997

4 Ravi Kalakota. Electronic Commerce – A Manager's Guide. Addison – Wesley Longman, Inc., 1997

5 阿文. 三种新版创建在线商店软件包的比较. 计算机世界,1998, 20

6 常玉田."点按此处"经济.商业周刊,1998,10

7 陈进. 电子货币发展战略. 计算机世界,1998 – 11 – 16

8 陈曙辉. 电子贸易. 北京:清华大学出版社,1998

9 高巍. 网上做广告的法则. 计算机世界,1998 – 6 – 22

10 孤帆. 智能卡功能与应用前瞻. 计算机世界,1998 – 10 – 19

11 刘春长. 电子商务. 中国城市出版社,1998

12 马秋枫,江向阳. 计算机信息网络的法律问题. 北京:人民邮电出版社,1998

13 马少林. 商业 EDI 系统的开放与应用. 国际电子报,1998 – 6 – 1

14 裴健. Internet 银行业务——金融服务业的第二曲线. 国际电子报,1997, 31

15 钱世德. 电子商务入门. 北京:科学出版社,1998

16 秦利. 在 Internet 上实现电子数据交换. 国际电子报,1998 – 5 – 4

17 任向晖. Web 站点:如何建立您的广告管理系统?. phil@viaia.com

18 宋献涛. 实现 WWW 的基础技术. 计算机世界,1998 – 9 – 21

19 田涛. 你会推销自己的主页吗?. 计算机世界,1999 – 1 – 25

20 王志刚. "时间管理"网上资源. 计算机世界,1998 – 12 – 21

21 魏宏根. 电子商务产品:似近若远. 计算机世界,1998, 40

22 物品编码中心. 流通领域电子数据交换规范. 北京:中国物价出版社,1996

23 徐文胜. SET 信任模式简介. 计算机世界,1998 – 12 – 21

24 徐文胜. 银行在电子商务中的作用与对策研究. 计算机世界,1998, 49

25 英华. 电子商务网站建造日趋快捷. 计算机世界,1998, 40

26 张福德. 电子商务的分类与创建. 计算机世界,1998 – 10 – 5

27 赵培云. 如何促进电子商务应用的普及. 计算机世界,1998 – 10 – 19

28 朱戈. 资费:加速中国互联网发展的着力点. 计算机世界,1999 – 2 – 1

29 朱其平. ASP——开发动态 Web 应用的最佳环境. 计算机世界,1999 – 1 – 18

30 GE TradeWeb 有效节约供货开支. 国际电子报,1998 – 4 – 27

31 关键词与英文导航台注册. 计算机世界,1999 - 1 - 11
32 海关迈向“无纸报关”. 计算机世界,1998 - 6 - 15
33 HP 演绎电子化世界. 计算机世界, 1998 - 3 - 23
34 Internet EDI 前景诱人. 计算机世界,1998 - 6 - 15
35 交互式电子商务的楷模——来自 Cisco 的报道. 计算机世界,1998 - 6 - 29
36 面向企业的电子商务解决方案. 计算机世界, 1998 - 3 - 9
37 Microsoft 志在电子商务. 计算机世界,1998,36
38 让电子商务转起来. 国际电子报,1998 - 5 - 11
39 “数字化”Internet 商务. 计算机世界,1998 - 9 - 27
40 寻求合适的坐标——Sybase 解决方案. 计算机世界,1998 - 6 - 1
41 怎样细分网上营销客户群体. http://www.webpro.com.cn
42 Simha R Magal. Electronic Commerce Knowledge Base. http:// www.amis.cba.bgsu.edu/courses/eckb
43 The A B C's of E - Commerce. http://www.virtualpromote.com/guest5.html
44 广告商情网 http://www.a.com.cn
45 搜狐 http://www.sohu.com
46 网路神站点 http://www.wayx.com.cn
47 网络广告先锋 http://www.viaia.com/frame.htm
48 新浪网 http://www.sina.com.cn